胡振华自选文集

胡振华 ◎ 著

中央民族大学名师学术文集

H u z h e n h u a

Z i x u a n w e n j i

中央民族大学出版社

China Minzu University Press

图书在版编目（CIP）数据

胡振华自选文集 / 胡振华著 . —北京：中央民族大学出版社，
2021.1

（中央民族大学名师学术文集）

ISBN 978-7-5660-1781-9

Ⅰ.①胡… Ⅱ.①胡… Ⅲ.①少数民族—民族语—中国—文集

Ⅳ.①H2-53

中国版本图书馆 CIP 数据核字（2019）第 302021 号

胡振华自选文集

作　　者	胡振华
责任编辑	戴佩丽
责任校对	肖俊俊
封面设计	舒刚卫
出版发行	中央民族大学出版社

　　　　　　北京市海淀区中关村南大街 27 号　　　邮编：100081

　　　　　　电话：（010）68472815（发行部）　　　传真：（010）68933757（发行部）

　　　　　　　　　（010）68932218（总编室）　　　　　　（010）68932447（办公室）

经 销 者	全国各地新华书店
印 刷 厂	北京鑫宇图源印刷科技有限公司
开　　本	787×1092　1/16　印张：20.75
字　　数	300 千字
版　　次	2021 年 1 月第 1 版　2021 年 1 月第 1 次印刷
书　　号	ISBN 978-7-5660-1781-9
定　　价	108.00 元

"中央民族大学名师学术文集"出版前言

"所谓大学之大，非有大楼之谓也，乃有大师之谓也。"著名教育家、原清华大学校长梅贻琦先生广为人知的这句名言，道出了大学教育的真谛。任何著名大学，其所以著名，其所以为世人瞩目，乃在于她拥有名家大师，执掌其教学科研，引领其学科建设，使学问能日日精进，德行能时时砥砺，境界能渐渐提升，而成就斐然、名重一时的栋梁之材能如璀璨群星不断脱颖而出、辉耀于世界。

中央民族学院是中国共产党和中央人民政府为持续深入地推动中国特色解决民族问题道路的探索，于1950年4月确定创办的一所地位极其重要、意义极其特殊的高等院校。① 其根脉是中国共产党1941年于延安创办的民族学院。建校伊始，根据学校定位和当时开展学科建设、人才培养、科学研究以及为新中国民族工作提供高水平决策咨询服务的迫切需要，在中央政府和各方面的大力支持下，一大批在民族学、社会学、人类学、历史学、语言学、民族艺术等学科领域闻名遐迩的顶尖学者，或已崭露头角的青年才俊，如翦伯赞、吴泽霖、潘光旦、吴文藻、闻宥、于道泉、杨成

① 1950年4月，中共中央政治局做出了在北京设立中央民族学院的决定。6月30日，中华人民共和国政务院任命中央民委副主任乌兰夫、刘格平分别兼任中央民族学院正副院长，由中央民委主持的中央民族学院建校筹备工作正式启动。9月，政务院任命刘春出任中央民族学院副院长，主持日常工作。在北京市政府的支持下，确定将校址选在北京西郊的魏公村。11月24日，周恩来总理主持政务院第60次政务会议，通过了《培养少数民族干部试行方案》和《筹办中央民族学院试行方案》两个重要文件。1951年4月12日，政务院第78次政务会议决定任命费孝通为中央民族学院副院长。6月11日，中央民族学院举行开学典礼，中央人民政府副主席朱德、政务院副总理董必武出席并讲话。一所新型的、富有中国特色的现代大学在北京诞生了。

志、陈振铎、冯家昇、翁独健、费孝通、林耀华、傅懋绩、陈述、傅乐焕、王锺翰、马学良、陈永龄、施联朱、金天明、宋蜀华、贾敬颜、王辅仁、黄淑娉、吴恒等，先后来到中央民族学院，使尚处草创时期的中央民族学院一跃成为全国民族研究和人才培养的重镇和高地，迅速跻身全国名校之列，并成为我国对外学术交流的重要窗口。经由这些杰出专家学者开拓的研究领域、奠定的学术传统和擘画的专业布局，历经半个多世纪的拼搏进取和薪火相传，已积蓄成为中央民族学院迈向综合性研究型大学的丰沛特色泉源和坚实学科根基，是中央民族学院坚持服务国家民族工作大局的基本定位、保持国家民族工作重要人才摇篮和重要智库地位的牢固支撑。如今的中央民族大学，在创建一流大学、一流学科的征途中，依然也必然以前辈大师名家呕心沥血奠定的基业为张本。名家大师与大学建设发展关系之密切和深远，于此可以充分见证和深切体味。

名家大师不仅是大学教育之根本，也是世道人心的皈依，因为他们的学行才识堪称"三不朽"。《左传·襄公二十四年》载："太上有立德，其次有立功，其次有立言，虽久不废，此之谓三不朽。"孔颖达在《春秋左传正义》中阐明："立德谓创制垂法，博施济众"；"立功谓拯厄除难，功济于时"；"立言谓言得其要，理足可传"。中央民族大学建校创业史上的这些名家大师，学养精深，妙手著文，成果等身，"言得其要，理足可传"，可谓"立言"；他们绝大多数参与甚至领导了民族识别、少数民族社会历史调查、"民族问题五套丛书"编写，并为新中国各个历史时期民族政策的制定提供了决策咨询和理论支撑，为民族地区和少数民族培养了千千万万优秀专业技术人才和干部人才，为巩固和发展中国特色社会主义新型民族关系奠立了知识、理论、人才基础，为新中国民族团结进步事业呕心沥血、披肝沥胆、鞠躬尽瘁，可谓"立功"；他们高风亮节，严谨治学，谦和待人，传道授业，树立规范，为学校、学科"创制垂法"，打造了"博施济众"的基业，可谓"立德"。名家大师们的高尚人格、深厚学养、奉献精神、治学风范，是中央民族大学兴校办学极其宝贵的财富，是中央民族大学建设国际知名高水平大学的厚重历史资本，是中央民族大学一代又一代师生为学为人的典范和楷模。

"最是人间留不住，朱颜辞镜花辞树"，出生于19世纪末至20世纪初叶，为学校事业和学科建设筚路蓝缕、备尝艰辛的老一辈名家大师，在留下令人感佩的不凡业绩和使人景仰的道德文章后，已先后辞世。所幸，"江山代有人才出"，成长于新中国建设和改革开放时期的一大批学者，如今已肩负起学校事业和学科建设的重担。他们或亲炙前辈名家大师的教诲，尽得师传而承绪继业、有所发扬；或笃志于民族高等教育事业、钟情于民族研究，而选择中央民族大学安身立业且成就突出。为展现他们的学术风采，推重他们的治学精神，中央民族大学编辑出版这套"名师学术文集"。借由这套文集，广大读者和社会各界可以更具体深入地了解中央民族大学的现在，并展望她的美好未来。

"中央民族大学名师学术文集"编委会

2020年10月

目 录 Contents

中亚与中亚研究[①]

一、中亚概述

"中亚"是中亚细亚或亚洲中心地带的简称，它是与"东亚""西亚""东南亚""东北亚"等地理名词相当的一个术语。"中亚"在我国历史上一直使用"西域"一词来概括它。广义的西域指我国玉门以西的广大地区，其中包括新疆及中亚等地；狭义的西域只指我国玉门以西的地方及新疆地区。迄今为止，国内外学者对"中亚"所指的范围见仁见智，各说不一。

2002年1月由中国对外翻译出版公司出版的《中亚文明史》一书，是联合国教科文组织，组织各国中亚学家合作撰写的一部著作。在这本书的附录中，就"中亚"的范围专门概述了各国学者对"中亚"这一地理名词的不同解释。书中这样写道："19世纪上半叶德国著名的地理学家兼旅行家亚历山大·冯·洪堡（Alexander von Humboldt）首次试图界定'中亚'的范围。洪堡在其著作《中亚》（Asia central，1843年出版于巴黎）中，主张将中亚置于从北纬44.5°以北5°至以南5°这样一大片地区内，他认为这即整个亚洲大陆的中央部分。""另一些人对此定义持明显的异议。俄国的东方学家及中亚的探险家尼古来·哈尼考夫（Nicolay Khanykoff），最早声称洪堡的说法不符合地理学的需要，而应该根据共同的环境特色来界定中亚的范围（1862年）。他接着便建议到，中亚缺乏注入外海的河流这一现

---

① 本文原载《中央民族大学学报》2005年第5期，收入本书时略有补充。

象，可以考虑作为界定'中亚'的一个很好准则，因此，他所界定的'中亚'便比洪堡的'中亚'更为扩大。具体地说，他将东部伊朗与阿富汗地区也包括在内，而它们处于洪堡'中亚'的南界以外。"在该书的附录中，还介绍了德国地理学家菲迪南·里希特霍芬（Ferdinand Richthofen）1877年出版的《中国》一书中的观点："'中亚'即意味着亚洲内陆地带以其水文体系为特征（即没有河流注入外海）的所有地区；其地理界限则北起阿尔泰山，南抵西藏高原，西起帕米尔高原，东至大兴安岭。"接着，该书还介绍了俄国地质学家和旅行家伊凡·莫希凯托夫（Ivan Mushketov）1886年出版的《突厥斯坦》一书中的观点，即"应该将亚洲大陆分成两部分：边缘（或外围）亚洲和内陆（或中央）亚洲，二者地理方位、环境特征以及地质起源方面都迥然不同。所谓'内陆亚洲'，即意味着亚洲大陆上没有河流注入外海，具有'瀚海'特色的一切内陆地区"。他用"内陆亚洲"（Inner Asia）来指更大的中亚地区，用"中部亚洲"（Middle Asia）来指在他以前'中亚'（Central Asia）的异名。上述《中亚文明史》一书的作者们认为："中亚"包括今位于阿富汗、巴基斯坦及苏联中亚五个加盟共和国境内的各个地区。这是对"中亚"的一种广义的解释。

1994年，我国商务印书馆出版的加文·汉布里（Gavin Hambly）著的《中亚史纲要》（Central Asia）一书认为："作为地理概念，'中亚'一词很难有一个精确的定义。在本书中，'中亚'主要是指苏联的哈萨克斯坦、吉尔吉斯斯坦、塔吉克斯坦、土库曼斯坦和乌兹别克斯坦五国、蒙古人民共和国以及现在中国境内以内蒙古自治区、新疆维吾尔自治区和西藏自治区知名的三个自治区。"美国印第安纳大学德尼斯·西诺尔（Denis Sinor）教授使用"内亚"（内陆亚洲的简称，Inner Asia）和"中欧亚"（Central Eurasia）二词来指上述学者们所讲的"中亚"地区，范围也较广，仍是一种广义的解释。它包括在中国、东南亚、印度、西亚和欧洲诸文明中心的包围中的地区，或者说处在这些主要中心的边缘地区。

苏联时期，在俄文中常使用两个词来指不同范围的"中亚"：一个是

Центральная Азия，一个是 Средняя Азия。前者通常包括哈萨克斯坦、吉尔吉斯斯坦、乌兹别克斯坦、土库曼斯坦、塔吉克斯坦这五个加盟共和国，后者则不包括哈萨克苏维埃社会主义加盟共和国。当时，哈萨克斯坦是单独的一个经济区，而吉尔吉斯斯坦、乌兹别克斯坦、土库曼斯坦和塔吉克斯坦共同组成另一个经济区。因此，就使用了 Центральная азия 和 Средняя азия 两个"中亚"术语。

哈萨克斯坦、吉尔吉斯斯坦、乌兹别克斯坦、土库曼斯坦、塔吉克斯坦于1991年先后宣布独立。我国对这5个国家称作"中亚国家"。1992年，我国新疆科技卫生出版社出版的《中亚五国手册》一书第1页上，对"中亚"是这样解释的："'中亚'（中亚细亚）意为亚洲的中部地区 …… 现包括5个独立国家：哈萨克斯坦（南部）、乌兹别克斯坦、土库曼斯坦、吉尔吉斯斯坦、塔吉克斯坦（均加入了独联体）。这个内陆区域的范围是：西到里海和伏尔加河；东到中国的边界；北到咸海与额尔齐斯河的分水岭，并延伸至西伯利亚大草原的南部；南到同伊朗、阿富汗的边界。"我国现在讲的"中亚"指的就是上述中亚五国所包括的这一大片地区。

历史上，中亚地区一直是各国强权统治者们的争夺之地，先后有希腊、波斯、阿拉伯、突厥、蒙古等王朝或汗国的统治者管辖过这里。18世纪初，在中亚形成了以希瓦、布哈拉、浩罕3个汗国为主，哈萨克族大、中、小于孜和布鲁特（吉尔吉斯）一些部落与之并存的局面。18世纪中叶，沙皇俄国开始向中亚扩张，到19世纪60年代时，已经征服了整个中亚地区。十月革命后，中亚地区先后建立了加盟共和国和自治共和国，它们都加入了苏联。在苏联时期，中亚各族人民在经济、文化诸方面都得到了迅速发展，大大改变了过去的落后面貌。中亚各族人民不论在经济建设时期，还是在卫国战争年代，都做出了贡献。1991年，在苏联解体时，中亚5个加盟共和国也先后发表声明，宣布自己为主权独立的国家。

中亚五国是一个多民族和穆斯林众多的地区。哈萨克斯坦有131个民族，除哈萨克族外，还有俄罗斯族、乌克兰族、乌兹别克族、日耳曼族、鞑靼族、朝鲜族、维吾尔族、东干族、吉尔吉斯族、车臣族等。乌兹别克斯坦有130多个民族；除乌兹别克族外，还有俄罗斯族、卡拉卡勒帕克族、塔吉克族、吉尔吉斯族、土耳其族、鞑靼族、土库曼族、阿拉伯族、犹太族、朝鲜族、乌克兰族、维吾尔族、东干族等。吉尔吉斯斯坦有90多个民族，除吉尔吉斯族外，还有俄罗斯族、乌兹别克族、乌克兰族、日耳曼族、鞑靼族、塔吉克族、东干族、维吾尔族、朝鲜族等。土库曼斯坦共有40多个民族，除土库曼族外，还有乌兹别克族、俄罗斯族、哈萨克族、亚美尼亚族、乌克兰族、阿塞拜疆族、鞑靼族等。塔吉克斯坦有120个民族，除塔吉克族外，还有乌兹别克族、吉尔吉斯族、俄罗斯族、鞑靼族、乌克兰族、日耳曼族、朝鲜族、犹太族等。在中亚，操突厥语族语言与伊朗语族语言的民族人数较多，其次为操斯拉夫语族语言的人。中亚地区民族众多，民族语言、文学、艺术也特别丰富，深为世界各国学者所重视。

在这些多民族的国家中，由于历史和当今的政治、经济、文化等各方面的原因，都存在着某些民族问题，例如双重国籍问题、国语与本族语言使用的问题、领土和地区之间的纠纷问题等。加上许多民族都是跨国界的，往往某一国内的民族问题，会变成国与国的争端。因此，中亚的民族问题是敏感的问题之一。

中亚地区各族人民在历史上曾经先后信仰过萨满教、祆教、佛教、景教、摩尼教和伊斯兰教。现在，中亚五国中操突厥语族和伊朗语族语言的各民族和东干族都信仰伊斯兰教，多数属逊尼派，也有部分塔吉克族属什叶派。由于苏联时期，对宗教采取过"左"的政策，所以在中亚五国宣布独立后，在伊斯兰教恢复的过程中个别地区又出现了过热，甚至出现了极端主义的问题，它与分裂主义和恐怖主义一起严重的威胁和破坏着中亚地区的安全。

中亚五国是一个物产、资源丰富的地区。哈萨克斯坦、土库曼斯坦境内的石油和天然气蕴藏量大，是全球很具能源开发前景的地区之一。中亚地区的天然气储存量达7.9万亿立方米，居世界第三位。乌兹别克斯坦金的蕴藏量大，也盛产棉花，被誉为"白金之国"。中亚地区每年出产200万吨皮棉和大量的粮食作物、果品、羊皮、羊毛等农牧业产品。哈萨克斯坦被誉为"中亚的粮仓"。在中亚地区还大量蕴藏着煤、钨、锑、汞、铝、硫黄、芒硝、钾盐、石膏、有色及稀有金属等矿藏。塔吉克斯坦和乌兹别克斯坦还是世界上铀的主要生产国。此外，塔吉克斯坦、吉尔吉斯斯坦等国的水力资源也十分丰富，塔吉克斯坦水能的蕴藏量为2990亿千瓦，目前只利用了12%—14%。丰富的资源加强了中亚五国的战略地位，在全球战略资源竞争中，中亚五国占据着一个突出的位置。

中亚五国的确是一个具有重要战略地位的地区。中亚五国面积共有400.51万平方公里，人口近7000万人。这一地区地处东西交通要道，曾是历史上丝绸之路的中段，是"新丝绸之路"必经之地，它在东西方经济、文化交流中起着重要作用。中亚五国的地理位置，还能使世界在走向多极化的过程中起到平衡点的作用。中亚五国的政治走向与经济发展对俄罗斯、中国、美国，乃至欧洲都将产生一定影响。为了加强中国、俄罗斯、哈萨克斯坦、吉尔吉斯斯坦、塔吉克斯坦和乌兹别克斯坦间的相互信任与睦邻友好，发展在政治、经贸、科技、文化、教育、能源、交通、环保等领域的有效合作，为了保障这一地区和周围地区的安全与稳定，为了共同打击恐怖主义、分裂主义和极端主义，2001年6月在中国上海市成立了包括中国、俄罗斯、哈萨克斯坦、吉尔吉斯斯坦、塔吉克斯坦和乌兹别克斯坦六国参加的"上海合作组织"。2004年6月在乌兹别克斯坦首都塔什干举行"上海合作组织"高峰会议，通过了《塔什干宣言》。我国今后在涉及有关中亚的事务时将充分发挥"上海合作组织"的作用。不久前，又吸收印度和巴基斯坦为会员国。

二、我国与中亚

前文我们讲过，我国历史上讲的西域有狭义、广义之分；广义的西域包括中亚地区。我国也有学者把西域分为东、西两部分，认为西域的西部地区包括中亚，东部地区包括新疆。① 我国早在西汉时期已与西域有了往来。众所周知，为了保障中西交通要道的畅通，更好地开展经济、文化交流，增进我国内地各族人民与西域各族人民的友谊，西汉王朝曾派张骞于建元二年（公元前139年）率百人出使西域，希望联合西域各族人民共同反对匈奴的骚扰，后又于元狩四年（公元前119年）再次派张骞率300多人出使西域。张骞两次出使西域，不仅带回了有关中亚各地的政治、经济、文化方面的信息，也促进了西汉王朝与中亚地区的政治往来与经济、文化交流，为"丝绸之路"的开辟做出了贡献。司马迁《史记》中的"大宛列传"就是根据张骞所带回来的资料撰写的。

汉武帝从张骞处得知在大宛有"汗血马"，便派人携带金子及金马等物品前去交换，但去的人不但没有换回"汗血马"，反而金马被毁，人员被杀。汉武帝大怒，于公元前104年派李广利将军率大军西征大宛。大宛被平后，西汉王朝在中亚地区确立了自己的统辖地位。为了进一步帮助西域各地反抗匈奴的骚扰和奴役，西汉王朝还于公元前74年在乌孙国受到匈奴进犯时，出兵大力支援，打败了匈奴，又于公元前65年平息了反叛的莎车等国。在这样的条件下，西汉王朝于神爵三年（公元前59年）任命郑吉为西域都护，统辖整个西域地区。东汉时期，又因受到匈奴的骚扰和大月氏的贵霜王朝在西域东部地区争夺丝绸之路控制权的影响，东汉王朝一度中断了对中亚的统辖。后来，班超出征，打败了大月氏，才又恢复设置西域都护。北魏时期，西域分散为许多小国，情况发生了变化，我国也未再继续设置西域都护，但北魏王朝与中亚地区依然保持着各方面的往来。隋朝时期，原来分布在阿尔泰山及蒙古草原一带的北方游牧民族突厥人，有一部分开始向中亚和新疆北部迁移，他们后来成为西突厥。隋朝与东突厥、西突厥都进行了经济交流。

我国唐代国力强盛，于公元640年大败阻碍丝绸之路交通、垄断东西

---

① 参看赵常庆主编:《中亚五国概论》，经济日报出版社，1999年，第326–327页。

交流的高昌国，在西域交河城设立了安西都护府，有效地统辖了西域的东、西部地区。唐代著名诗人李白于公元701年就出生在被称作"安西四镇"之一的碎叶城（今吉尔吉斯斯坦托克马克市附近）。这个城市位于楚河南岸，附近地区均受碎叶管辖。公元702年，唐朝在吉木萨尔设立了北庭都护府，主理天山北部诸地事务。此时，阿拉伯大食国日益强大起来，他们也往中亚地区东扩，与唐王朝的矛盾日益激化。公元751年，唐朝军队与大食军队在碎叶城西边的怛逻斯（今塔拉斯）一带的交战中大败，中亚广大地区归属大食。公元755年，"安史之乱"爆发，安西、北庭及西域地区的兵马被调入内地平乱，唐朝控制西域的军事实力减弱。公元790年，西域不少地方又落入了吐蕃人手中。这以后，唐朝与西域东、西部地区的交流显然受到了一些影响。应当提到的是，在整个唐代的东西方交流中，西域的粟特人起了显著的中介作用，他们常常来往于我国内地和中亚操伊朗语族语言和操突厥语族语言的各族人民之间。

从汉到唐，通过丝绸之路，我国把茶、瓷器、丝绸等物品和造纸等技术以及丰富多彩的中国传统文化输送到了西域，并通过西域传到了西方。同样，我国中原地区，也从西域传进了葡萄、胡桃、菠菜、胡萝卜、胡椒、无花果、西瓜、石榴、苜蓿等水果和蔬菜，以及硼砂、琥珀、珊瑚、钻石、翡翠等矿产品；也从西域传进了良种马及其他珍奇动物。在宗教和文化方面，除了传进了佛教、景教、摩尼教、伊斯兰教外，还传进了西域各民族的乐曲、乐器、舞蹈、杂技等，这对丰富后来形成的多元的中华民族文化起了很大的作用。

宋朝时期，我国国力比不上汉、唐时代，但中原与西域的经济、文化交流仍在进行。到了元代，蒙古帝国的版图非常辽阔，西域东、西部的地区多受辖于察合台汗国。花剌子模、布哈拉、撒马尔罕、费尔干纳等地与我国中原地区的交流非常频繁。这一时期，被征服的中亚操伊朗语族语言和操突厥语族语言的各族人民中，有不少人被派到中原各地开荒、屯田，也有的被派来当工匠、炮手或工程技术人员和天文学专家，也有少数人在中原任政府里的大官。例如来自布哈拉的赛典赤·赡思丁，任云南的平章政事，也黑迭丁担任了元大都城的建筑设计师。这些信仰伊斯兰教的中亚各族人（当时都被称作"回回"）在中国定居下来，并逐渐习惯了汉语为他们这一族群的共同语言。到了元末明初，他们在中国形成了一个新的民族——回族。东乡、保安这两个民族都说蒙古语族语言，因信仰伊斯兰教等关系，而形成了单独的两个民族。撒拉族原是来自中亚的一个撒鲁尔部落，迁移到中国后也形成了一个单独的民族。从这里我们可以看出，在历史上中亚各族人民与我国各族人民是有着亲近关系的。上面提到的"回回"，带来了伊斯兰教哲学、历法、医学、数学、艺术和其他学科知识，我国也向中亚地区传播了印刷术、火药、指南针及农业和水利方面的经验，彼此之间进行的交流是空前广泛的。

明朝时期，我国国力又变弱，其管辖范围只能达到西域的部分东部地区。当时，西域的察合台汗国已分裂为东、西两个汗国，西边的后来演化为帖木儿帝国，东边的为东察合台汗国，后来又叫作"叶尔羌汗国"，也叫作"蒙兀儿斯坦"。明朝政府多通过东察合台汗国与西域各地联系，内地与西域西部地区之间的交流受到了一定影响，但相互的交流始终没有停止过。明代设立的"四夷馆"中的"回回馆"，就是专门负责接待来自西域各地信仰伊斯兰教国家、地区客人的机构。我们从以下这件来自撒马尔罕的奏折也可看出当时交流的情况：

撒马儿罕使臣阿力

大明皇帝前进贡驮二箱玉石五十斤求讨各色缎子热药

望乞

恩赐奏得

圣旨知道

另外，明朝政府还通过派回族人郑和率船队七次出访，不但弥补了陆路上交流的不足，还使南方海上的"丝绸之路"更加畅通。

到了清朝，在康乾盛世时期，先后平定了准噶尔汗国的叛乱，接着又平息了多起民族分裂活动。哈萨克、布鲁特（柯尔克孜）的部分部落也都表示臣属，使天山南北各地都统一地受辖于清政府。1876年，清政府又粉碎了阿古柏的外来侵犯和在南疆的颠覆罪行。清政府为了接待哈萨克、布鲁特的部落头人，在北京东北方向的承德山区修建了"招待所"。1884年，新疆建省。这对维护祖国统一、增进民族团结和新疆的发展都具有特别重要的意义。新疆省（今新疆维吾尔自治区）的建立和天山南北的统一，顺应了包括西域各族人民在内的全国人民渴望结束分裂、要求实现祖国统一的愿望和时代发展趋势，它也是两千多年来西域诸地与祖国内地统一关系的发展和必然归宿。这也为近代中国的西北疆域奠定了基础。"新疆"是"新建省的疆土"的意思，不是"新开拓的边疆"。

在这一时期内，我国与中亚各族人民的往来依然是很频繁的。浩罕汗国的商人经常来我国喀什噶尔等地，我国商人也经常去安集延、奥什等地经商，有些人在当地居留了下来。清朝著名诗人洪亮吉写的一首柯尔克孜人赶着牛群、羊群来伊犁惠远城换购物品的诗，就是描写当时交流盛况的：

谁跨明驼天半回，

传呼布鲁特人来。

牛羊十万鞭驱至，

三日城西路不开。

也是在这一时期，西域西部地区发生了许多变化。俄、英等国都在争夺这一地区。沙皇俄国不断向这一地区扩张和侵占，哈萨克、布鲁特的不少部落被先后"合并"进了俄国，希瓦、布哈拉、浩罕三个汗国也被先后征服。原先属于我国管辖的巴尔喀什湖以东以南的广大地区，以及帕米尔的某些地方，在沙俄与清朝政府签订了一些不平等条约后也被沙俄占去。中亚的哈萨克、布鲁特及其他民族人民不堪沙俄的奴役，在19世纪20年代初期，掀起了反抗沙俄的大起义，还有不少人跑来新疆，等十月革命后才陆续返回中亚。迄今在民间还流传着一些关于中亚各族难民受到我国新疆各族人民同情、关照的感人故事。

1911年，我国辛亥革命胜利，推翻了封建的清朝政府，建立了"中华民国"。1917年，俄国也爆发了十月革命，建立了社会主义的苏联。十月革命后，中亚建立了一些自治共和国，后又改为加盟共和国。我国与中亚5个加盟共和国的交流都是通过苏联来进行的。1949年，中华人民共和国建立后的初期，苏联对我国新疆的建设有过一些帮助。从20世纪60年代起，中苏两国关系长期处于不正常状态，所以我国与中亚的交流几乎是中断的。在后来的中苏关系正常化不久，苏联就解体了，中亚各加盟共和国纷纷宣布独立。

中亚各国独立后，我国不但立即与它们建立了外交关系，先后与它们解决了边界问题，还大力发展政治、经济和文化诸方面的合作交流。我们本着"以邻为伴，与邻为善"，"睦邻、安邻、富邻"的精神，做中亚各国的好邻居、好伙伴、好朋友，得到中亚各国政府和人民的信任和好评。

三、中亚研究简况

我国的史料对中亚的记载是最早的。在《史记》《汉书》《后汉书》等早期的汉文史书中已经对这一地区的自然、人文概况做了较详细的介绍。更可贵的是，我国历代的史书、游记等著作对中亚的记载是陆续不断的。我国是世界上最早研究中亚地区的国家之一。研究中亚历史，特别是研究中亚古代的历史，离开了汉文史料是难以深入的。

19世纪起，俄国、德国、美国、法国、瑞典等国开始派人到中亚地区"旅游"和调查，特别是沙皇俄国很快就把统治扩大到了中亚，把中亚地区先后"合并"了进去。苏联"十月革命"后，特别是在1924年民族识别、民族区域划界以后，俄国学者及中亚各民族新成长起来的学者对中亚各民族的语言、文学、历史、民俗、艺术、宗教、历法、医学、社会经济和名胜古迹等方面都展开了调查研究工作，发表了不少论文和出版了一批著作，特别是编纂出版了中亚各民族语言的语法、课本、词典及民族学方面的著作等。20世纪40年代，由于反法西斯卫国战争的原因，苏联对中亚的研究稍停了几年。20世纪50年代，苏联对中亚的研究又达到了一个新的高度，在莫斯科、列宁格勒（今圣彼得堡）、塔什干、阿拉木图、伏龙芝、阿什哈巴德、斯大林纳巴德都建立了有关的教学研究机构，培养出了一批又一批研究中亚方方面面的人才，出版了许许多多学术水平较高的著作，在苏联形成了一门专门以研究中亚地区及中亚各族人民为对象的学科——中亚学。

在第二次世界大战以后，世界上曾存在过社会主义国家阵营及与其对立的资本主义国家阵营，长时间相互对峙，这段时间被叫作"冷战时代"。资本主义国家在二战后也对中亚，特别是对中亚各民族与俄罗斯族的关系等方面进行研究，但对中亚更多、更直接的研究还是在苏联解体以后。美国印第安纳大学、英国伦敦大学亚非学院、法国巴黎第三大学突厥学院、日本京都大学、德国柏林大学、意大利罗马大学等单位都专门设立了研究中亚的机构。法国、日本、韩国等都在中亚成立了文化研究中心，派人常驻中亚进行调查研究。俄国、美国、土耳其等国还与中亚一些国家合办大学，也对中亚进行调查研究。中亚五国独立以来，国际新形势使各国都非常重视中亚这一地区，世界上出现了一股"中亚热"，又形成了一门新的学科——当代中亚学，但它目前主要还是为了各自的国家利益而从事的国际政治、国际经济和国际关系方面的研究。

我国早在中亚五国宣布独立前就有学者对中亚历史、语言、文学、民俗等方面进行了研究。近十几年来，我国更加强了有关的研究，因为中亚五国是我国的近邻，是我们的朋友和伙伴，我们不论从贯彻睦邻友好的对外政策和进行经济、文化交流等方面来说，还是从维护祖国统一和保证我国能在和平的周边环境及边疆稳定的条件下落实西部大开发的战略部署来说，都应非常重视中亚这一地区。因此，我国在北京、上海、西安、兰州、乌鲁木齐等地的政府机构和一些大学及科学院中都建立了有关中亚的研究部门，其中，较知名的有：中国现代国际关系研究院、国务院发展研究中心欧亚社会发展研究所、中国社会科学院俄罗斯东欧中亚研究所、中央民族大学东干学研究所、陕西师范大学中亚研究所、新疆社会科学院中亚研究所、新疆大学中亚文化研究院和西北师范大学中亚研究院等，他们培养了一批从事中亚教学、研究的博士和硕士。中央民族大学开办了俄语 — 哈萨克语、俄语 — 吉尔吉斯语、俄语 — 乌兹别克语和俄语 — 土库曼语专业，并于2010年成立了俄语 — 中亚语系，培养通晓中亚语言的人才。现在在上海大学、北京外国语大学等高校都先后开设了中亚民族语言班次。我国还成立了有关研究中亚的学术团体，出版了不少有关中亚的著作。

1980年以来，我国出版了一些有关中亚的著作和译作，主要有：V.V.巴尔托里德著，耿世民译《中亚简史》，新疆人民出版社，1980年；冯承钧原编、陆峻岭增订《西域地名》，中华书局，1980年；泽夫·卡茨主编，费孝通、谢冰心、吴文藻等译《苏联主要民族手册》，人民出版社，1982年；王治来著《中亚史纲》，湖南教育出版社，1986年；刘戈、黄威阳编《西域史地论文资料索引》，新疆人民出版社，1988年；王治来著《中亚近代史》，兰州大学出版社，1989年；潘志平著《中亚浩罕国与清代新疆》，中国社会科学出版社，1991年；新疆科委编《中亚五国手册》，新疆科技卫生出版社，1992年；项英杰著《中亚：马背上的文化》，浙江人民出版社，1993年；张志尧主编《草原丝绸之路与中亚文明》，新疆美术摄影出版社，1994年；加文·汉布里主编《中亚史纲要》，商务印书馆，1994年；国务院发展研究中心欧亚社会发展研究所编《东欧中亚列国志》，当代世界出版社，1994年；满达人著《中亚史地文献综述》，兰州大学出版社，1995年；胡振华编著《柯尔克孜语教程（吉尔吉斯语）》，中央民族大学出版社，1995年；马曼丽主编《中亚研究 —— 中亚与中国同源跨国民族卷》，民族出版社，1995年；铁木尔·达瓦买提著《四国散记》（维文），民族出版社，1996年;《沙俄征服中亚史考叙》，贵州教育出版社，1996年；苏三洛著，郝苏民、高永久译《中亚东干人的历史与文化》，宁夏人民出版社，1996年；邢广程著《中国和新独立的中亚国家关系》，黑龙江教育出版社，1996年；孟淑贤主编《中亚各国概况》，世界知识出版社，1997年；王治来等编著《中亚国际关系史》，湖南出版社，1997年；王沛主编《中亚五国概况》，新疆人民出版社，1997年；王国杰著《东干族形成发展史 —— 中亚陕甘回族移民研究》，陕西人民出版社，1997年；吴福环、陈世明主编《中国与中亚研究文集》，新疆大学出版社，1998年；薛君度、邢广程主编《中国与中亚》，社会科学文献出版社，1998年；安维华、吴强、刘庚岑著《中亚穆斯林文化》，中央民族大学出版社，1999年；丁宏著《东干文化研究》，中央民族大学出版社，1999年；赵常庆主编《中亚五国概论》，经济日报出版社，1999年；孙壮志著《中亚五国对外关系》，当代世界出版社，1999年；许序雅著《唐代丝绸之路与中亚历史地理研究》，西北大学出版社，2000年；马大正、冯锡时主编《中亚五国史纲》，新疆人民出版社，2000年；高永久著《西域古代伊斯兰教综论》，民族出版社，2001年；陈联璧、刘庚岑、吴宏伟著《中亚民族与宗教问题》，中央民族大学出版社，2002年;《中亚文明史》第一、第二卷，中国对外翻译公司，2002年；丁宏著《中亚五国民族文化综论》，民族出版社，2003年；海峰著《中亚东干语研究》，新疆大学出版社，2003年；林涛主编《中亚东干语言研究》，香港教育出版社，2003年；赵常庆主编《十年巨变·中亚和外高加索卷》，东方出版社，2003年；潘志平主编《中亚的民族关系历史现状与前景》，新疆人民出版社，2003年；潘志平主编《中亚的地缘政治文化》，新疆人民出版社，2003年；李琪著《中亚维吾尔人》，新疆人民出版社，2003年；孙壮志、苏畅、吴宏伟编著《乌兹别克斯坦》，社会科学文献出版社，2004年；赵常庆编著《哈萨克斯坦》，社会科学文献出版社，2004年；王治来著《中亚通史》（古代卷，上、下），新疆人民出版社，2004年；王治来著《中亚通史》（近代卷），新疆人民出版社，2004年；丁笃本著《中亚通史》（现代卷），新疆人民出版社，2004年；刘庚岑、徐小云编著《吉尔吉斯斯坦》，社会科学文献出版社，2005年；施玉宇编著《土库曼斯坦》，社会科学文献出版社，2005年；胡振华主编

《中亚五国志》，中央民族大学出版社，2006年；胡振华编著《柯尔克孜语言文化研究》，中央民族大学出版社，2006年；胡振华编著《民族文化研究文集》，中央民族大学出版社，2006年；钟兴麒编著《西域地名考录》，国家图书馆出版社，2008年；胡振华主编《中亚东干学研究》，中央民族大学出版社，2009年；米娜瓦尔·艾比布拉编著《土库曼语教程》，中央民族大学出版社，2010年；古丽巴努木·克拜吐里编著《乌兹别克语教程》，中央民族大学出版社，2016年；王新青、郭卫东编著《中亚语言历史文化研究》，人民出版社，2013年；胡振华编著《吉尔吉斯语教程》，中央民族大学出版社，2017年；李凤林主编《欧亚社会发展研究》，中国发展出版社，2018年，2019年；田澍、杨鹏飞主编，马玉凤副主编《一带一路研究》（第一辑）—— 中亚历史与现状高层论坛文集，兰州大学出版社，2018年；西北师范大学中亚研究院编《中亚研究通讯》，2018年第1期、第2期，2019年第1期、第2期；李自国主编《米尔济约耶夫总统 —— 乌兹别克斯坦改革时代的设计师》，世界知识出版社，2019；等等。

中国史书上的尼萨、乌尔根奇和马雷

一、关于帕提亚（安息）国首都尼萨

外国史书上的"帕提亚"（Parthia）与中国史书上的"安息"（Arsac）指的是同一个国家。

帕提亚（Parthia）是古代的一个国名（公元前248年—公元224年），它存在的年代大致相当于中国的汉朝（公元前202年—公元220年）。Parthia是一个多民族的国家，其中也包括形成土库曼民族组成部分的先民。关于土库曼斯坦和土库曼人民的历史，已故的总统萨帕尔穆拉特·土库曼巴什（Saparmurat Turkmenbashy）在他的两卷本的著名著作《沙合纳玛》（Shah Nama）中已经讲过。帕提亚（Parthia）强盛时疆域北至里海，南至波斯湾，东接大夏（Baktariya）和印度，西达幼发拉底河。初建国时的国都就是尼萨。中国的《史记》《汉书》和《后汉书》等历史著作中有关于帕提亚国的记载。这是非常宝贵的历史资料！由于创建帕提亚国的第一位国王姓氏为阿尔萨克（Arsac），在西方文献中把Parthia的前四代国王都分别写作阿尔萨克一世、二世、三世、四世（Arsaces Ⅰ、Ⅱ、Ⅲ、Ⅳ）。中国的史书中把国王的姓名当成了国名，把Arsac音译成了"安息"这两个汉字。因为古代汉语中无r音，常把ar音译为an，即"安"，古代汉语中"息"不读作现在的xi音，而是读作siek，当时是用"息"（siek）来音译sac的。

著名历史古城尼萨（Nisa）位于今土库曼斯坦首都阿什喀巴德（Ashkabad）西北18公里的巴古尔（Bagur）村附近，包括新尼萨和旧尼萨两处。1930—1936年，1946—1960年都进行过考古发掘。在旧尼萨有帕提亚国的王宫城堡及王陵遗址等。新尼萨在旧尼萨南，也保留有残存的城垣遗址。尼萨是帕提亚建国初期的国都，后来虽先后迁都两次，但尼萨位于东西交通要道的中心和必经之地，所以它在历史上，在东西经济与文化交流中也起过重要作用。尼萨迄今还保留着许多文物古迹，这是人类共同的宝贵财富！这也是今日土库曼斯坦的骄傲！

中国的史书上早在公元前就向中国人民介绍了帕提亚国的概况和记录了中国与帕提亚交流的情况。这里，我想举几个例子来展现一下历史上中国与帕提亚交流的缩影。

1.公元前115年，中国汉朝皇帝派使臣到过帕提亚，当时是帕提亚国王密特里达提二世（Mithridares Ⅱ）执政时期。他曾派两万骑兵到东边的国界前去迎接。

2.公元前126年，中国汉朝皇帝派张骞到中亚和西亚去访问，他本人未到过尼萨，但他了解了帕提亚的情况，带去了中国人民对中亚和西亚人民的友谊，并把这里的葡萄、苜蓿的种子和中亚的汗血马（AHARTEGIN AT）带回了中国。张骞之后，丝绸之路大开，中国的丝绸、茶叶和造纸及制铁技术等也都通过中亚、西亚，传向了世界的四面八方。

3.公元87年，帕提亚国派使臣访问中国，带来了狮子等珍贵的礼品。

4.公元97年，中国汉朝大将甘英本来要经过帕提亚去罗马帝国访问，但到海边未能过海，曾在帕提亚滞留过。他也带回了有关帕提亚的介绍，增加了中国人民对帕提亚人民的了解。

5.公元111年，安息王来中国访问，赠送狮子等礼品。

6.公元147年，帕提亚国王的太子作为友好使者来中国传教，他很快掌握了汉文，用汉文翻译了佛经。他是用汉文翻译佛经的创始人！在中国史书上没有记载他的帕提亚名字，而写的是"安世高"。我认为："安"

（An）是"安息"（Arsacid）的第一个字，表示他是安息国人，"世高"是他的名字。安世高在中国传播佛教是有很大贡献的！

我举的这几个例子足以说明：中国人民早在2000多年前，就已经与中亚各族人民进行了友好交流，结下了历史的友谊。安息国的部分居民的后裔成了后来形成土库曼民族的先民。这就是说中国古代的中国人民与土库曼民族的先民在丝绸之路的历史上已经建立了密切联系。我们生活在今天的各国各族人民要继承祖辈们的友好传统，共创人类和谐社会的美好未来！

二、关于花剌子模国首都乌尔根奇

花剌子模国在我国史书上多写作"回回国"，它的首都曾是乌尔根奇。乌尔根奇有两个：一个是古代的乌尔根奇，也叫作"考涅乌尔根奇"（Kone Urgench，Kone是土库曼语，意思是"旧的""过去的、从前的、老的"，Urgench是地名，Kone也被写作Koniya，有的书上写作Koniya Urgench），它在土库曼斯坦北部靠近乌兹别克斯坦边界的达什奥古孜（Dash Oguz）市附近；一个是后来又兴建起的乌尔根奇，它在乌兹别克斯坦西部靠近土库曼斯坦边界的地方。我在这里讲的是古代的乌尔根奇。

"乌尔根奇"（Urgench）这一地名早在中国的汉朝时期（公元前202年—公元220年）就出现在中国的史书中了，请参看班固（公元32年—公元92年）撰写的《汉书》一书中的"西域传"部分。作者在介绍分布在中亚西部靠近咸海的康居（Kangju，它就是史书上讲的包括"粟戈"Sogdiona等地区的一个大国）国时，说它包括五个王国，其中一个王国的都城就设在奥鞬（O-Gian）。这个汉语中的"奥鞬"（O-Gian）就是"乌尔根奇"（Urgench）。汉语与突厥语族语言、伊朗语族语言的特点不同，例如汉语中没有"r"音位，音节尾也没有"nch""rt""st"这些复辅音，所以在汉语音译别的民族的人名、地名时，往往与原来的人名、地名的发音不完全一样。另外，古代的汉语与现代的汉语在语音上也有变化，现代汉语的"j""ch"在古代汉语中是"g""k"。"奥鞬"（O-Gian，省去了汉语中没有的"r"，用"n"代替了"nch"）就是"乌尔根奇"（Urgench）这一地名在当时的汉字音译。

在《汉书》以后的许多中国史书中也多次记载了乌尔根奇，不过汉字音译用的汉字不同，前后被音译为"奥里鞬"（O-Li-Gian）、"玉里鞬"（Yu-Li-Gian）、"兀龙格赤""玉龙捷赤"或"玉龙杰赤"（U-Long-Gai-Chi）、"乌尔根齐"或"乌尔根奇"（U-R-Gen-Ch）等。

土库曼（Turkmen）族是最早由中国的北部迁移到中亚的突厥人（Turk）的后代，他们是讲突厥语族语言民族中最早信仰了伊斯兰教的民族之一，他们与讲伊朗语族语言的粟特等民族一起，为丝绸之路的繁荣做出了贡献。在中国唐朝（公元618年—公元907年）由一个名叫杜佑（公元734年—公元812年）的人所编写成的一部《通典》（中国历代典章制度大全的书）的书中写道："粟戈（Siok-Gue，即Sogdiana），……在葱岭（Pamir）西，大国。一名粟特（Siok-Dek，即Sogd），一名特拘梦（Te-Gou-Man）。出好马、牛、羊、葡萄诸果。出美葡萄酒，其土地水美故也。"（见该书第193页 边防 九）。据有的中国学者研究，这里的"特拘梦"（Te-Gou-Man）就是"土库曼"（Turkman）的汉字音译。这就是说，土库曼民族在八、九世纪初到中亚时是和粟特人一起住在乌尔根奇、撒马尔罕（Samarkend）、布哈拉（Buhara）附近一带的。从八、九世纪起中国与中亚乌尔根奇、撒马尔罕及布哈拉的交流实际上就是与粟特及土库曼等民族的交流。

成吉思汗西征以前，在中国的宋朝时期（公元960年—公元1279年）也有不少汉文史料记载了乌尔根奇。说乌尔根奇一直是花剌子摸（Khorezm，中国汉文史料中音译作"歓潜"Huan-Jiem、"呼似蜜"Ha-Zi-Mie、"货利习弥迦"Hua-Li-Ziep-Mie-Ga、"火寻"Hua-Ziem和"花剌子摸"Hua-La-Zie-Mu等，因该国的人当时都已经信仰了伊斯兰教，所以也叫作"回回国",即穆斯林国)国的首都,是丝绸之路在中亚的一个重要城市,它四通八达,起着东西方交流的重要作用。史料中不但介绍了花刺子摸地区土地肥沃,物产丰富,盛产瓜果,有好马和农牧业生产发展的情况,也介绍了纺织业、建筑业、铸造业和手工艺生产等方面的情况。著名的伊斯兰教学者玛合木德·本·乌玛尔·扎玛合沙里(Mahmud Bn Umar Zamahshari,公元1075年—公元1144年)就出生在乌尔根奇的扎玛合沙尔地方。由于考涅乌尔根奇迄今还保存着许多有着重要历史价值的古迹,联合国教科文组织南非德班(Deban)第29届会议上将考涅乌尔根奇列入了世界遗产名录。

汉文史书中的这些记载和十月革命后苏维埃年代里在这一带考古发掘出的中国瓷器,都证实了乌尔根奇一带的各族人民早在古代就与中国各族人民有着密切的友好的交流联系。汉文史料也说明了乌尔根奇对中亚及西亚所产生的影响。

1220年,成吉思汗派术赤(Juchi)和察哈台(Chagatay)进攻乌尔根奇,未能攻克。成吉思汗又派窝阔台(Ogetay)前去指挥,最后经过激烈的巷战,才于1222年攻克了此城。在战争中,蒙古军队破坏了阿姆河的河堤,放水灌城,溺水者甚多,死尸累累,白骨成堆。有许多乌尔根奇人被杀,又有许多乌尔根奇人给蒙古贵族当了奴隶,还有掌握各种手艺的十万工匠被发配到东方,其中不少人来到了中国各地,他们被称作"回回(Hui-Hui)工匠",这些人是形成中国回回民族的一部分先民。

"回回"在元朝(公元1271年—公元1368年)时期是指信仰伊斯兰教的穆斯林(Musulman),他们当中包括来自西亚和中亚的各族穆斯林,其中有不少是来自中亚的"回回工匠"和"回回军"。这些人不但使中国出现了一个以伊斯兰教为纽带,以来自中亚和西亚的穆斯林为主体又融合了中国本地人而形成的新的民族共同体,而且还带来了中亚的建筑技巧和建筑艺术,带来了中亚的造枪造炮的技术。有的回回人还向中国介绍了伊斯兰教文化中的哲学、天文学、医药学等。现在中国甘肃省临夏回族自治州不少清真寺建筑上的砖雕艺术很可能就是当年"回回工匠"带来的。中国西北地区回族和保安族中有不少会做刀子的工匠，他们的传统手艺也很可能是过去"回回工匠"流传下来的。这些都需要中国和土库曼斯坦的学者们在今后进一步深入地合作研究。

总之，古代花剌子模各族人民与中国各族人民是有着源远流长的传统友谊的！

三、关于古代丝绸之路上的中心名城马雷

梅尔夫（Merv）又称马雷，后汉时称木鹿、隋时称穆国，《元史》上写作马鲁，是中亚土库曼斯坦马雷州的一个绿洲城市。古梅尔夫城在撒马尔罕和巴格达之间（今土库曼斯坦马雷市北边），是古代丝绸之路上的交通要道。这片宽阔的绿洲横跨了四千年的人类历史，有许多纪念性建筑。1999年被列入《世界遗产目录》。公元97年，中国汉朝大将甘英就到过土库曼斯坦的马雷（Merv）。在唐代史书《杜环经行记》中对马雷的风土人情有较详细的描述。

杜环（生卒年不详），长安（今西安市）人，史学家杜佑族侄，他是唐代第一位到中亚、西亚地区的旅行家，写下了我国最早的一部中亚、西亚游记——《经行记》。

唐玄宗天宝七年（公元748年），杜环从军到了西域，隶属安西都护府镇将高仙芝部。当时，吐蕃和大食是西域的两大强敌。唐政府为保护安西四镇，曾设葱岭（帕米尔）守捉（在今新疆塔什库尔干塔吉克自治县境内）。当大食侵犯葱岭以西诸国时，各国曾向唐政府求援。玄宗感到兵力不足，均予拒绝。天宝九年（公元750年），安西镇将高仙芝出兵越过葱岭，攻灭了石国（塔什干），石国王子潜逃他国，向大食求救。大食即出兵攻打四镇。天宝十年（公元751年），高仙芝率3万军队迎击大食军，在怛罗斯城与大食军队交战，唐军大败，杜环被俘，由此他随大食军队西

去，在中亚、西亚地区生活了10年。他游历了今土库曼斯坦、伊朗、伊拉克、沙特阿拉伯等许多国家地区，写下的见闻颇多。宝应元年（公元762年），他乘外国商船经印度洋回到广州。回国后，杜环写下了《经行记》一书，记载了他留居大食期间游历各地以及回国途中的见闻。《经行记》原书未能留传下来，只能从杜佑《通典》引用的一部分中了解其内容。这些记载介绍了中亚、西亚地区10多个国家的地理位置和自然条件，特别对马雷地区的物产习俗等情况记载得较为详细：

"末禄国，在亚梅国西南七百余里，胡姓末者，兹土人也。其城方十五里，用铁为城门，城中有盐池，又有两所佛寺。其境东西百四十里，南北百八十里，村栅连接，树木交映，四面合匝，总是流沙，南有大河流入其境，分渠数百，灌溉一州。其土沃饶，其人洁净，墙宇高厚，市厘平正，木既雕刻，土亦绘画。又有细软叠布，羔羊皮裘，估其上者，值银钱数百。果有红桃、白奈、遏白、黄李，瓜大者名寻支，十余人食一颗辄足，越瓜四尺以上。菜有蔓菁、萝卜、长葱、棵葱、芸台、胡瓜、葛兰、单达、茴香、英蕯、瓠芦，尤多葡萄。又有黄牛、野马、水鸭、石鸡。其俗五月为岁首，每岁以画缸相献。有打毬节、秋千节。其大食东道使镇于此。从此至西海以来，大食、波斯参杂居止。其俗礼天，不食自死肉及宿肉。以香油涂发。"（这一段摘自杨建新主编《古西行纪》一书中的134页介绍《经行记》的一段，宁夏人民出版社，1987年。）

从以上关于尼萨、乌尔根奇和马雷的介绍中可以看到土库曼斯坦的早期居民、土库曼族的先民和土库曼族人民在历史上的东西交通和经济文化交流及友好交流中都起了重要作用，做出了突出贡献。我们深信，中国人民和土库曼斯坦人民在"一带一路"建设中一定会继承历史上的友好传统，团结合作，做出更大的新的贡献！

吉尔吉斯人民崇敬司马迁

司马迁是《史记》的作者，由于他在《史记·匈奴列传》中记载了"鬲昆"居住在匈奴的北边。"鬲昆"是"吉尔吉斯"或"柯尔克孜"一词的汉代字音译，司马迁因而受到了吉尔吉斯人民的崇敬。

吉尔吉斯共和国总统根据我国《史记》的这一记载，于2002年8月1日发布总统令：将2003年定为吉尔吉斯建国2200年的"国家年"，并在2003年8月28日至31日举行了庆祝活动，内容包括举行第二届世界吉尔吉斯人大会和庆祝建国12周年等。为了举行第二届吉尔吉斯人大会，在伊塞克库勒湖边避暑胜地乔勒潘-阿塔市修建了一个"玛纳斯（史诗中的英雄人物）宫"，在"玛纳斯宫"的大花园中，竖起了一座金色的司马迁雕像，吸引了许多人去瞻仰、献花，吉尔吉斯共和国当时的总统阿斯卡尔·阿卡耶夫及不少学者在讲述、撰写本族史时，都表达了对司马迁的崇敬，不少吉尔吉斯人说："司马迁的记载使我们知道了本民族的悠久历史，我们崇敬司马迁，感激司马迁！"

下面我讲述一下有关在伊塞克湖畔竖起司马迁雕像的故事，说起来话是很长的：

在吉尔吉斯共和国首都比什凯克市的东边有一个名叫"伊塞克库勒"的大湖，在吉尔吉斯语中"伊塞克"（Ысык）是"热"的意思，"库勒"（Көл）是"湖"的意思。"伊塞克库勒"在汉文中译作"热湖"。唐代玄奘去印度取经的途中曾经过这里。在从比什凯克市去热湖的路上有一座"碎叶"（今托克玛克Токмак）古城遗址，传说唐代诗人李白就诞生在这里。在热湖的北岸有一座避暑胜地乔勒潘－阿塔（Чолпон Ата）市。这里修建了一个名叫"玛纳斯（Манас）宫"的建筑设施，吉尔吉斯共和国在春、夏、秋季举办的一些国际性的会议和活动多在这里举行。吉尔吉斯人民为了表达对司马迁的崇敬，在"玛纳斯宫"的大花园里竖起了一座闪闪发光的中国历史学家司马迁的金色雕像。

早在苏联时期，我就应吉尔吉斯苏维埃社会主义共和国国家科学院的邀请，作为中亚5个加盟共和国独立前夕首位到访的中国学者访问了吉尔吉斯斯坦、哈萨克斯坦和莫斯科。由于在苏联的时间有3个多月，我在伏龙芝（Фрунзе）市曾在科学院、高等学校、媒体单位等多处做过有关吉尔吉斯历史、语言、丝绸之路及中国民族宗教政策与回族方面的学术讲座，以及在座谈会上发言，并在共和国国家电视台介绍过流传在中国的史诗《玛纳斯》（Манас）及演唱大师朱素普·玛玛依（Жусуп Мамай）。吉尔吉斯斯坦《文化报》（Маданият吉尔吉斯文）发表了标题为《中国突厥学家胡振华论〈玛纳斯〉》的长篇论文。不少吉尔吉斯学者希望我在交流中多介绍一些有关吉尔吉斯族的汉文史料和中国演唱史诗《玛纳斯》的"玛纳斯奇"（Манасчы）们，以及居住在中国黑龙江省富裕县的柯尔克孜族历史、语言、民俗等情况。

苏联解体，中亚5个加盟共和国宣布独立，我于1992年、1995年、1999年前后多次（1992年一年里就两次）应邀赴吉尔吉斯共和国、哈萨克斯坦共和国、乌兹别克斯坦共和国和土库曼斯坦讲学、出席国际学术研讨会及访问交流。在吉尔吉斯共和国的访问交流中我介绍了中国研究柯尔克孜族历史、语言、《玛纳斯》及黑龙江省富裕县柯尔克孜族的情况，介绍了汉文史料中司马迁编撰的《史记·匈奴列传》里写的"鬲昆"就是古代吉尔吉斯（Кыргыз）族族名的汉文翻译。我认为一个新独立的国家非常需要科学地介绍本民族的历史，我作为一名研究吉尔吉斯学的中国学者应当协助吉尔吉斯学者，并与吉尔吉斯学者一起来正确地研究和阐述吉尔吉斯族的历史。

1995年我应邀出席了纪念史诗《玛纳斯》1000年的国际学术研讨会，并出席了总统举办的国宴招待会。

1999年3月31日我被吉尔吉斯国家科学院（Кнан）选举为外籍荣誉院士，我国驻吉尔吉斯大使馆通过国家民委通知中央民族学院，让我8月10日去吉尔吉斯斯坦比什凯克（Бишкек）出席吉尔吉斯国家科学院向我颁发院士证书的仪式。

2000年10月，吉尔吉斯共和国举行纪念古城奥什3000周年活动，我应邀前去出席，在奥什举行的国际学术研讨会上我宣读了一篇论文，引用司马迁编撰的《史记》中有关"大宛"的汉文史料论证了奥什的古老及与我国的关系，引起了吉尔吉斯斯坦学术界对汉文史料的高度重视及极大兴趣。在比什凯克滞留期间与科学院及高校的学者们进行了学术交流，研究吉尔吉斯族历史的学者建议我在吉尔吉斯斯坦今后举办的学术研讨会上多多介绍些有关的汉文史料或写成吉尔吉斯文论文发表在公开的刊物或论文集上，让更多的吉尔吉斯斯坦人了解吉尔吉斯族是一个历史悠久的民族。

2001年11月23日，吉尔吉斯共和国国立比什凯克人文大学（Бгу）举行纪念李白诞辰1300周年学术研讨会，吉尔吉斯共和国当时的总统阿斯卡尔·阿卡耶夫（Аскар Акаев）出席并发表了热情洋溢的讲话，他说："伟大中国的伟大诗人李白1300年前诞生在现在吉尔吉斯斯坦楚河流域的托克玛克城附近，我很高兴成为李白的同乡，这也是吉尔吉斯斯坦的荣誉。我更感到欣慰的是21世纪的中国将重现盛唐风采。我们也为有这样伟大、友好的邻邦而自豪。"在我国驻吉尔吉斯大使、俄罗斯学者讲话后我用吉尔吉斯语宣读了我的论文，并把中央民族大学让我转赠总统的《中央民族学院建校50周年画册》及周秀清教授精心绘制的中国56个民族形象邮票送给了总统。这是我第一次与他近距离的接触、相识。

同年11月24日下午，吉尔吉斯玛纳斯大学（Кму）邀我前去交流，校长К. М. 毛勒岛巴耶夫（К. М. Молдобаев）教授请我参加他们大学研究吉尔吉斯历史的工作，他们聘请俄罗斯、土耳其、哈萨克斯坦、乌兹别克斯坦、吉尔吉斯斯坦、法国和中国的学者组成该校的"突厥文明研究中心吉尔吉斯学学部顾问委员会"，他请我作为中国学者的代表担任顾问，他再次约我根据汉文史料多撰写一些介绍吉尔吉斯历史的论文。我把已经写好的四篇论文：《伟大的丝绸之路》（俄文）、《论汉文史料中古代吉尔吉斯族的族名》（吉尔吉斯文）、《论"鬲昆"（吉尔吉斯）国》（吉尔吉斯文）、《发展中的吉尔吉斯斯坦》（吉尔吉斯文）在国家科学院和高校举行的一些研讨会及座谈会上先后宣读，在吉尔吉斯斯坦引起了很大的反响，并受到吉尔吉斯共和国领导方面的特别重视，后来这几篇论文都被集中发表在吉尔吉斯斯坦2003年出版的《文明对话》1、2、3集及历史论文集中。

2002年5月，我应吉尔吉斯国立民族大学（Кгну）的邀请在比什凯克进行学术交流活动，我和三位资深的俄罗斯学者被安排在吉尔吉斯共和国国宾馆阿拉阿尔恰（Ала-Арча）下榻。5月7日下午出席了在吉尔吉斯国立民族大学大礼堂举行的"吉尔吉斯族早期国家的建立与发展"国际学术研讨会。吉尔吉斯国立民族大学校长A.卡凯耶夫（A Какеев）院士主持了有各国学者400余人出席的大会开幕式，当时的总统阿斯卡尔·阿卡耶夫出席了开幕式，并向我和来自俄罗斯联邦的三位资深学者颁发了玛纳斯三级勋章。我在会上宣读的论文就是上面提到的那篇《发展中的吉尔吉斯斯坦》，我简述了吉尔吉斯民族的发展简史。当晚，总统在国宾馆设宴欢迎和祝贺我们荣获勋章的几位学者。宴会上他称赞我在研究吉尔吉斯族的历史方面所做出的成绩，在他赠送给我的他的《文集》扉页上题写了这样的话：

尊敬的胡振华教授：

祝您在吉尔吉斯族历史研究上取得新的成绩！

阿斯卡尔·阿卡耶夫

会后我回国不久，吉尔吉斯共和国驻华大使就通过国家民委国际司转告中央民族大学，大使要来学校祝贺我荣获吉尔吉斯共和国总统亲自给我颁发了玛纳斯三级勋章。我们中央民族大学的领导和国家民委国际司领导热情接待了大使，组织了一个祝贺活动，并以学校的名义给吉尔吉斯共和国当时的总统发去了感谢信。

经过吉尔吉斯斯坦研究历史的学者对"司马迁编撰的《史记》里写的'鬲昆'国就是古代的吉尔吉斯国"的认可，经国家领导研究同意，2002年8月1日以总统发布总统令的形式，宣布2003年为"国家年"，决定在2003年举行庆祝吉尔吉斯建国2200周年的活动，并上报了联合国。

2003年8月下旬吉尔吉斯共和国在热湖北岸的避暑旅游胜地乔勒潘－阿塔市玛纳斯宫举行第二届世界吉尔吉斯人民代表大会。我国外交部和国家民委组织了中国代表团，我有幸作为代表团成员出席了大会。来自各国的吉尔吉斯人代表出席了8月29日上午隆重举行的开幕式。吉尔吉斯共和国当时的总统阿斯卡尔·阿卡耶夫在讲话中热烈祝贺建国2200周年，还不止一次地提到我的名字，每次提到我的名字，我都站立起来致谢，会场上也响起一片掌声，当时的动人情景使我永远难忘！更使所有与会的代表们难忘的是在玛纳斯宫开满鲜花的大花园中央竖立着的金光闪闪的司马迁雕像！在玛纳斯宫竖立司马迁雕像是共和国总统的决定，总统代表吉尔吉斯人民表达对司马迁的感激之情！

同年11月，吉尔吉斯共和国的吉尔吉斯国立民族大学、吉尔吉斯玛纳斯大学等单位都在比什凯克举行了有关纪念吉尔吉斯建国2200年的国际学术研讨会及其他活动。司马迁的名字不断地在这些研讨会上被赞颂，我有幸和吉尔吉斯斯坦人民一起分享了欢乐和对司马迁的崇敬之情。随着"一带一路"的落实，吉尔吉斯人民崇敬司马迁的故事可能和《玛纳斯》一样会在吉尔吉斯人民中间一代一代地传诵下去！

吉尔吉斯人民崇敬司马迁的故事就讲到这里吧！

关于吉尔吉斯斯坦古城地名"奥什"①

在记载有关奥什情况的不少史书中，汉文史料是较早的。早在中国汉代，公元前139年和公元前119年，汉武帝就两次派出了名叫张骞的友好使者访问中亚各地，其中就有"大宛"，即费尔干纳（Fergana）盆地。张骞他们从中亚回到中国内地后，向汉武帝报告了大宛有好马，在贰师城。这个"贰师"城就是今日的奥什城。汉武帝于公元前104年派了一位名叫李广利的将军，带上金银等物品，率军去贰师换"大宛马"。李广利等先到了郁成，但未换成，二年后又到大宛首都贵山，其间还动过武，最后带回了"大宛马"。据说这种马是"汗血马"，也叫"天马"。上边谈到的"郁成"，即今日奥什城东边不远的乌兹干（Uzgen＜Öz kend）城。历史学家们认为，"丝绸之路"就是从张骞带人访问中亚时开辟的。"丝绸之路"既是中国与中亚地区的商业要道，也是中国和中亚各族人民之间文化交流和友好交流的要道。据《汉书·西域传》讲，中国史书中关于费尔干纳的记载不少，大宛约有户6万，人口30万，兵员6万。首都为贵山城。其地小城70多座。费尔干纳的人民在此定居，从事农业。种植的粮食作物有稻麦。特别是盛产葡萄、苜蓿。当地人好喝酒，用葡萄酿酒，"富人藏酒至万余石，久者至数十岁不败"。而马则喜吃苜蓿。这里的马品种优良，而且数量多。在汉代的一部诗歌集《乐府》中还搜集进去了好几首赞美天马的诗歌：《西极天马歌》《天马》等。在梁朝即公元6世纪时，简文帝写过

---

① 本文原载《中央民族大学学报》（人文社会科学版）2001年第3期。

一首《从军行》的诗歌，其第一行诗就是"贰师惜善马"。到了唐代，诗人李白也写过一首赞美天马的诗。上述有关大宛的记载和这些赞美天马的诗歌不仅表现了当时中国内地对大宛马的喜爱，也反映了当时中国内地与中亚各族人民，特别是与费尔干纳盆地各族人民之间的密切联系及深厚友谊。同时，也表明了奥什在"丝绸之路"上占有的重要位置。

这里，我想再提一下大家都非常熟悉的一位佛教僧人玄奘的情况。他姓陈名祎，河南人，生于公元596年（一说公元602年或公元607年），卒于公元664年。他于公元629年离开陕西长安（今西安），经新疆到达中亚，南越锡尔河、阿姆河入阿富汗、巴基斯坦到达印度。他在《大唐西域记》中写到了费尔干纳："从此东南千余里，至怖杆国（Fergena）。怖杆国周四千余里，山周四境。土地膏腴，稼穑滋盛，多花果，且羊马。气序风寒，人性刚勇，语异诸国"。在8世纪50年代，唐代名将高仙芝手下一名叫杜环的低级军官被俘，在中亚生活了12年。他于公元762年（一说公元763年）返抵广州，撰写了《杜环经行记》一书，其中也写到了费尔干纳："拔汗那国（Fergana），在怛罗斯（Talas）南千里，东隔山，去疏勒（Qashqar）二千余里，西去石国（Tashkend）千余里，城有数十，兵有数万。大唐天宝十年，嫁和义公主于此国。"中国汉文史料中有关费尔干纳盆地（包括奥什、乌兹干等地）的材料是较多的。特别是清代，许多书中关于从喀什噶尔到奥什的路线及当地情况都记载得很清楚。例如有一位名叫永贵的官员，他曾亲自到过奥什及浩罕等地，他撰写的一部《回疆志》，其194—198页上就这样写道：自喀什噶尔往西北去十八日至鄂斯（即奥什Osh——本文作者注）地方，平川三百余里，小城一座，大庄四处，园广田多，地界大河一道，乃自胈淋（Narïn）等处流往之水，归安吉彦（Anjiyan）。该处种田，小水九股，俱归此水，柴草俱好，南北皆山，乃新来投诚之额德格纳（Adigine）部落之布鲁特（Burut，清代用此名称指Qïrghïz——本文作者注）带领属下胡鲁木什（Qurumush）……岳瓦什（Joosh）、孔阿拉特（Qongurat）等八部落之三千余户游牧之处。由鄂斯

（即奥什 —— 作者注）再往西去七日路，至霍罕（Qoghan，事见前部）。此乃霍罕等处来各回城贸易经商常行大路。年年来往，使人不断，是将由喀往彼道路情形故录于后，以为核证：

一站　Üsti-Artushi（原文为满文）事见前部。

二站　Harangguy戈壁路，柴多，过大水一道，此处水柴好，草微稀。入山路窄多石，此处水草、烧柴俱好。

三站　Qashï-yoq入山路窄，此处水草烧柴俱好。

四站　Gishtar山石路窄，此处水草俱好，柴稀。

五站　Soyang-yas路多石渣，山泉流水不断，此处水草俱好，无柴。

六站　Yïhïn上山路窄多石，由此有一捷路四站至□（地名）□（地名），此处水草柴好。

七站　Qara-Pul上山路险，有小打板（即达坂 —— 本文作者注）一道，此处水草柴好。

八站　Kök-Nüz上山路窄，有大河一道，直至卧什（即奥什 —— 本文作者注）城北，水归塔什干河，此处水草柴好。

九站　Tïtïq上打板至半山歇处，水草俱有，路窄，此处水草俱好，柴少。

十站　Tubïn-Tïrïq下打板歇处，山西路险多石，此处水草烧柴俱好。

十一站　Yuq-Daba下坡山路走三道小打板，此处水草柴好。

十二站　Kök-Saz路平，水草不断，此处水草柴好。

十三站　Baluqtu山路窄狭，多石，此处水草柴好。

十四站　Bïlïr-Sungaq山路高下不平，多石，此处水草柴好。

十五站　Qara-Bulaq路平，好草不断，中有水泉四处，此处水草柴好。

十六站　Shïnlaq山路窄险，多石，此处无柴，水草俱好。

十七站　Muwat下山路平，此处水草柴好。

十八站　Oos（即Oosh）出山路平，此处水草俱好，乃额德格纳部落属各布鲁特游牧，过大河一道。

十九站　Togut小石戈壁，路平，有小山岭一道，此处水草俱好，柴稀。

二十站　Anjian路平，有小土打板一，道路窄小，此处有小一城（应为"一小城"——本文作者注），方圆约十五里，五门，有大河一道，内系口人多口住防，乃霍罕东界边郡，地处崖额，兵备甚密，以防布鲁特等叩界之虞。安吉彦周围平川约二百余里，水草俱好，柴稀。

二十一站　Hubuq路平，有回民村落不断，此处水草柴好。

二十二站　Margïrang路平，有回民村落不断，过河一道，此处有一小城，方圆二十余里，六门，内有活水两道，乃系□□□□居住，为霍罕属第一大郡，周围平川，约三百余里，水草俱好，柴远。

二十三站　Aranshan路平，有河一道，此处水草柴好。

二十四站　Qastu-Qurman路平，有回民村落不断，此处水草柴好。

二十五站　Hohan（即Qoghan——本文作者注）事见前端。

上面写的是从喀什噶尔经过奥什、安吉集、玛尔吉朗到霍罕（浩罕）的一条路线。这也是古代"丝绸之路"中的一段。这些材料也再次证明奥什在中国与中亚各族人民交流中的重要作用。

下面探讨一下有关奥什及乌兹干这两个地名的问题。

奥什，在元代汉文史书中写作"倭赤"等，在明清代史书中也有写作"鄂什""卧什""鄂斯"的。其原文名Osh。据冯承钧先生编的《西域地名》89页上讲的看来，奥什在古代曾叫作Sutrishna，也有称作Usrushnua的。汉文《隋书》写作"苏对沙那"，《新唐书》上写作"东曹"或"率都沙那"、"苏对沙那"、"劫布咀那""苏都识那"。冯承钧先生认为Sutrishna就是汉代的大宛国贰师城。Sutrishna，梵语名，-na多用在地名上。

"贰"在汉代读作rie，"师"在汉代读作shi，"贰师"全读为rieshi。这Sutrishna中的rish与汉代"贰师"的语音相近。"贰师"有可能是Sutrishna的音译。到了清代，"贰师"在汉语中读作er shi，如果用西北方言去读，往往读作e-shi，e shi与Osh的音很近。在柯尔克孜（吉尔吉斯）语中，Oosh意为交换之义。奥什是丝绸之路要道上的重要城市，它在历史上一直担任着商品交换的重要作用，奥什地名的来源是否与其在历史上起过的交流、交换作用有关，值得进一步研究。这样，奥什（Osh）可能来自Oosh。中国台湾学者刘义棠先生在他的研究著作《〈钦定西域同文志〉校注》（新疆回语部分）一书的66页中写道：209鄂什，卷三，页二十下。回语。鄂，围也；什，谓善于合围之人。相传旧于此围取牲畜，故名。校注：突回语。鄂，为–av，又作–ov音译，意为：猎、狩猎、捕捉；什，为名词创造名词字尾–tʃi口语音能作ʃI，shi之音译，鄂什，为–avtʃi，ovtʃi音译，意为：猎人、狩猎者。冯承钧称："《西域图志》作鄂什，《西域水道》记作乌什，疑即《元史》之倭赤，在今蒲犁之北。"据《西域图志卷》十七："鄂什在阿斯腾阿喇图什西北六十里，东南距喀什噶尔城一百二十里，又西北俞山通西布鲁特界。"极为明显，此"鄂什"亦有文献作"乌什"，在蒲犁之北，非在阿克苏西称'乌什土尔番'之'乌什'，二地不可混而为一。刘先生的考证也是有关奥什地名意义的另一种说法。我认为，说Osh来自Oochu ＜avchi的推断，不太准确。

关于"乌兹干"（Uzgen），这一城名早在公元前的中国汉文史料中就有记载，被称作郁成城。"郁"在汉代的汉语中读作yuk，"成"读作Žieng，"郁成"读作Yukžieng＞Uzgen。在11世纪玛合木特·喀什噶里编的《突厥语词典》第一卷449页上是这样写的：kend，乌古斯人及与其相近的人们把kend解释为乡村，但在多数突厥语族人民中，当作城市讲，例如费尔干纳盆地就有叫作özkend的一城市，意为"自己的城市"。在赛甫丁·依本·大毛拉、沙赫·阿巴斯·阿克西肯提及其儿子努尔穆哈麦德合著的一本名叫《玛吉姆·阿图特·塔瓦里赫》（史集）的书中，在123页提到奥什，在27、28、92、93、94、105、111、120、122页上多次提到乌兹干（Özgön＜öz kend）。书上曾这样介绍乌兹干："乌兹干是座大城，有12个大门，每座大门都能容下100只黑毛驴通过……"

　　在日本学者前鸣信夫与加藤九祚合编的《丝绸之路词典》"托尔呷提路线"（154页）词条中，除了讲述公元前二三世纪开始的这条通往中亚的要道外，还引用了苏联学者伯恩施坦的看法，认为Osh就是《史记·大宛列传》中的"郁成"城。我认为汉代的"贰师"城才是今日的奥什，"郁成"城是今日的"乌兹干"。不论对奥什、乌兹干地名意义及来源的解释有何不同，但学者们一致认为奥什、乌兹干都是历史悠久，而且在丝绸之路上起过重要历史作用的城市。

吉尔吉斯语中的古汉语借词"赐"

　　吉尔吉斯（柯尔克孜）族是一个历史悠久的民族，很早以前就分布在叶尼塞河上游一带。早在司马迁的《史记》中就以汉字"鬲昆"① 作为他们族名（Кыргыз）的汉语音译出现。在以后不同时期的汉文史书中又写作"隔昆""坚昆""结骨""纥骨""契骨""护骨""纥纥斯""辖戛斯""辖戛司""纥里纥斯""乞儿吉斯""吉利吉思""布鲁特"等不同的名称。② 据史料记载，唐代内地与吉尔吉斯地区来往密切，中原王朝的皇帝与黠戛斯汗国的可汗书信来往不断，黠戛斯汗国的可汗还来过长安献马。③ 这种密切的交际必然会带来语言上的相互影响。汉语中的"可汗"（Каган//Qaghan），古代突厥语族民族、蒙古语族民族等北方游牧民族对最高统治者的称呼。又作"汗""罕""可寒""合罕""可敦"（Катун//Qatun 或 Катын//Qatyn），可汗之妻。又作"可贺敦""克敦""合敦""贺敦""合屯"）④ 都是借词。同样，吉尔吉斯语中也吸收了不少古汉语借词，例如：Жамбы（来自汉语"元宝"）、Жамыл（来自汉语"衙门"）、Жугун–（来自汉语"鞠躬"）、Кончу（来自汉语"公主"）等。我这里主要谈一谈吉

---

　　① 　参见司马迁：《史纪·匈奴传》，中华书局，1959年，第2893页；陈世明、吴福环主编：《二十四史两汉时期西域史料校注》，新疆大学出版社，第120页。

　　② 　参见《柯尔克孜族简史》编写组编：《柯尔克孜族简史》，民族出版社，2008年，第16页。

　　③ 　参见《柯尔克孜族简史》编写组编：《柯尔克孜族简史》，民族出版社，2008年，第31–34页。

　　④ 　参见高名凯、刘正埮、史有为、麦永乾等编：《汉语外来语词典》，上海辞书出版社，1984年，第184页。

尔吉斯语中的古汉语借词"赐"。

"赐"这个汉字现在有两种读音：一种读音为【sì】，一种读音为【cì】。在我国出版的字典和词典中有的把两种读音的汉字"赐"都收入，例如中国大辞典编纂处编的《汉语词典》（原名《国语辞典》，商务印书馆1937年3月出版，1957年12月北京第1次印刷，用中华人民共和国成立前的老注音字母标音）就在词典的1040页收入了读音为【sì】的"赐"。它有两种解释：一是"谓上给予下"，二是"恩惠"。例"民到于今受其赐"（《论语》）。"赐"的第一种解释可作动词用，其第二种解释可作名词用。在词典的1009页收入了读音为【cì】的"赐"，但省去了解释。在中国科学院语言研究所词典编辑室编的《现代汉语词典》（商务印书馆1973年出版）的160页上只收入了读音为【cì】的汉字"赐"，没有收入读音为【sì】的汉字"赐"，其解释也是两点：一是"赏赐，赐予"，二是"敬辞，指收到的礼物"。例"厚赐受之有愧。"这里也是"赐"的第一种解释可作动词用，其第二种解释可作名词用。在新华辞书社编的《新华字典》67页上也是只收入了读音为【cì】的汉字"赐"，没有收入读音为【sì】的汉字"赐"，其解释也是两点：一是"给 旧时指上级给下级或长辈给小辈奖赏、恩赐、赐教"。二是"赏给的东西，给予的好处"。例"皆受其赐，受赐甚多"。这里也是"赐"的第一种解释可作动词用，其第二种解释可作名词用。

让我们再看一看郭锡良编的《汉字古音手册》（北京大学出版社1986年11月出版），他在书中的第60页上把汉字"赐"列为读音为【cì】的一组汉字中，书中没有把读音为【sì】的"赐"列入。但"赐"的古音为："（古）心锡siek，（广）斯义切 心寘开三去止sie"。《广韵》全名为《大宋重修广韵》是宋真宗大中祥符元年（公元1008年）根据历史上的韵书编修的一部汉语历史语音大典，整理出了唐宋时期的汉字读音。从中可以看到在唐宋时期"赐"是读作【sie】的。

中乌友好的伟大历史人物 —— 赛典赤·赡思丁

中华人民共和国主席习近平在应邀对乌兹别克斯坦共和国进行友好访问期间，于2016年6月22日在乌兹别克斯坦最高会议立法院做的充满友好的讲演中说"观今宜鉴古，无古不成今"，还举出了历史上的大量实例阐述了中国与乌兹别克斯坦源远流长的传统友谊。其中列举了中乌友好的伟大历史人物 —— 赛典赤·赡思丁。

赛典赤·赡思丁（1211 — 1279）名字原文的全文是"Sayyid Ajall Shams al-Din Omar al-Bukhari"，这是说他的名字叫"赛义德·阿加勒·沙目斯丁·奥玛尔"（Sayyid Ajall Shams al-Din Omar）"，他是布哈拉出生的（al-Bukhari）。

成吉思汗西征的大军灭掉了领土包括当今中亚乌兹别克斯坦和土库曼斯坦一带的花剌子模国（中国汉文史书上因花拉子模国各族人民多信奉伊斯兰教，便把该国写作"回回国"）后，从中亚带回了不少"回回工匠""回回士兵"到中国。赛典赤·赡思丁和他的布哈拉王族世家参加了蒙古军队的征战后举族东迁归附元朝。

赛典赤·赡思丁先被元朝太宗（窝阔台汗）任命为管理大同、呼和浩特一带地区的长官"达鲁花赤"（Daragachi），后又被任命管理太原、平阳一带地区的长官"达鲁花赤"（Daragachi）。元朝宪宗（蒙哥汗）时期，被任命为燕京路（路是较省低一级的行政区域单位）总管和采访使。元朝世祖（忽必烈汗）时期晋升为燕京路宣抚使及拜为中书省平章政事（相当于省长）。后又担任陕西、四川中书省平章政事。赛典赤·赡思丁的政绩突出，深得元朝王室的信任，便于1264年被派往情况复杂、困难很多的边疆贫困地区云南省任平章政事。

赛典赤·赡思丁在云南任职期间，首先改革了行政体制，设置郡县，把万户府、千户所、百户所改为路、府、州、县，路设总管，府设知府，州设知州，县设县令或县尹，并把首府从大理改在昆明，把各民族代表人士、上层人物都安排在各层领导机构中，还提倡云南境内各种宗教和睦相处，又妥善地处理了与周边国家的关系。这样，既促进了民族团结，又巩固了国家的统一。当时，云南是个贫困的边疆地区，"要想富先修路"，赛典赤·赡思丁一方面修整了一些交通要道，有利于通商交流，一方面又大兴水利，治理了滇池及附近的河流，使农牧副业得到发展，改善了各族人民的生活。赛典赤·赡思丁还非常关心教育，他大力提倡兴儒办学，虽然他是穆斯林，但他还支持修建了孔庙。他在云南辛勤而出色地工作了6年直到他去世，他为祖国和云南各族人民做出了重大贡献，赢得了各族人民的拥戴。为了表彰他的丰功伟绩，元朝中央政府授予他"咸阳王"称号。云南的各族人民为了纪念他，在云南省昆明市中心建了一座高大的"忠爱"牌坊，表扬他忠诚国家，热爱人民。在玉溪市郊区还修建了纪念他的陵园，几百年过去了，迄今还有人守墓。国家把这里定为国家重点文物保护单位。不少诗人、画家都创作诗画来歌颂他。

赛典赤·赡思丁有五个儿子。长子叫纳速拉丁（Nasir al-din），次子叫哈散（Hasan），三子叫忽辛（Husayin），四子叫苫速丁兀默里（Shams-din Omar），五子叫马速忽（Masghud）。他们也都在元朝做官，明代航海家郑和（马"哈志"的儿子马和）就是赛典赤·赡思丁的后裔。赛典赤·赡思丁家族的后代组成了中国回族的一部分，分布在云南省各地、主要居住在通海县玉溪市纳家营及宁夏回族自治区永宁县纳家户，在南京、安徽、山东、河北等地也都有分布。几年前，我曾陪同当时的乌兹别克斯坦共和国驻华大使优苏波夫和当时的参赞、后来的大使库尔班诺夫先生前去云南访问过纳家营及晋谒过赛典赤·赡思丁陵墓。当地赛典赤·赡思丁的后代对来自乌兹别克斯坦共和国的贵宾表示了极为热情的欢迎。

历史上像赛典赤·赡思丁这样的中乌友好历史人物还有很多很多。正如习近平主席在讲话中讲的一样，2000多年以来，丝绸之路记载了中乌两国人民和睦友好的历史，成为中乌世代友好的见证。在我们两国人民热烈庆祝建交27周年的时刻，中国人民愿同乌兹别克斯坦人民和世界各国人民一道，齐心协力，为落实"一带一路"的倡议，为推进人类和平与发展的崇高事业做出新的贡献！

中国的撒拉族与土库曼斯坦的撒勒尔部落

在中华人民共和国的56个民族中有一个被称作"撒拉"的民族。撒拉族在元代的汉文史料中被写作"撒剌儿"或"撒剌",明清时期的汉文史料中也有写作"沙剌""沙剌簇""萨剌"的,这都是撒拉族自称"撒拉尔"(Salar)的不同的汉字音译。中华人民共和国成立后,经过民族识别定名为"撒拉族",这一族称于1954年2月在举行的循化县第一届人民代表大会上通过,并以这一族称建立了青海省循化撒拉族自治区,同年9月改名为循化撒拉族自治县。撒拉族共有13万多人(2012年统计),主要分布在青海省循化撒拉族自治县、化隆回族自治县,甘肃省积石山保安族东乡族撒拉族自治县大河家乡一带,在新疆伊犁哈萨克自治州伊宁县也有少数的撒拉族居住。他们有自己的语言——撒拉语,属阿尔泰语系突厥语族乌古斯语族,与土库曼语、土耳其语、阿塞拜疆语较为接近。撒拉族信仰伊斯兰教,属逊尼派。他们迄今仍保留着祖辈流传下来的一些社会组织名称,例如"孔木散"(Khumsan,以血缘关系为基础的共同体,多是一个姓氏)、"阿格勒"(Aghyl,由若干"孔木散"组成的小村)、"工"(Gung,来源于"干""冈"。"干""冈"来源于"Kant",由若干"阿格勒"组成的大一点的村或乡)。

撒拉族的祖先来自中亚的一个叫作"撒勒尔"(Salyr)的部落,如今这个古代中亚的撒勒尔部落早已作为土库曼民族的一个组成部分了,但迁移到中国的一部分撒勒尔部落人又与青海的藏族,甘肃、青海的回族、蒙古族、汉族通过交往、交流、融合形成了中国一个新的民族共同体——撒拉族，他们已经大大不同于古代的撒勒尔部落了。撒拉族中的韩姓多为根子姓氏，马、沈、兰、何、刘、王等20多个姓都是后来与撒拉族融合为一族后的外族的姓氏。中国的撒拉族与土库曼斯坦的土库曼族有着历史上的亲戚关系，但由于历史的原因，他们已经发展成了两个友好国家里的两个不同的民族了。如今，撒拉族人民正以友好桥梁的身份为增进中国与土库曼斯坦两个国家的友好做着贡献！

在青海省循化撒拉族自治县街子清真寺右侧有一个叫作"骆驼泉"的清泉，关于这个"骆驼泉"流传着一个关于撒拉族族源的传说。青海人民出版社1982年2月出版的由撒拉族马学义搜集整理的撒拉族民间故事集——《骆驼泉》一书中的"骆驼泉"这一传说的大意如下：在古代中亚撒勒尔部落里有叫作"尕勒莽"和"阿合莽"的兄弟两人，他们原居住在撒马尔罕地方，他俩在群众中很有威望，因而遭到当地统治者——国王的忌恨和迫害。于是他俩带领同族18人，牵了一峰白骆驼，驮着故乡的水、土和一部《古兰经》向东方寻找新的乐土。一行人经天山北路进嘉峪关，旋经肃州、甘州、宁夏、秦州（天水）、伏羌（甘谷）、临洮等地辗转来到今夏河县甘家滩。后来，又有40个同情者跟来。追随他们经天山南路进入青海，沿青海湖南岸到达圆珠沟（贵德县境内），有12人留了下来，其余28人在甘家滩与尕勒莽等相遇，便同行进入循化境内。经夕厂沟，越孟达山，攀上乌士斯山。这时天色已晚，苍茫中走失了骆驼，便点起火把在山坡寻找，后人就把这山坡叫"奥特贝那赫"（即火坡）。当他们到了街子东面的沙子坡时，天正破晓，后人又称沙子坡为"唐古提"（即天亮了）。在黎明中，他们眺望街子一带，眼见土地肥美，清流纵横，实是一块好地方。下了山坡，见一眼泉水，走失的骆驼卧在水中，已化为白石一尊。众人喜出望外，试量了水、土与所带故乡的水、土重量一样。于是，这两批人经过长途跋涉，最后决定在循化街子地区定居下来。撒马尔罕人与周围的藏族人、回族人、汉族人、蒙古族人等长期杂居融合，繁衍吸收，发展而成今天的撒拉族。

传说是民间代代相传的故事，有的可以提供很有价值的资料，可供研究历史参考，但它并不等于历史。所以对传说要用史料和田野调查来检验。上面这个传说里讲"撒勒尔部落原来住在撒马尔罕"，许多学者根据这一传说就在介绍撒拉族的著作中说什么"撒拉族来自撒马尔罕"，撒拉族是不是来自撒马尔罕，需要用史料和田野调查来证明。

据拉施特主编的《史集》第一卷第一分册列出的诸突厥游牧民族名称一览表中说："乌古斯是卡拉汗之子，乌古斯有6个儿子。他们的名字是：坤（Kün太阳）、阿依（Ay月亮）、余勒都思（Yüldüz星）、阔阔（Kök天空）、塔额（Tagh山）、鼎吉思（Dingiz海）。这6个儿子又各有4个儿子，其中塔额（Tagh山）的4个儿子是：撒勒尔（Salyr）、艾米尔（Aymür）、阿拉依温特里（Alayüntli）和乌尔凯孜（Urkez）。"这一史料告诉我们，撒勒尔是乌古斯的孙子，塔额的儿子。

我的老师苏联突厥语言学家埃·捷尼舍夫在20世纪50年代在中央民族学院给我们突厥语研究班讲授《突厥语言导论》课，在介绍土库曼语时结合着讲了土库曼斯坦的部落及方言情况。他说：撒勒尔是土库曼族的一个部落，他们分布在土库曼斯坦东南部恰尔朱（Chardzu）及塞拉赫斯（Serahs）一带。撒勒尔方言是土库曼语的一种方言。埃·捷尼舍夫专家没有说撒勒尔部落居住在撒马尔罕。

从《苏联大百科全书》中的"土库曼苏维埃社会主义共和国"这一词条的解释看来，公元1219—公元1221年，土库曼斯坦全境均为成吉思汗的蒙古军队所蹂躏，今日的土库曼斯坦与乌兹别克斯坦的一大片地区均受蒙古的汗国统治。撒马尔罕是一个汗国的首都，居住在土库曼斯坦东南部的撒勒尔部落也受辖于建都撒马尔罕的帖木儿王朝，但他们并没有居住在撒马尔罕！受辖于撒马尔罕和居住在撒马尔罕是不同的！《骆驼泉》传说中所说的撒勒尔部落曾居住在撒马尔罕和从撒马尔罕迁移来中国青海循化的说法是与史实不符的。在英文的《伊斯兰大百科全书》中介绍撒拉族时也说他们是"取道撒马尔罕，经过吐鲁番、肃州到西宁，在那里定居下来，成为今日的撒拉族。"这里说的是"取道"，就是说他们原来不是住在撒马尔罕，当然说他们也不是从撒马尔罕迁来中国青海循化的。

早在20世纪50年代我听了苏联专家埃·捷尼舍夫先生的讲课和阅读了一些有关土库曼族部落的划分和土库曼语方言学的书籍后，就对一些学者的"撒拉族是从撒马尔罕迁移来的"这种说法有不同意见，但我没有写出任何文章来表达自己的看法，因为我总想亲自到土库曼斯坦去做些田野调查后再说。1992年夏天，我应邀访问了土库曼斯坦。在阿什喀巴德我住在国立土库曼斯坦大学一位名叫阿曼·盖勒地的副校长家里，他是汉学家，是撒勒尔部落人。我在他家住了一个多星期，向他询问了撒勒尔部落的分布情况，他说历史上撒勒尔部落就是居住在土库曼斯坦的东南部，在伊朗境内还有一些撒勒尔部落人，但的确没有在撒马尔罕居住过。我也与他核对了"尕勒莽"和"阿合莽"的传说故事。他说这个传说故事只讲了他们与统治者的斗争，没有从撒马尔罕迁移到中国的情节。我后来又应邀到乌兹别克斯坦访问交流，我多次到过撒马尔罕，我听到的是过去这里居住着许多塔吉克人，没有居住过撒勒尔部落人。

从史料和田野调查的结果看，撒勒尔部落原来是居住在土库曼斯坦的东南部，他们是元朝末年在大批中亚"回回工匠""回回军"东来中国时"取道撒马尔罕"迁移到中国青海循化，而不是原来就居住在撒马尔罕的！

土库曼斯坦独立后不久，我应邀在土库曼斯坦国家科学院做过有关中国撒拉族的讲座，我帮助青海的一些撒拉族干部和学者访问了土库曼斯坦。土库曼斯坦驻华大使和土库曼斯坦留学生也都访问了循化撒拉族自治县。现在青海省已经派去了学生在土库曼斯坦留学。如今撒拉族成了中国和土库曼斯坦友好交流的一座桥梁，我相信在实现"一带一路"这一宏伟蓝图中，在进一步增强中国人民与土库曼人民的传统友谊中，我国的撒拉族将更多地发挥自己的作用。

纪念塔吉克"诗歌之父"
鲁达基诞生1150周年

塔吉克民族是一个历史悠久，具有灿烂文化传统的民族。塔吉克诗歌丰富多彩，它的许多形式不但为说伊朗语族语言各民族诗歌形式奠定了基础，而且也深深地影响了信仰伊斯兰教的说突厥语族语言民族诗歌的形式。被誉为塔吉克"诗歌之父"的鲁达基在塔吉克古典诗歌的发展史上起了奠基作用。

一、鲁达基生平

1. 鲁达基的名字

鲁达基的全名是阿布·阿布杜耳拉·加法尔·本·穆罕默德·鲁达基（Abu Abdullo Jafar bn Muhammed Rudaki）。意思是"鲁达克"（地名，Rudak后加表示什么地方出生的附加成分izafat-i变成Rudaki人，他是穆罕默德的儿子阿布·阿布杜耳拉·加法尔。（在B. G. 加富罗夫（B. G. Gafurov）撰写出版的《中亚塔吉克史》（*Istoriya Tajikskogo Naroda*，1955年，中文译本由中国社会科学出版社出版）一书中，还提出鲁达基的名字是阿布尔哈桑·加法尔。在张晖翻译出版的《鲁达基诗集》（新疆人民出版社，1982年）一书的前言中还说鲁达基的名字前还有"欧斯塔得"一词，"欧斯塔得"（Ustod）在塔吉克语中是"老师""大师"的意思。我认为"欧斯塔得"是一种尊称。

2.鲁达基的出生地

从鲁达基的全名中完全可以看出他出生于鲁达克。但对鲁达克在什么地方，不同的书和文章有不同的说法。在《中国伊斯兰教百科全书》"鲁达基"（321页）词条和张晖翻译出版的《鲁达基诗集》前言（1页）中都说鲁达克在撒马尔罕（Samarkand）附近。但在《中亚及哈萨克斯坦人民文学史》（*Istoriya Literatur Narodov Sredney Azii i Kazahstana*，莫斯科大学出版社，1960年）一书中则说"鲁达克是在塔吉克斯坦的喷赤坎特（Panjkent，Panj五kent村）"（47页，现在的喷赤市）。我认为这种说法正确。

3.鲁达基的生卒年代

关于鲁达基的生卒年代，在不同的书和文章中也有不同的说法：

（1）"884—954"说（见*Zaboni tajiki*，塔吉克语课本，塔吉克斯坦国家出版社，1955年，99页）

（2）"诞生于九世纪中叶"说（见张晖译的《鲁达基诗集》，1页。也见《中亚及哈萨克斯坦人民文学史》一书的47页）

（3）"诞生于九世纪末"说（见《中亚塔吉克史》一书的185页）

（4）"850—941"说（《中国伊斯兰教百科全书》，321页）

（5）"858—941"说（见塔吉克斯坦*Asia Plus*通讯社2008年3月17日关于德国柏林举行《纪念鲁达基诞生1150周年》的报道。我国为纪念鲁达基诞生1100周年，曾于1958年出版过《鲁达基诗选》）

我认为上面的后一种说法正确。

4.鲁达基生平简介

鲁达基出生于塔吉克族的一个农民家庭，幼年聪慧，很早就开始学习阿拉伯文，8岁开始写诗，能背诵《古兰经》。后跟名师学艺，成为一位当地人民喜爱的民间歌手和乐师。他经常被人们邀请去演奏和演唱，到过许多地方，阅历丰富，见识很广，对人民的生活相当了解。这些经历都成为他诗歌创作的源泉。当时是萨曼王朝（公元819年—公元999年），在纳斯尔（Nasir）二世（公元914年—公元943年）执政时期，鲁达基被诏到首都布哈拉（Buhara，最初在萨马尔罕），充当宫廷诗人，写过一些颂扬纳斯尔二世的诗作。不论在哪里，他都非常注意培养年轻的诗人。不少塔吉克诗人就是在他的帮助下成长起来的。晚年他写的诗多侧重于对统治者的劝谏与批评，因揭露了朝廷统治者的弊端，同情人民的暴动（卡尔马特），约于937年被逐出宫廷，并被挖掉双眼，赶回家乡，过着乞讨的悲惨生活。最后，在贫困中死于故乡。

二、鲁达基诗歌的内容及语言结构特点

鲁达基一生写下的诗歌据说多达130万行，但由于岁月的流逝和战乱的原因，流传下来的仅有2000多行。

1. 鲁达基诗歌的内容

鲁达基诗歌的内容与他一生的经历是密切相关的。他的诗作中有对大自然的抒情描绘，有对纯洁爱情的赞美，有对人民美好生活的向往，有对统治阶级丑恶行径的揭露和对人民大众痛苦生活的同情，也有一些告诫人们行善的哲理诗。由于这些诗歌富有人民性，千百年来一直受到人民的喜爱和传诵。我在这里不一一举例，而只介绍一些诗歌代表作的篇名。例如描绘大自然的《草原》《白雪》《花》《冰雹》《奔马》等，赞美爱情的《爱情的滋味》《你的离别》《爱情和祷告》《爱情的先知》等，告诫人们的《正义》《不要贪婪》《智者和愚人》《慷慨》《蛇与恶人》《保持心灵的纯正》等，富有哲理的抒情诗《应干好事》《四件珍宝》《箴言》《生与死》《世上的伟人》等，以及他根据阿拉伯文的《卡里来与笛木乃》再创作成的叙事诗和《老人怨》等。鲁达基的诗歌还有不少是"咏酒诗"，如《玛瑙色的酒》《液体的宝石》《酒》《把酒拿来》《美酒银杯》《醉翁》等。值得一提的是这里的"酒"不是"伏得加"（Votka），而是用葡萄或石榴等水果酿成的

一种"果子露"饮料，叫"沙拉普"（Sharop）。

　　2. 鲁达基诗歌的语言结构特点

　　鲁达基的诗歌是在塔吉克民歌的基础上又接受了阿拉伯诗歌的某些影响而形成的塔吉克古典诗歌。他的诗歌有以下几种诗歌形式：

　　（1）"鲁巴依"（Ruboi 四行诗）体

　　每首为四行，押脚韵，多为 aaaa 或 aaba，内容多为哲理和爱情的。

　　（2）"嘎则勒"（Gazel 抒情诗）体

　　每首多为由若干双行（beyt）一段而组成的诗歌，押脚韵，多为 aaba 或 cada 等，内容多为抒发内心感情和歌颂大自然的。

　　（3）"卡色达"（Kasida 颂词）体

　　每首多为由不少于12个双行一段而组成的诗歌，押脚韵，多为 aaba 或 cada 等，内容都是颂词。

　　（4）"克依塔"（Kiyta 短诗片段）体

　　每首诗行较少，押脚韵，多为 ba，ca，da 等，内容多为哲理。

　　（5）"达斯坦"（Doston 叙事诗）的"玛斯纳维"（Masnavi 双行押同一脚韵）体

　　每篇多为较长的叙事诗和爱情诗，由许多双行一段而组成的诗歌，押脚韵，多为 aabbccdd 等。

　　鲁达基诗歌的这些形式后来不但发展成了塔吉克和波斯古典诗歌的主要形式，也给信仰伊斯兰教的突厥语族的各民族的古典诗歌形式以深远影响。

三、鲁达基与我国唐代诗人李白、杜甫的比较

　　鲁达基是萨曼王朝时期的人。萨曼王朝时期（公元819年—公元999年）相当于我国唐朝（公元618年—公元907年）末年及五代（公元907年—公元960年）和宋朝（公元960年—公元1279年）初期。鲁达基是

塔吉克"诗歌之父",生活在我国唐代的李白(公元711年—公元762年)和杜甫(公元712年—公元770年)的诗歌是中国汉族古典诗歌的典范,也分别被后人称作"诗圣"和"诗仙"。他们虽然国籍不同,语言文字不同,但却有不少共同的地方:

第一,他们都到过许多地方,阅历丰富,对民间疾苦有较深的了解。

第二,他们都很爱自己的祖国,也想为国家效劳,都当过官或与上层统治者有过接触,但到最后都被放逐或贬职。

第三,他们都喜欢饮"酒"(不是今天的烈性酒,而是一种水果或粮食酿成的饮料)作诗。

第四,他们的诗歌内容都很近似,都喜欢歌颂大自然,赞美爱情,揭露世间的不公平,抨击统治阶级的丑恶行径。

第五,他们的诗歌都是格律诗,鲁达基的四行诗和李白、杜甫的绝句非常相似。

下面举出他们的一些诗句进行对比:

李白:抽刀断水水更流,

　　　举杯消愁愁更愁。(《宣州谢朓楼饯别校书叔云》)

鲁达基:朋友们不断地为我斟满玉盅,

　　　　我干杯畅饮直至大醉酩酊。

　　　　人们把我嘲笑为"狂人",

　　　　我不是"狂人",而是"醉翁"。(《醉翁》)

从诗中可看出他们都是以酒解愁。

杜甫:富贵必从勤苦得,

　　　男儿须读五车书。(《柏学士茅屋》)

鲁达基:没有比知识更珍贵的财宝,

　　　　你若不信可以到处寻找。(《玛斯纳维诗体》)

从诗中可以看出他们多么尊重知识。

李白:拨云寻古道,

倚石听流泉。(《寻雍尊师隐居》)

鲁达基：看那遮天的浓云，

　　　　如悲悼的人们在哭泣。

　　　　听那震地的轰雷，

　　　　似断肠的人在哀伤。(《新春颂》)

从诗中可看出他们都是触景生情

杜甫：朱门酒肉臭，

　　　路有冻死骨。(《自京赴奉先县咏怀五百字》)

鲁达基：饱汉不知饿汉饥，

　　　　健者不知病者痛。(《训诫》)

从诗中可看出他们都揭露了社会上贫富差别的不公。对他们生平和诗歌之间的对比研究将是很有意义的。

下面我学着用塔吉克语朗诵一首诗：

Hej shodi nest andar in jahon，

Bartar az didari ui duston.

Hej talhi nest bar dil talhtar，

Az firoki dustoni purhunar.

世界上没有任何欢欣，

比得上亲朋好友的团圆。

人间没有任何忧愁，

超得过亲朋好友的离散。

四、加强对塔吉克文化的研究，
进一步增进中塔两国人民的友谊

据我所知，我国用汉文出版的鲁达基诗作有：

《鲁达基诗选》，人民文学出版社，1958年

《鲁达基诗集》，新疆人民出版社，1982年

《献给女友》，外国文学出版社，1989年

《鲁达基、海亚姆、萨迪、哈菲兹作品选》，人民文学出版社，1998年

《鲁达基诗集》，湖南文艺出版社，2001年

在我国出版的《中国大百科全书·外国文学卷》《波斯古典文学作品丛书》和宁夏大学编辑印刷的《亚非拉文学作品选》（第二辑）中都介绍了鲁达基及其诗作。

塔吉克人民拥有悠久的历史文化，我们用汉文介绍过来的还很少，我们今后要加强对塔吉克文化的研究，进一步增进中塔两国人民的友谊。

要加强对塔吉克文化的研究，一是要首先提高对塔吉克文化在中亚重要作用的认识，塔吉克族的先民在历史上是最早的中亚居民。他们和波斯（Farsi）使用着共同的文学语言，许多"波斯古典文学"也即"塔吉克古典文学"，但中亚的大片土地上居住的是塔吉克人。

我国历史上把阿拉伯称作"大食"，"大食"在古汉语中读da（大）-jiek（食）。阿拉伯的阿巴斯王朝侵占了塔吉克人居住的中亚后，中国把中亚的统治者——阿拉伯人错误地音译成了"大食"。现在的萨马尔罕和布哈拉都不属于塔吉克斯坦，但历史上它们都曾是塔吉克人国家的首都。塔吉克文化在中亚，在我国新疆都有深远影响。现在中亚各民族使用的文学语言中有不少波斯—塔吉克语词汇，过去使用的阿拉伯字母文字也是根据波斯—塔吉克文而创制的。中亚和新疆的一些乐器也多是从塔吉克人民那里吸收进来的。

要加强对塔吉克文化的研究，二是要多了解历史，例如我国的回族的先民就有不少是来自说伊朗语族语言的民族，具体地说，其中就有中亚的塔吉克族。云南和宁夏的回族中有的就是元朝和明朝来自布哈拉和萨马尔罕的。我国明代编撰的《回回馆杂字》（汉语、波斯—塔吉克语常用词典）中的回回话就是波斯—塔吉克语。我国明代的《回回药方》就是根据波斯—塔吉克学者依本森纳的《医典》一书翻译整理的。谈到伊斯兰教，

波斯 — 塔吉克对我国的影响更多。我国穆斯林遵照的《圣训》(Hadis)就是布哈拉人整理的。我国的苏菲主义教派也是来自中亚的。我国宗教学校中学的《古丽斯坦》(《蔷薇园》)一书就是波斯 — 塔吉克的诗人萨迪的诗歌。我国与中亚塔吉克人民的历史联系有许多方面是值得认真研究的。

要加强对塔吉克文化的研究，三是要学习塔吉克语言，不会语言是难以进行深入研究的。我建议在中央民族大学、中国传媒大学或北京外国语大学开设塔吉克语专业，培养这方面的人才。

要加强对塔吉克文化的研究，四是要多组织文化交流活动，例如举办展览会，举行研讨会等。

十月革命前中亚游牧民族的部落

十月革命前中亚的一些游牧民族保留着历史上形成的部落组织，十月革命后中亚发生了巨大变化，游牧民族中的部分人逐渐脱离了牧业生产，改为从事农业或工业，甚至迁移到城市里去了。这巨大的变化冲击着原有的部落组织，在一定程度上淡化了部落意识，但从一个民族的整体上看，他们的部落区分和部落意识仍然存在着。苏联在中亚的各加盟共和国宣布独立以来，原来是游牧民族的民族其部落意识又有所抬头，如果能正确引导，也可发扬某些团结互助的传统，对社会的稳定也起些正面作用，但在有的国家部落意识的增强却起了负面作用。影响了本民族内部的团结及社会稳定。研究中亚也应重视对这些民族部落情况的研究。

下面我根据苏联学者调查研究的资料和我所了解的简要地介绍一下哈萨克族、吉尔吉斯族、土库曼族、卡拉卡勒帕克族的部落情况。

一、哈萨克族的部落

哈萨克族是一个古老的民族，他们的先民是"可萨""曷萨""阿萨"——唐代突厥的一支。《旧唐书·西戎传》"波斯"条中写道："波斯国，……东与吐火罗、康国接，北邻突厥可萨部，……"《新唐书·西域传》下"拂林"条中写道："拂林，古大秦也，居西海上，一曰海西国，去京师四万里，在西、北直突蕨可萨部，西濒海，……"在波斯文史书

《世界疆域志》中也提到"可萨"。

据哈萨克族民间传说讲，他们的先祖叫"阿拉什"（Alash），阿拉什的儿子叫"哈萨克"（Kazak），"哈萨克"有三个儿子：长子叫"别克—阿勒什"（Bek Alysh），次子叫"阿克—阿勒什"（Ak Alysh），三子叫"江—阿勒什"（Jan Alysh）。后来，这三个儿子的后代发展成哈萨克汗国的三大部分：长子的后代是"大于孜"（Uly Jüz），即"大帐"，也即"左部"；次子的后代是"中于孜"（Orta Jüz），即"中帐"，也即"右部"；三子的后代是"小于孜"（Kishi Jüz），即"小帐"，也即"西部"。"大于孜"的各个部落主要分布在巴尔喀什湖以南及从伊犁河到锡尔河之间的广阔地区。"中于孜"的各个部落主要分布在锡尔河以北的地区。"小于孜"的各个部落主要分布在哈萨克斯坦西部、锡尔河下游和靠近里海的地区。

属于大于孜的部落有：

黄乌孙（Sary Usun）

希尔盖里（Shirgeli）

素宛（Suan）

沙普拉什特（Shaplashty）

额斯特（Ysty）

阿勒班（Alban）

杜拉特（Dulat）

札拉依尔（Jalair）

康里（Kangly）

奥沙克特（Oshakty）

属于中于孜的部落有：

钦察（Qypchak 克普恰克）

乃曼（Naiman）

瓦克（Uak）

阿尔根（Argyn）

凯列依（Kerei）

孔额拉特（Kongyarat）

属于小于孜的部落有：

阿勒木—乌勒（Alym Uly）

巴依—乌勒（Bai Uly）

哲特—乌勒（Jet Uly）

二、吉尔吉斯族的部落

吉尔吉斯族也是一个古老的民族，《史记》上的"坚昆"就是吉尔吉斯族的先民。根据 1495 年写成的一部名为《史集》（*Majmuetut Tarih*，波斯文）的记载来看，当时的吉尔吉斯族已分为"右翼"诸部落和"左翼"诸部落。据民间"桑吉拉奇"口述的传说和本族历史学家的研究，成吉思汗攻打"吉利吉思"（Kyrgyz 柯尔克孜）部时（公元 1227 年），"吉利吉思"被分散到各地。有一位名叫刀郎（Dolon）的"比"官把分散的"吉利吉思"人带领着迁移到天山的西部。刀郎比的妻子生了一对双胞胎，一个在胎里位于右边的先出生，起名叫"阿克吾勒"（AK 白，UUL 儿子），一个在胎里位于左边的后出生，起名叫"库吾勒"（KUU 灰白 UUL 儿子）。"阿克吾勒"也被叫成"阿布勒"（Abyl），"库吾勒"也被叫成"卡布勒"（Kabyl）。"阿克吾勒"的后代都属于右翼部落，"卡布勒"的后代都属于左翼部落。这右翼和左翼诸部落都属于族名传说中的"奥土孜吾勒"，即"色尔特克勒克"。在俄国十月革命前，吉尔吉斯族部落的划分情况大致如下：

1. "奥土孜吾勒"

即"色尔特克勒克"诸部落（或称北方部落群），由右翼诸部落和左翼诸部落组成。

右翼诸部落包括：节迪盖尔部落（Jediger），分布在吉南部；索勒套部落（Solto），分布在吉西部塔拉斯一带；萨勒巴额什部落（Sary

Bagysh），分布在吉西部楚河流域；布务部落（Bugu），分布在吉热湖（伊塞克湖）东；切里克部落（Cherik），分布在吉东部纳仁一带；阿孜克部落（Azyk），人数较少，散居各地；卡拉巧劳部落（Kara Choro），人数较少；巴额什部落（Bagysh），分布在吉西南部；萨雅克（Saiak），分布在吉西部塔拉斯一带；切格尔萨雅克部落（Chegir Saiak），分布在吉北部热湖西；阿迪格乃部落（Adigine），分布在吉南部奥什及巴特肯一带；交务什部落（Joosh），分布在吉南部奥什及巴特肯一带；蒙古什部落（Mohgush），分布在吉南部奥什一带；娜勒（Naal，女儿）蒙古勒部落（Mohgoldor），分布在吉西部和中部。

左翼诸部落包括：冲巴额什部落（Chong Bagysh），分布在吉东部纳仁一带；库什曲部落（Kushchu），分布在吉东部纳仁一带；巴斯孜部落（Basyz），分布在吉西南部和中部；克塔依部落（Kytai），分布在吉西北部；萨鲁（Saruu），分布在吉西北部塔拉斯一带；阿库疏勒（Akushul）人数少；蒙杜孜部落（Mungduz），分布在吉西南部。

以上诸部落主要分布在吉尔吉斯斯坦北部，所以人们常常把"色尔特克勒克"诸部落称作"北部部落"。其实，上述部落在吉尔吉斯斯坦南部也有分布。

2. "翁吾勒"

即"依其克里克"诸部落（或称南方部落群），包括：克普恰克部落（Qypchak），分布在共和国南部奥什及巴特肯一带；乃曼部落（Naiman），分布在吉南部奥什及巴特肯一带；台依特部落（Teit），分布在吉南部巴特肯及奥什一带；开赛克部落（Kesek），分布在吉南部奥什一带；包斯通部落（Boston），分布在吉南部巴特肯一带；康德部落（Kangdy），人数少；诺奥依务特部落（Noigut），分布在吉南部巴特肯及奥什一带；交开赛克部落（Joo Kesek），人数少；9.奥尔古部落（Orgu），人数少；托洛斯部落（Tölös），人数少。在加拉勒阿巴德一带也住有台依特等南部部落的人。

由于上述部落多分布在吉尔吉斯斯坦南部，人们常常把"依其克里克"诸部落称作"南方部落群"。

关于部落情况还有其他几种说法，笔者是综合了各种说法而列出的。以上部落总数不到40个，其中克普恰克部落在吉南部人数较多，有人把"依其克里克"诸部落也统统叫作"克普恰克"。上述的右翼和左翼的划分，很可能是吉尔吉斯族历史上军事编制留下的痕迹。

三、土库曼族的部落

土库曼族也是突厥的一支后裔，在唐代的《通典》卷第一百九十三"边防九"中提到的"粟戈"条里写道："在葱岭西，大国，一名粟特，一名特拘梦，……"我国有的学者认为"特拘梦"是"土库曼"（Türkmen）那时的汉字音译。当时属于突厥乌古孜部落的土库曼人已迁移到中亚的花剌子摸、马雷等地。土库曼族分为东支诸部落、西支诸部落和北支诸部落，他们合计8个大部落，另有一些独立的较小的部落。

1. 东支诸部落

（1）台凯（Teke）主要分布在阿什喀巴德（Ashkabad）附近的地区和马雷（Mary）州地区，它是土库曼族最大的部落。

（2）萨劳尔（Salor）主要分布在马雷州和土库曼斯坦的东北部。他们中的一支于明代迁移到我国与回族和信仰了伊斯兰教的部分藏族通婚，形成现在居住在青海省循化撒拉族自治县的撒拉族。

（3）萨雷克（Saryk）也主要分布在马雷州和土库曼斯坦的东北部。

2. 西支诸部落

（1）姚木德（Jomud）主要分布在靠近里海的地区和达沙乌孜（Dashoguz）一带，它是土库曼族的第二个大部落。

（2）郭克兰（Göklan）主要分布在阿什喀巴德的以西地区。

（3）乔岛尔（Chodor）主要分布在土库曼斯坦的西部和北部。

3. 北支诸部落

（1）艾尔萨里（Ersary）主要分布在土库曼斯坦的东北部。

（2）阿里里（Ariri）主要分布在土库曼斯坦的西部和北部。

4. 其他独立的小部落

（1）阿拉伯奇（Arabchi）传说是阿拉伯人的后裔，融入了土库曼族。

（2）淖乎尔里（Nohurli）传说是蒙古人的后裔，融入了土库曼族。

（3）阿淖里（Anauli）

（4）喀萨尔里克（Kasarlik）

（5）乃来则木（Nerezim）

（6）奥乌拉特（Owlat）传说是犹太人的后裔，融入了土库曼族，但仍信奉犹太教。

四、卡拉卡勒帕克（Kara Kalpak）族的部落

卡拉卡勒帕克族是在突厥乌古孜部落及彼切涅格（Picheneg）部落的基础上，又融合了诺盖依部落而形成的一个民族，现在居住在乌兹别克斯坦，是一个州一级的共和国。其语言与哈萨克语非常接近，也属于突厥语族。卡拉卡勒帕克族分为两个部落群：

1. 昂托尔特乌鲁（on Tört Uryw）部落群

（1）契丹（Kytaj 克塔依）下分8个小的部落。

（2）钦察（Kypchak 克普恰克）下分13个小的部落。

（3）凯乃盖斯（Keneges）下分12个小的部落。

（4）芒额特（Mangyt）卡拉卡勒帕克族中最大的部落，下分4个小的部落。

2. 孔额拉特（Kongyrat）部落群

左部 —— 加温格尔（Dzawyngyr）下分7个部落：

（1）提艾克里（Tiekli）

（2）塔尔图勒（Tartywly）

（3）坎吉呷勒（Kanjygaly）

（4）坎德克里（Kandekli）

（5）依什奇克里（Ishchikli）

（6）套戈孜（Togyz）

（7）色依拉克（Syirak）

右部 —— 舒勒里克（Shullk）下分8个部落：

（1）木依坦（Muytan）

（2）克亚特（Kyiat）

（3）阿沙马依勒（Ashamaily）

（4）考勒岛勒（Koldawly）

（5）考斯塔木阿勒（Kostamgaly）

（6）巴勒呷勒（Balgaly）

（7）闪德克里（Shandekli）

（8）卡拉毛音（Karamoyin）

中亚游牧民族的部落中还有传统的部落习惯法，部落组织会议及"阿克萨卡尔"（Aksakal，长老），每个部落中还有自己呼喊的口号，在每一部落的牲畜的臀部还要打上烙印符号。这一切也都值得研究。

说明：这份材料未包括上述民族在中亚五国以外的其他国家中的部落分布情况。

我的东干学情结

一、第一次听讲和讲述东干文课

1955年初，我国从苏联科学院聘请了通讯院士、语言学专家 Γ. Π. 谢尔久琴柯教授作为语言学顾问来中国科学院民族研究所（后分为民族研究所和民族语言研究所两个所）和中央民族学院指导少数民族语言文字工作，并在中央民族学院开办语言学研究班，向来自全国各地的各族语言文字工作者，其中包括中国科学院民族研究所和中央民族学院的不少教师和研究人员，介绍苏联创制文字及建立标准语的经验和讲授语言学理论及语言研究方法，为当时我国即将进行的大规模少数民族语言调查和为一些民族创制及改革文字的工作做准备。我那时毕业不久，刚从新疆柯尔克孜族地区进行了一年语言调查回来，是语文系语言教研室的助教。由于我在来中央民族学院以前在山东大学外语系俄罗斯语专业学过两年多俄语，学校领导费孝通副院长和马学良主任便决定让我一面参加研究班听课，一面每周一次到苏联专家住处听他的个别授课和对我的个别指导，并请王均教授作为导师指导我阅读俄文语言学书籍，培养我在苏联专家走后在学校里担任他讲授过的课程。我非常珍惜这个学习的机会，除了完成我担任的给新疆专修班教语言学课的任务外，我全力以赴地跟苏联专家和王均先生学习。马学良教授为了让当时不能直接在教室里听到苏联专家讲课的语文系本科生也能及时听到，便让我在听完苏联专家讲课后去给本科生放录音，怕大家有听不清的地方，我再在黑板上书写出来。放录音的效果不太好，后来改为由我把苏联专家每次讲课的内容整理成讲述的教材，每周传达一次，我像讲一门课一样传达了一学期的苏联专家讲的课。

苏联专家谢尔久琴柯在讲课中专门讲了苏联的东干族（即中亚的回族）及东干族的文字。他介绍说，住在吉尔吉斯苏维埃社会主义共和国、哈萨克苏维埃社会主义共和国的东干人，在1928年以前，使用阿拉伯字母。1928年苏联为东干人创制了拉丁化字母，但是由于对东干语研究得不够深入，在东干文字母本身和音节的正字法等方面都存在着一些缺点。1931年、1933年和1938年又对东干文字母与正字法进行了多次修正。1952年苏联又为东干人进行了文字改革，用西里尔字母创制了新的东干文。谢尔久琴柯教授知道我是回族，他在个别指导我时更详细地讲述了他亲自参加制定东干文的经过，以及他如何指导一位名叫阿不都拉合曼·卡里莫夫的东干研究生的情况。关于以西里尔字母为基础创制的新东干文字，他讲得非常多。当时，我国正在讨论汉字改革的事，我记得谢尔久琴柯教授还向中国科学院院长郭沫若提过建议，希望中国的汉字改革参考苏联创制东干文的经验。郭老谢绝了他的意见，说中国汉字的改革问题中国学者会正确解决的。

苏联专家谢尔久琴柯教授在中央民族学院语言学研究班讲东干族及东干文和我给中央民族学院语文系本科生传达他的讲课内容，这在中国大学里是第一次介绍。我国学术界开始关注东干学问题就是从这时开始的。为了反映当时谢尔久琴柯教授讲授东干文和我传达他讲课内容的原样，我特把1956年民族出版社出版的谢尔久琴柯著的《关于创制民族文字和建立标准语的问题》一书的122页 — 127页"东干文字母"这一节引录下来供大家参考。以下是他讲的和我传达的讲座教材：

东干文字母

在前面讲到以拉丁化字母创立文字的问题时，会谈到苏联境内的东干人的他们第一套以拉丁字母为基础的文字。

苏联的东干人说两种方言 —— 甘肃方言和陕西方言，很明显地前者是来自中国甘肃省的人，而后者是来自中国陕西省的人。

还在1927年，以杨尚兴、宗娃子和马凯耶夫为首的东干族大学生曾以阿拉伯文为基础制订了第一套东干语字母草案。但是，在1928年这一帮大学生又提出东干语拉丁化字母的新草案，几年后在龙果夫和其他一些汉学家的参加下把这个新草案又大大地简化和改进了。从1932年起，就用我在以前有一次讲课时所详细讲过的那种文字出版东干语文献和课本，学校也用这种文字进行教学。

1936年和1938年间确定了东干文正字法规则。在此期间，有人提出，要以俄文字母为基础给东干语创制文字。但是，这个问题只是在最近几年来才得到最后解决。1952年，苏联科学院东方学研究所根据苏联科学院主席团的特殊指示成立了以俄文字母为基础给东干人创制文字的委员会。委员会主席由龙果夫担任，委员有桑席耶夫和谢尔久琴柯教授、列弗尔玛茨基和东干人自己的代表：语言学候补博士卡里莫夫、杨尚兴、宗娃子和十娃子等同志。委员会首先确定了基本原则，这些原则后来在1953年5月和1954年10月在伏龙芝城举行的两次专门讨论东干语文字的会议上讨论过。委员会认为在俄文字母基础上制订东干语字母草案时应注意以下几点：创制简单的、对东干人最便利的文字，同时考虑使它尽可能地接近于现存的吉尔吉斯、哈萨克和维吾尔语的字母。委员会认为后一点是必须注意的，因为估计到了东干人是住在吉尔吉斯人、哈萨克人和维吾尔人当中的。并且决定创制文字时要以甘肃方言的语音特点为依据，因为，甘肃方言是苏联境内大多数东干人的方言。于是也就决定拿甘肃方言作为东干族标准语的基础。

委员会认为，必须最大限度地利用现代的俄文字母，并且采取了一些俄语里所没有的、但是表示东干语音所必需的字母。新东干语字母表上字母次序仍保持俄文字母表上的次序，把新创的东干语字母加到与其字形相同的俄文字母旁边。字母名称决定仍用俄文字母的名称，但是给新加的字母要起名字。应该指出：委员会决定在为东干语创造文字时不但要利用俄文字母，同时还要利用俄文字母的一个很重要的原则：表示有相对硬辅音的软辅音不是用来区别辅音本身的办法，而是在辅音字母后写上俄文字母я，ю，е，ё，例如：俄文的тук（抽打）— тюк（一捆）；东干语的ну — ню。在软辅音后面可能又有后元音又有与其相对应的前元音，在这种情况下就在辅音后可用不同的元音（东干语的ню — ну）。当俄文字母表上的字母表达东干语特有的音位不够用时，决定再补充一些在书写上的俄文字母相同的字母。因此，东干语字母表上又加上ә，җ，ң，ў这样一些字母。同时又加上了字母Y，这个字母在苏联突厥语的各种字母表里用得非常多，特别是在吉尔吉斯语、哈萨克语和维吾尔语等文字里。

为东干语文字会议的讨论提出了一个字母方案，这个字母方案包括33个俄文字母和5个新补充进去的字母，这套字母经过详细讨论之后，由会议通过和批准了。东干语字母表上总共有38个字母：а，б，в，г，д，е，ё，ә，ж，җ，з，и，й，к，л，м，н，ң，о，п，р，с，т，у，ў，Y，ф，х，ц，ч，ш，щ，ъ，ы，ь，э，ю，я。新添的东干语特殊的字母都获得了特殊的名称，如：ә — ыо，җ — җы（джы），ң — эң（энг），ў — ву，Y — йY（иУй）。

在提出字母方案的同时，提交会议讨论的还有一个音节成分正字草案 ——"音节表"，这个草案是用来作为东干语正字法基础的。东干语正字法多次讨论过，并在1954年10月东干语会议上通过批准。

关于东干语5个补充字母，我再讲几句。字母җ加进来是为了表示半浊塞擦音чж，字母ң是用来表示舌根鼻音н的。ў是用来表示特殊的元音y，这个音是从复元音来的（东干语的гў —"狗"，汉语里与其语音意义相等的是гоу）。

苏联科学院所属东干语文字研究委员会制定的并在1954年被批准的东干语正字法草案里有以下几部分：字母表，个别字母的正字法，典型音节的正字法，连写法，中间加横的写法，分离写法，借词的正字法，大写字母的用法，移行规则。标点符号使用法也另作一章。在讨论连写法和中间加横的写法两章中，相继研究了单个词类——名词、形容词、数词、副词、代词——的正字法问题以及虚词的正字法问题。

现在我来讲以下几条跟个别字母用法有关的东干语正字法规则的特点：

җ和ч两个字母有两种念法：在硬元音前它们发音就硬，如：җы（知），җан（毡），чы（吃），чон（长），等等。在软元音前它们的发音就软，如：җын（井），җян（见），чи（七），чён（墙），等等。

字母p有两种功能：在从俄文借来的单词里它可写在单词的词头、词间和词尾上。如：район（区），трактор（拖拉机），мотор（发动机），рамазан（伊斯兰教历第九月斋期），等等。在东干语自己的单词里，它只能用在单词的中间和末尾。这个字母是用来表示特殊的东干语的语音p的。如：җиргы（今天），нүр（女儿），лир（梨），җыхур（这会儿），等等。

字母н只能写在元音前面：нэ（鹅）。在音节和词的末尾一般都写н，如：тон（糖），лон（狼），гуон（光），мон（忙），等等。

关于采用ң这个字母的问题，在1953年的会议上曾引起争论。甘肃方言里ң这个语音很少用——就用在ңэ（鹅），ңэсуэ（垃圾）等不多的一些词里。但是由于陕西人用得较普遍，因而决定把这个字母加到字母表里。标准语也可以采用陕西方言的单词。

字母щ决定用来表示从俄文借来的词，如：хрущёв（赫鲁晓夫），Щорс（萧尔斯），общество（社会）；用在东干语自己的词里时，只能写在软元音前，如：щян（线），вощён（妄想），щюзы（袖子），щежя（写家——作家），дищун（弟兄），щихуан（喜欢），等等。东干语词里，硬元音前ш这个字母，如：шанзы（扇子），дашын（大声），等等。

字母э能用在辅音后边，如：хэ（河），мэ（磨）；用在复元音的第二部分，如：гуэ（锅）；用汉语和东干语所特有的p前边，如：эрзы（儿子），эрдуэ（耳朵）。

东干语的单词里，p这个音前边不能用э。要写成эрли（二里），而不

写 зрли；写成 әршыгы（二十个），而不写 зршыгы；等等。

在词首和元音后，有 йэ，йо，йу，йа 的地方要写 е，ё，ю，я，如：ежи（野鸡），щяеди（下夜的，守夜人），ёзы（腰子），юмә（有吗），мәю（没有），等等。

在唇音 б，п，м，в，ф 后要写 ў，而不写 у，如：бўпи（布匹），пў-зы（铺子），мўчин（母亲），вўгы（五个），фўбынзы（书本子）。

硬音符，像在俄文里一样，用在借词里作为分离号，如：сьезд（代表大会），объектив（镜头），подъёмник（升降机）。在东干语自己的词里，当第一个音节是 н 结尾，而第二个是以 й 起头的时候，在 н 后边要加个小短横：жун-ян（中原、东干人），сын-ён（生养），Тэпин-ян（太平洋）。

软音符，像在俄文里一样，是软化前行辅音的符号，如：Вольт（伏特）Полыша（波兰）；用在词尾，如：Гоголь（果戈理），Рязань（梁赞）和用作分离符号，如：батальон（营）；等等。

当接尾部 р 与词干联结时，词干要是以 н 或 й 结尾的，那么词干的尾音 н 和 й 就不写了。例如：бандын＋р＝бандыр（板凳儿），дуй＋р＝дур（对儿），等等。

东干语里确立了下列的韵母：а，ан，е，ё，ён，ә，и，ин，о，он，у，уа，уан，уә，уй，ун，уон，уэ，ў，Y，Yан，Yә，Yн，ы，ый，ын，э，ю，я，ян。

当然，如果能详细地来谈谈东干语的连写法和分写法以及东干语正字法的其他部分，那是很有意思的，很有好处的，不过，这要占去我们很多时间。对此问题感兴趣的人可以详细看看我给中国科学院语言研究所的那份东干语正字法和标点符号的材料。

东干语音节表（略）

当年我教的新疆专修班学员都是在职干部，包括维吾尔族、哈萨克族、柯尔克孜族、蒙古族、塔吉克族等民族成分，他们大多是大、中学教师、传播媒体的编辑、记者和语委的语言文字工作者，都是为参加即将开始的新疆民族语言调查而来中央民族学院学习的。我在给他们讲授语言学课程过程中也带他们到中国文字改革委员会和天津南开大学中文系参观访问，听周有光和杜松寿老师的报告和介绍，杜老师就研究东干文，他把吉尔吉斯斯坦出版的东干语课本上的东干文都转写成了汉字。就在这一段时间里，中国社会科学院民族语言研究所的语言学家傅懋勣教授和中央民族学院的历史学家冯家昇教授从苏联访问归来，他们曾到过吉尔吉斯斯坦东干地区访问。他们回来后也做了访苏介绍，使我们更多地了解苏联东干人的生活和东干文的情况。

二、在中国与东干亲人们见面

1957年6月初，我们中央民族学院参加新疆民族语言调查工作的师生在新疆经过一年的调查即将返回北京的时候，正遇上以东干族作家雅斯尔·十娃子为团长的苏联作家代表团应我国邀请在乌鲁木齐访问交流，我和新疆财经学院的曼苏尔院长（回族）、中央民族学院维吾尔语专业的赵相如（回族）与诗人雅斯尔·十娃子见了面，他向我们更多地介绍了苏联东干知识分子的情况，并赠送给我们苏联出版的他的文学作品及东干小学用的东干语课本。没过多少天，以雅斯尔·十娃子为团长的苏联作家代表团来到北京参观访问，参加民族语言调查的我们中央民族学院师生也回到了北京。在北京我们再次见面。他告诉我吉尔吉斯斯坦那边很多人知道我学了吉尔吉斯语，调查了中国的柯尔克孜语，愿与我交流，他还说研究东干历史的东干历史学家穆哈买德·苏尚洛应中国科学院民族语言研究所的邀请，要在1958年来北京访问交流。我根据他介绍的情况写了一篇介绍苏联东干人的文章，这可能是我国最先在媒体上对中亚东干人的报道。

过了不久，历史学家穆哈买德·苏尚洛的确到北京了。他说他是为撰写博士学位论文来请教北京师范大学回族著名历史学家白寿彝教授、北京大学回族著名阿拉伯语专家马坚教授和来搜集有关中国回族历史资料的。

他给我又带来了一些吉尔吉斯文和东干文的书籍，还向我介绍了苏联的东干语言学家阿不都拉合曼·卡里莫夫、杨善兴·优苏波夫和胡赛音·布呷佐夫等学者的简况。根据白先生的安排，让我和中央民族学院历史系的回族教师马寿千陪同穆哈买德·苏尚洛先生去各个图书馆和书店借阅图书和购买资料。在陪同穆哈买德·苏尚洛的日子里，他又给我讲了很多苏联东干人的情况。他回国后，向苏联的东干人介绍了他在北京看到和听到的中国回族情况，也就有更多的东干学者和大学生给我邮寄书报来。我就靠阅读这些东干文材料，逐渐地学会了东干文。这种交流一直延续到20世纪的60年代初期中苏关系发生变化时为止。这一个时期，我主要是初步接触了个别东干学者和收集了一些东干文资料，为以后与东干学者交流和学习东干学打下了一些基础。

从中苏两国关系不正常一直到"文革"结束，在长达近20年的时间里我们和苏联东干学者的联系中断了，我们也没有进行东干学方面的教学和研究工作。

1979—1980年领导让我在北京中央民族学院负责组织柯尔克孜族英雄史诗《玛纳斯》的抢救工作，告一段落后我被调到新成立的中央民族学院少数民族文学艺术研究所任少数民族文学研究室主任，在与全国兄弟单位联合举办或参加一些民族文学方面的学术研讨会，以及参加编辑《中国少数民族文学作品选》（五册）和《中国少数民族民间文学》（上、下两册）时，我再次接触到中国的回族民间文学。我从甘、宁、青、新等省区的西北回族民间文学作品中看到了它们与20世纪苏联东干学者送给我的东干族民间文学作品的密切关系。就在这以后不久，澳大利亚东干学专家葛维达女士来到北京，她送给我她在台湾出版的有关东干语的研究著作，并向我介绍了她的研究情况。她走后，结合我当时的民族文学工作，我用汉语方块字把一些东干诗歌练习着转写了出来，我想做一点苏联东干民歌与我国西北回族民歌的比较研究，但因学院里又恢复开办了柯尔克孜语专业的班，我的专业是柯尔克孜语，我的主要精力应当放在柯尔克孜语的教学研究上，就没能把苏联东干族民歌与中国西北回族民歌的比较研究深入进行下去。直到今天仍是一件憾事！

1983年春天，我应法中友好协会主席、巴黎第三大学突厥学学院院长、世界著名突厥学家路易·巴赞教授和法国柯尔克孜语专家、艾克斯·普洛旺斯大学格·依玛额教授的邀请赴法国讲学，在法国我了解了世界上研究东干学的不少新的信息。我知道了除苏联外，在德国、日本、澳大利亚、奥地利等国都有学者研究东干学。出国开阔了我的视野，得到了更新的信息，对一个好学的人来说，这是非常重要的！1985年春天，我应日本岛根大学西胁隆夫先生的邀请赴日本访问交流，在东京我受到了著名语言学家桥本龙太郎的热情接待，并请我吃了午饭。他是在我国"文革"时期多次深入苏联东干地区进行东干语调查研究过的一位学者，他发表了许多关于东干语的文章。1986年初，民主德国研究东干语的专家吕恒力先生来我国出差，他路过北京去上海。他在来京前，曾去吉尔吉斯斯坦看望过东干著名诗人雅斯尔·十娃子、历史学家穆哈买德·苏尚洛等人，他们一起合了影。雅斯尔·十娃子、穆哈买德·苏尚洛托吕恒力把合影捎给了我，并让他转告我吉尔吉斯斯坦科学院正在申办邀请我前去访问交流的事。

1986年我国教委根据土耳其教育部转来的安卡拉大学的邀请，派我作为中土恢复邦交后派出的第一位中国教授前去长期讲学，我从北京乘火车经莫斯科前去土耳其。在莫斯科我没有来得及看望过去在北京中央民族学院教过我的苏联突厥语言学专家埃·捷尼舍夫教授，但却托人转达了我的问候，并告诉他我在土耳其讲学一年。1987年春天，我在安卡拉大学收到了吉尔吉斯斯坦东干学者的来信，说吉尔吉斯斯坦科学院已办好了邀请我的手续，让我在回国途中仍从莫斯科走，可从莫斯科去伏龙芝，再回北京。但我1987年夏天因中央民族学院有事催我回国时，我是乘巴基斯坦航空公司的班机经大马士革、卡拉奇回北京的，因而没能经莫斯科去伏龙芝与吉尔吉斯斯坦的东干学者们交流。

回到学校后，我自己单独和与别的先生合作先后招收了"伊斯兰文化"和"回族史"硕士研究生。我给他们讲的主要是回族的语言文学和伊斯兰文化方面的课，在授课中也联系到国外，简要介绍了东干人的历史、语言及文化概况。1988年夏天，在我们带着研究生去东北地区进行回族情况调查期间，接到家里转来的穆哈买德·苏尚洛写给我的信，告诉我雅斯尔·十娃子不久前因病去世了。我非常难过，立即从齐齐哈尔发了一封唁电表示哀悼，并写了一篇纪念他的文章发表在《新疆回族文学》上。我为1987年从土耳其回国时未能去伏龙芝看望他而深感后悔。

三、第一次应邀去中亚与东干亲人交流

1989年春天，我和我夫人穆淑惠应苏联吉尔吉斯加盟共和国科学院院长土拉尔·考依楚耶夫的邀请在中亚和莫斯科等地进行了近三个月的访问交流。在莫斯科，我们去看望了著名的东干语言学家阿不都拉合曼·卡里莫夫，他向我们仔细介绍了当年他参加创制东干文和编写东干语课本，以及他于20世纪50年代与到莫斯科进行学术访问的王均先生交流的情况；我们还在我们的住处 —— 东干族青年学者冬腊儿的家中宴请了曾研究过东干民间故事的苏联著名汉学家、我们的老朋友李福清教授，他再次向我们回忆起了他当年深入中亚东干农村调查研究东干民间文学的日子。

我还清楚记得，在我们到达吉尔吉斯斯坦首都伏龙芝时正是快黎明的时刻，可是吉尔吉斯斯坦科学院东干学分部的全体工作人员和他们的家属在天还不亮的时候就乘坐着一辆大轿车来迎接我们。我们一见面，便紧紧地握手，紧紧地拥抱，我们互道："萨拉木（色兰）"。他们是100多年前被迫离开祖国迁移到中亚的亲人，我们多么盼望能有一天与他们相聚啊！我和穆哈买德·苏尚洛已有30年未见面了！在伏龙芝我们住在穆哈买德·苏尚洛家中。吃早饭的时候，穆哈买德·苏尚洛夫妇与我们商量了在中亚活动的大致日程和要共同研究的事情。我们早饭后立即去看望了诗人

雅斯尔·十娃子的家属，并到郊外骚葫芦东干村雅斯尔·十娃子的坟墓前诵经、接"都瓦"（祈祷）悼念。第二天上午，穆哈买德·苏尚洛在吉尔吉斯斯坦科学院东干学分部的办公室里举行了一个欢迎会，我讲了中国的回族及研究情况，他介绍了科学院及东干学分部的工作和与各国交流的情况。他说中苏关系正在迅速改善，他很希望苏联的回族学者能尽快应邀访问中国，也希望有更多的中国回族学者到中亚访问。他希望两国的回族学者应当成为构架两个国家友好的桥梁！他又详细地询问了中国回族学者的情况，并让我提个名单供他们邀请时参考。事后，我们商定了先请去访问苏联的中国学者和民族工作者的名单。

由于我们是中苏关系解冻后第一批来访的中国客人，在中亚我们到处受到东干亲人们的热烈欢迎和热情接待，我们应邀访问过吉尔吉斯斯坦和哈萨克斯坦的不少农村，在城市里也去了不少东干亲人们的家里做客，我们拜访了苏联东干人协会，我们与西北回族农民起义的领袖人物白彦虎的后辈人、与马三成乡集体农庄的女领导人、与在菜市场里卖菜的妇女、与大中小学的教师学生、与医院里的医务人员、与作家诗人和演员等方方面面的东干人都进行了交谈，我们还参观了城乡的学校、幼儿园和历史博物馆。我们直接地从亲人们的嘴里听到了他们讲述的东干人迁移史、实地了解了他们保持的宗教习俗、语言文化和过得较富裕的生活，也得到了他们赠送的一些东干文的书籍、报刊和唱片、照片，其中有东干历史、东干语俄语词典、东干民间文学方面的书和东干民俗方面的论文资料。这次中亚东干地区的田野调查收获是很大的！我们认为更重要的是掀开了中国学者和苏联中亚东干学者交流的新的一页，为两国回族人民之间的联系架设了一座桥梁！也为我在中央民族学院培养研究东干学的人才加重了责任感和承担的勇气！

回到北京后，我立即向白寿彝教授转达了苏联东干人民对他的真挚问候和盛情邀请，白先生说因上了年纪不便再出国，说要尽快地邀请穆哈买德·苏尚洛教授前来中国访问。我又向国家民委领导反映了白先生的意见，建议由国家民委邀请穆哈买德·苏尚洛教授前来中国访问。同时，我抓紧时间撰写了好几篇介绍苏联东干人概况、东干语言文字、东干文学、东干人知名学者、东干人名等方面的文章，后来陆续发表在《宁夏社会科学通讯》《宁夏大学学报》《中央民族学院学报》及《语言与翻译》等刊物上。这些文章的发表较全面地向国内读者介绍了苏联中亚东干人的情况，吸引了不少人的关注，国内许多回族学者和民族工作者纷纷向我打听东干人的详细情况，并希望我为他们和他们的单位牵线搭桥，建立交流联系。

四、在中国热情接待穆哈买德·苏尚洛通讯院士

1990年1月18日至31日，吉尔吉斯斯坦科学院通讯院士穆哈买德·苏尚洛教授应邀对中国进行了非常成功的访问。他抵达北京首都机场时我和我夫人穆淑惠去迎接，下榻在民族饭店。在北京活动期间都由我陪同，到外地参观是由当时在国家民委外事司工作的郭兆林同志陪同。在北京他看望了北京师范大学的白寿彝教授，看望了北京大学马坚教授的遗孀和殷法鲁教授，并给马坚教授走了坟。在京短短的几天里，他还到过曾全国人大民委主任刘格平秘书的底润昆同志和我们的家，并出席了国家民委、中央民族学院等单位为欢迎他而举行的座谈会。在宁夏回族自治区首府银川市受到自治区副主席李成玉、银川市市长和社科院陈育宁院长、杨怀中教授的亲切接待，还派人陪他参观了吴忠市。在兰州，他受到甘肃民族研究所马通研究员和西北民族学院马麒麟院长、郝苏民教授等先生们的热情关照，还派人陪他去临夏等地参观访问。他回国以后把在中国的所见所闻撰写了一篇题为《在祖先的土地上》的文章，他托人把俄文稿子给我捎了过来，由郭兆林同志翻译成中文，我做了一些校对，并送给宁夏社科院请他们在《宁夏社会科学情报》上发表了。他这篇对祖先的土地充满感情的文章深深感动了我国不少回族读者。大家希望两国的回族学者在刚刚解冻的中苏关系中能为两国的民间友好交流作出贡献。有的回族青年托人

转告我希望跟我研究东干学。

1989年我和我夫人对苏联的访问，1990年穆哈买德·苏尚洛对我国的回访在中国回族和中亚东干族之间的确架起了一座友好交流的大桥。从这以后，双方之间的来往日益密切。过了不久，穆哈买德·苏尚洛夫妇应陕西回族亲人的邀请去西安等地进行了友好访问，他们路过北京时住在中央民族学院，由中央民族学院协助迎送和安排在北京的活动。

早在此前，哈萨克斯坦江布尔轻工业大学的副博士拉什德·巴基劳夫以访问学者的身份来我国进修，他的夫人、汉学家法提买·苏秀凤诺娃也来到北京，我们经过与陕西、甘肃、宁夏的有关单位联系，各地的回族人士都热心地接待了他们。在北京，也受到了中央民族学院少数民族文学艺术研究所各族老师们和我们全家的热烈欢迎。拉什德·巴基耶夫也为中国回族与中亚东干族人民之间的交流，做了不少工作。

五、与东干亲人们的交往越来越密切

1991年苏联解体，苏联原中亚各加盟共和国纷纷宣布独立。

1992年春天，我和夫人穆淑惠再次应邀访问了吉尔吉斯斯坦、哈萨克斯坦和乌兹别克斯坦，深入各地东干人乡庄进行田野调查，为在中央民族学院培养研究东干学的人才收集资料。这次访问中我着重与各共和国的东干文化协会、东干协会的领导和知名的东干学者穆哈买德·苏尚洛、依里雅斯·优苏波夫、胡赛因·布呷佐夫、穆哈买德·依玛佐夫、拉什德·巴基劳夫、马乃·萨乌劳夫等人商量了今后相互交流、共同研究及在中国培养东干学人才的事宜。这一年秋天，我带着北京市民族工作者代表团再次访问中亚，又与吉尔吉斯斯坦、哈萨克斯坦和乌兹别克斯坦的东干亲人进行了交流。

1992年以后，我国各地回族学者与中亚东干学者的来往越来越密切，东干人到北京的也越来越多。我在这一年被国务院批准为"享受政府津贴的有贡献的专家"。同年，我还被国务院学位委员会批准为博士生导师。这就更增加了我的责任感，便决心要为我国培养研究中亚的博士，其中包括培养研究东干学的博士和研究国内外回族的外国留学生。

1993年，一位日本女留学生来北京跟我学习吉尔吉斯语，后来我也介绍她到比什凯克去深造，她初去时就住在穆哈买德·苏尚洛的大女儿家中。后来我又招收了专攻回族学研究的另一位日本男留学生，我除了给他讲我国回族历史及现况，带他去河北沧县、献县、孟村回族自治县及宁夏回族自治区各地进行参观访问和田野调查外，还介绍了国外东干人的简况。

1994年，吉尔吉斯国立农业大学教师拉什德·优苏波夫来中国人民大学进修，吉尔吉斯共和国国会议员、东干协会会长叶辛·依斯玛依勒应邀来我国访问，都到我家看望，我也拜托他们以后对我推荐去留学的博士研究生给予关照。他们都满口答应，以后的事实证明他们都尽了最大努力关照了我推荐去留学的博士研究生。

1995年夏天，我应邀去吉尔吉斯斯坦出席《玛纳斯》1000年国际研讨会。会议期间吉尔吉斯共和国总统举行国宴招待了各国部分与会者。会后当地的吉尔吉斯学者又开了个小型座谈会，会上赠给我一套新出版的《玛纳斯百科全书》，里面有介绍我的词条，那是穆哈买德·苏尚洛通讯院士撰写的。另外，还赠给了我一本名为《史诗〈玛纳斯〉在十月革命后的命运》的书，这是吉尔吉斯斯坦共产党中央委员会的档案文献汇编，其中第69号文件是关于吉尔吉斯斯坦科学院在1986年计划邀请我赴苏联访问的请示报告。

一天晚上，我只身到语言学家杨善兴·优苏波夫家看望了已经从科学院退休的老人家和他的夫人老姐儿·辛劳。杨善兴·优苏波夫是吉尔吉斯斯坦知名的语言学家，他不仅研究东干语，也精通吉尔吉斯语，他参加过创制东干文字的工作，他编过《东干语俄语词典》、东干语教材，也用吉尔吉斯语撰写过《吉尔吉斯文字史》等书，他向我追忆了当年参加创制东干文字的工作情况。他的夫人是一位民族学家，出版过东干民俗方面的书。我对他们夫妇多年来非常关心我的成长，并赠给我不少的吉尔吉斯文和东干文书刊表示了真挚的谢意。

穆哈买德·苏尚洛夫妇在百忙中也抽空来到我的住处，他们把中亚东干亲人为纪念马三成·马呷孜（公元1885年 — 公元1938年）逝世110周年而特制的一块印有马三成·马呷孜头像的手表送给了我，说是我因学校里有课没能应邀前来出席纪念大会，东干亲人们特意给我留下让穆哈买德·苏尚洛夫妇转交我的。我接过这块手表内心非常激动，我感谢中亚东干亲人们对我的深情厚谊，他们在分赠纪念品时还想着我。我也无限敬佩那些在130多年以前在起义失败后痛别家乡，翻雪山，过戈壁，经过千辛万苦迁移到中亚的东干亲人和他们的后辈传人，马三成·马呷孜像当年的白彦虎一样，是一个领袖人物，是一个英雄人物！他是中亚东干人的杰出代表，他在十月革命后受到列宁的接见。穆哈买德·苏尚洛夫妇还一再让我转告我国国家民委的高瑞、刘隆和中央民族大学的哈经雄等同志，说他们一直在等待着中国亲人的到来。

从1989年起到现在，我和夫人或我单独应邀去了十几趟中亚，与东干亲人几乎年年见面，我们在北京也接待了数不清的东干亲人，但印象最深的一次是宁夏人民出版社出版了郝苏民和高永久二位先生翻译的穆哈买德·苏尚洛著的《中亚东干人的历史和文化》一书后，吉尔吉斯斯坦的穆哈买德·苏尚洛先生的夫人阿依霞·阿勒什巴耶娃、东干语专家穆哈买德·依玛佐夫、东干文学评论家法提玛·马凯耶娃、东干诗人依斯哈尔·十四儿在出席完在银川举行的该书首发式后在事先没有通知我的情况下突然来到了北京。他们到了北京西站以后才给我家里打电话让我去接他们。我实在是为难了！我当时还是北京市政协委员、北京市伊斯兰教协会副会长、北京市民族教育学会副理事长，立即把东干亲人已来到北京的消息汇报给北京市民委，并一一告诉了1992年曾与我一起作为北京市民族工作者代表团的成员应邀去中亚访问过的同志们，我们马上安排了客人们下榻的宾馆，并找了两辆汽车去北京西站迎接他们。这次，我们事前虽无准备，但他们在京一周的参观访问，我们却接待得非常好。北京市民委、北京市和西城区伊斯兰教协会、宣武区（后归入西城区）和海淀区民族宗教侨务办公室、中央民族大学、北京市回民学校、北京市朝阳区民族中学、常营回族乡都为热情、周到地接待远方来访的东干亲人做了不少工作，特别是北京市民委哈金起副主任、北京市和西城区伊斯兰教协会的负责人马长志和哈淑敏同志、宣武区和海淀区民族宗教侨务办公室的主任马纯礼和杨文博等同志都受了不少累。当然。我和我夫人也尽到了主人的责任。在北京西站即将离开北京的时候，他们把我们去送行的几位同志紧紧地抱着，眼里含着眼泪说："我们热切盼望的就是来北京看看这里的亲人！现在终于如愿了。麻烦大家了！欢迎你们再来中亚访问！"像这样来京的不速之客还有好多次。我每次也都尽量帮助安排了食宿，热情接待。我认为要从事东干学的研究，就要很好地对待这些问题，我们到中亚去不是也麻烦过人家吗？只有这样，才能与东干亲人们的来往越来越密切，也只有与东干亲人来往越来越密切，才能搞好东干学研究。我在与东干亲人的多年交往中荣获了一个最亲切的称呼，就是"穆哈买德哥"！我认为这也是东干亲人们对我的最高奖赏！

六、在中国培养研究东干学的人才

我1951年来中央民族学院以前是在山东大学文学院外文系俄罗斯语专业学习，被推荐来到中央民族学院后开始学习维吾尔语；因工作需要又从事佤语工作，又因国家要为柯尔克孜族创制文字，调我从事柯尔克孜语言文字工作，到1995年已从事42年了。我虽然是回族，但多次应邀去中亚东干地区访问和进行过田野调查，也积累了较多的资料，我又会俄文和中亚的一些民族语言，如果进行东干学方面的研究是有着比一般人都优越的条件。可是柯尔克孜语是我的专业，我对它有深厚的感情，再说我1995

年已经64岁了，不可能两者都能兼任。我认为与其多出一本东干学方面的书，不如多培养一位研究东干学的青年人。我应当把我知道的、了解的情况告诉他们，把我手头所有的资料提供给他们使用，帮助他们做出成绩来。这些青年人将会研究得比我还有水平，比我还会有更多的成果。我要像培养我成长的老一辈专家学者一样，像爱护自家的子女那样关心学生们的成长！我下决心争取在我退休之前能带出几位研究东干历史民俗、语言、文学的博士和硕士来。这是穆哈买德·苏尚洛通讯院士和无数东干亲人对我的期望和嘱托！这也是国家对我的期望！

实践证明，当时我的这种想法和决定是对的！我已经尽到了自己能尽的责任，带出了研究东干历史民俗、东干语言、东干文学的博士和外交部委培的研究东干人的硕士。我曾推荐过两位青年同志去中亚国家留学进修东干文学，一位已经办成了，却因故没有去；一位是快要办成了，以后又不去了。这些都已成为憾事！

我不但在中央民族大学承担了培养东干学人才的工作，对校外其他单位从事东干学研究的同志也大力支持，曾为外校研究东干民歌的博士论文撰写过评审意见，在海外为国内出版的东干语新书写过书评，并鼓励那些在东干学方面做出了成绩的同志做出更大的贡献。东干学研究有着宽广的领域，需要更多的同志共同去做。发展我国东干学是一项事业，不是个别人和少数人可以做好的，要团结大家共同努力，才能做成一些事情。我作为一个较早接触东干学的人，有义务、有责任为我国东干学的发展做出自己的努力！

七、中央民族大学建立东干学研究所

1998年2月22日，穆哈买德·苏尚洛通讯院士因心脏病突发逝世，无论从哪方面讲，都是一个重大损失！我们闻讯后非常悲痛。他转赠给我的纪念马三成·马呷孜先烈的那块手表也成了我纪念穆哈买德·苏尚洛的遗物了!

1999年3月30日，吉尔吉斯共和国国家科学院经过对科研成果等材料的评审，通过投票选举我为外籍的荣誉院士。我们驻吉尔吉斯共和国大使馆接到吉方照会，通知我于8月10日前去比什凯克领取院士证书。国家民委领导按照我国大使馆的要求让我和我夫人按时动身前去领院士证书。8月10日上午，吉尔吉斯共和国国家科学院隆重举行了颁发院士证书的仪式。仪式后，科学院东干学分部的全体人员和来自各单位的东干亲人再次举行了祝贺会，祝贺我也为中亚的东干人赢得了荣誉。祝贺会后，我在穆哈买德·依玛佐夫和冬腊儿等人的陪同下赶赴农村穆哈买德·苏尚洛的坟墓前诵经，接"都瓦"悼念这位相识了近50年的良师益友。2000年、2001年、2002年，我多次应邀赴吉尔吉斯斯坦开会或作为中国代表团成员，或作为国家民委代表团顾问前去比什凯克，我都抽空去穆哈买德·苏尚洛的遗孀阿依霞嫂子的住处看望，并追思穆哈买德·苏尚洛为中苏、中吉友好事业所做出的贡献。2002年5月，我又去比什凯克，是去接受吉尔吉斯共和国总统颁发的《玛纳斯》三级功勋勋章。

为了适应我国学者与中亚东干学者交流形势的发展，为了实现穆哈买德·苏尚洛建议我们在中国培养研究东干学人才的美好遗愿，在我国国内兴起了"东干学热"的情况下，中央民族大学于1999年建立东干学研究所，辖属少数民族语言文学学院，由我任所长，王振忠任副所长。东干学研究所建立10年来主要是在国际交流方面协助国家和学校做了一些事情，也进行了一些合作研究工作：

第一，向政府反映我们在国外听到的有关东干人的某些要求及建议，例如中亚东干人希望多招收些他们的子女来中国留学、学习汉语及邀请东干人的代表作为海外华人少数民族归国参观团成员回来参观访问。我们过去反映的意见后来都一一得到实现。

第二，协助政府和学校接待来访的中亚东干学者。我们所曾参与过许多次这种接待工作。

第三，向中亚各东干协会或吉尔吉斯斯坦国家科学院东干学分部推荐和介绍要前去留学和访问的学者的情况，做些牵线搭桥的工作。我们曾帮助多名博士研究生前去进修或田野调查，我们也推荐过一些中国学者或民族工作者前去访问。

第四，邀请外国学者来中央民族大学介绍国外研究东干学的情况，例如我们曾邀请日本学者犬塚优司教授来做讲座，介绍日本著名语言学家桥本龙太郎研究东干语的情况。

第五，邀请中亚东干学学者来中央民族大学进行共同研究，例如我们邀请了吉尔吉斯共和国科学院东干学分部主任穆哈买德·依玛佐夫来校共同编出了《汉语普通话东干语常用词》等书籍。

第六，与中国少数民族双语教学研究会合作举行"中亚东干双语国际研讨会"，应邀出席在哈萨克斯坦举行的"东干人语言使用问题国际研讨会"。

第七，向吉尔吉斯共和国科学院撰写评审"通讯院士推荐材料"及"博士论文评审意见"。我们都按照吉尔吉斯共和国科学院提出的要求认真提供了。

第八，在吉尔吉斯科学院提出精简机构时，曾想取消东干学分部（研究所一级）的机构，把它并入历史研究所，我们闻讯后向科学院领导提出宜继续保留东干学分部的建议，结果被采纳，现该分部定名为"东干学—汉学研究中心"。

第九，撰写和发表东干学方面的论文，有些论文被外国学者翻译成了外文在国外发表。

东干学研究所是一个没有固定编制，没有单独的办公处所，没有预算经费的合作共同体。我们都有各自的单位和专业，只是在有关东干学方面的工作中协作共事，特别是在一些临时任务中，大家都是无任何报酬的志愿者式的参加者。丁文楼、王振忠、丁宏、苗东霞、海峰、海淑英、罗安源等同志都为我校与中亚东干学者的交流付出了辛勤的劳动。我的夫人穆淑惠也为接待东干亲人出了不少力。正因为大家埋头苦干，做了不少工作，我们才获得了一些成绩。东干学研究所曾于2002年12月30日荣获中央民族大学科研处颁发的编号为2002-31的"荣誉证书"，我也于2003年9月25日在京举行的"中亚东干双语国际研讨会"上荣获吉尔吉斯共和国国家科学院东干学分部颁发的"荣誉证书"。证书上写的是："吉尔吉斯共和国国家科学院荣誉院士、中央民族大学胡振华教授在发展吉尔吉斯共和国国家科学院东干学分部与中华人民共和国北京市中央民族大学东干学研究所之间及吉尔吉斯共和国和中华人民共和国之间的东干学学术合作交流方面做出了很大贡献，特予嘉奖。"

2009年是中央民族大学东干学研究所成立10周年，我们举行了我主编的《中亚东干学研究》这一著作的新书首发式暨东干学研究所成立10周年学术研讨会。最近10年来，我又出席了在国内西安、兰州举行的东干学研讨会，也多次应邀赴吉尔吉斯斯坦、哈萨克斯坦出席了东干学国际研讨会。这些年来我们做了一些力所能及的事情，但也存在着不足之处，我们希望今后能把校内的东干学教学研究工作做得更好，我们也希望今后能把与国内外东干学学者的合作搞得更好！

关于东干语言文字发展问题

现在分布在中亚吉尔吉斯共和国、哈萨克斯坦共和国和乌兹别克斯坦共和国的东干族，共约15万人，他们是140年前因中国西北地区回族农民起义失败被迫迁移到中亚来的，中亚各族人民友好、宽容地接待了他们，使他们在中亚的不少地方有一个一个小的聚居村落，从而能有条件保存自己的母语和民俗。中亚东干族保存下来的语言和民俗是人类的一笔宝贵财富，是研究清代末期中国西北地区回、汉民族语言、民俗和历史的活化石，也可以从东干族语言、民俗在中亚受到各民族语言、民俗的影响中研究语言学、民俗学和历史研究等方面的重要课题。所以，长期以来一直受到世界各国语言学家、民族学家和历史学家们的重视，前来中亚东干地区进行田野考查和文献调查的学者络绎不绝。各国学者的研究丰富发展了中亚东干学。

我在这篇发言中主要想谈谈中亚东干语言文字的发展问题。

一、东干语在语系分类中的定位问题

要研究东干语的发展，首先要弄清它在语言学的语系分类中的定位。对东干语迄今有两种不太一致的看法：一种认为东干语尚未形成作为与汉语平行的一种独立语言，在汉藏语系中不能作为一种独立的语言与汉语并列地组成汉语语族。它是汉语的中亚回族方言，也即是汉语陕西话、甘肃话和新疆伊犁话在中亚的变体。说它是汉语陕西话、甘肃话和新疆伊犁话的变体，一是因为它不是国内的陕西话、甘肃话和新疆伊犁话，二是因为中亚的陕西话、甘肃话和新疆伊犁话变体中有不少俄罗斯语、阿拉伯语、波斯语以及一些哈萨克语、吉尔吉斯语、乌兹别克语的借词。持第一种看法的学者多是中国学者。另一种认为东干语由于吸收了大量外语借词，在个别语法特点上也受了俄语和中亚各族语言的影响，特别是有了一套西里尔字母的东干文，就认为它已经发展成或即将发展成与汉语平行并列的一种语言了。持第二种看法的学者多不是中国学者。我是持第一种观点的。我认为：首先，鉴定两种话是两种语言，或不是两种语言，主要还要看他们是不是属于一个民族或不是。中亚的东干族是中国境外的由中国陕西、甘肃和新疆等地区前来的回族后裔。东干语当然是中国陕西、甘肃和新疆伊犁等地回族话的境外变体。其次，居住在中国新疆的回族，特别是伊犁一带的回族，他们说的话除了俄语借词不及中亚东干语中的多外，也有大量的阿拉伯语、波斯语和突厥语族语言的借词。新疆伊犁的回族话在词汇、语音和语法等各方面与东干语非常相似，我们不能把新疆伊犁回族话说成是与汉语并列平行的一种语言。众所周知，语音、词汇、语法的比较是语言分类中重要的鉴别手段。最后，我们更不应当把因为有西里尔字母的东干文就把东干语说成是与汉语平行的一种语言。过去外国人也为汉语闽（福建）方言制定了一套罗马字母来标音，但闽方言还是汉语的一种方言。说闽方言的福建人还是汉族，而没有因为有一套罗马字母来标福建话的语音，它就是另一种与汉语平行的语言了，它还是汉语的闽方言。

研究一个民族的语言文字的进一步发展问题首先要搞清它在与语言学的语言分类中的定位问题。

二、东干语言文字发展的问题

1. 东干语中的新词术语问题

语言是交际工具，语言随着社会的发展而发展，语言的发展要服务于社会。根据中亚东干族人民迁移到中亚140年的历史情况、现在居住的环境和中亚各个国家的民族语言政策，东干族人民需要掌握所在国的国语、族际通用语——俄语和自己的母语——东干语。苏联中亚各加盟共和国独立以来，与近邻中国的关系日益密切，今后随着社会的发展，这种来往将更加密切，部分东干人还需要熟悉汉语普通话，实际上需要熟悉四种话。为了交际的方便及减少负担，建议在今后东干语的新词术语中尽量与汉语普通话接近，多吸收些汉语普通话的新词术语，并逐步扩大汉语普通话新词术语在东干语中的比重，这对东干语的发展是有益，也是符合语言发展规律的。这和输血一样，要输同一血型的血才能被接受。

2. 东干文字标调的问题

1952年苏联科学院为东干族创制文字成立了一个委员会，主席是苏联著名的汉学家А. А. 龙果夫（А. А. Драгунов）、委员有语言学家Г. Д. 桑捷耶夫（Г. Д. Санжеев）、Г. П. 谢尔久琴柯（Г. П. Сердюченко）、А. А. 列伕尔玛茨基（А. А. Реформатский）和东干人代表 Я·十娃子（Я Шывазы）、Ю. 杨尚幸（杨先生Ю. Яншансин）、Ю·从娃子（Ю. Цунвазы）、М. 卡里莫夫（М. Калимов）等。他们在当初创制文字时只根据其语音特点确定了表示元音和辅音的字母，也即只确定了声母和韵母，但东干语是有声调的一种语言，在东干文的文字方案中并没有确定声调的表示法。只有东干语言学家尤素普·杨尚幸（Юсуп Яншансин）在他编撰的《东干语—俄语简明词典》（Краткий Дунгаско–Русский Словарь 1968 Фрунзе）中，在每个词的西里尔字母后用3个数码字母表示了不同的3个声调。但在所有的东干文课本、报刊和各种出版物上都不见标出声调。没有声调符号容易误解、混淆词义，也增加了学习东干文的困难。在哈萨克斯坦学习研究东干文的一位德国女士参考汉语普通话拼音字母标声调的办法给东干文标出了声调，在东干文教学中起了很好的效果。我认为她的做法值得提倡推广。如果还像几十年来一样不给东干文标出声调，它就会成为濒危文字。建议今后的东干文书籍报刊上尽量标出声调。为此，东干语专家和各方面的东干语工作者首先要自己先弄通声调问题和会标出声调。

3. 东干文学语言，也即东干标准语的标准音的问题

在1952年创制西里尔字母的东干文字时，把甘肃话的语音定为文学语言的标准音。如果按照这个规定，书面语言上应当都是按甘肃话的语音来书写，但在我们的报刊和书本上，往往不完全是这样，有的是按陕西话语音来书写，有的是按甘肃话语音来书写。今后怎样书写，应当研究确定个标准，或者各按各的书写，或者统一按原来的规定书写。电视、广播的语言也应有个统一的标准音。东干族自己应当讨论这个问题。

4. 东干文拉丁化的问题

东干族从1928年起也使用过一个时期的拉丁化字母的东干文，当时土耳其、高加索和中亚的各民族都停止使用阿拉伯字母的文字，都改用了拉丁字母文字。苏联解体后阿塞拜疆、乌兹别克、土库曼等民族先后改用了拉丁字母的文字。据了解，哈萨克斯坦在今后也可能改用拉丁字母的文字，吉尔吉斯斯坦尚无这方面的消息。如果哈萨克斯坦和吉尔吉斯斯坦都改用拉丁字母文字时，居住在中亚的东干族也要考虑改用拉丁字母文字的问题。如果东干文改为拉丁字母文字，最好参考汉语拼音方案，尽量采用相同的字母表示同样的音位，这将有利于相互学习，相互交流。这虽不是当前需要解决的问题，但可以尽早做些准备。

三、两点建议

第一，建议研究机构中的东干族东干语专家和东干族学校中的东干语教师尽量学习汉语文的问题。

由于东干语是汉语的中亚回族方言，是汉语的境外陕西话、甘肃话和新疆伊犁话变体，从事东干语教学和研究的人员应尽可能地多学习一些汉语知识，也要学会汉字，这对于深入研究东干语和教好东干语都有帮助，这应当是东干语工作者的基本功。我过去多次提出过这个建议，现在还要

再提出这一建议。

2.为了促进东干语的深入研究，建议在吉尔吉斯共和国科学院东干学 — 汉学研究中心建立一个国际东干语研究的联络机构（或叫委员会，或叫中心），它负责定期举行国际研讨活动，组织有关东干语课题的国际合作研究，出版各国东干语学者的研究成果，交流各国东干语学者的研究动态信息等。这一联络机构的委员会或中心的成员中要包括各国东干语学者的代表。

我从1955年在中央民族学院语言学研究班跟从苏联科学院通讯院士、语言学专家Г. П. 谢尔久琴柯（Г. П. Сердюченко）学习及从1989年起到现在已多次来过中亚东干族地区，我做过一些田野调查，也培养过研究东干族民俗、语言、文学的博士生和硕士生，我对东干族语言文字的发展问题有不少想法，上面讲的就是其中的一部分。现在说出来供大家讨论研究，不对的地方欢迎批评指正。

与中亚五国的民间交流为共建丝绸之路经济带打下了基础

　　早在两千多年以前中国与西域就通过丝绸之路开始了友好的交流，中国的茶、瓷器、丝绸、指南针、印刷术、火药等被介绍到了西域，古老的中国文化也被介绍到西域，并通过西域再介绍到更西、更南的地区。同样，像葡萄、西红柿、胡桃、菠菜、洋葱、石榴等农产品也从西域介绍到了中国内地，还有像唢呐、胡琴、胡旋舞等乐器和舞蹈也介绍到了中国内地，影响更大的是宗教文化，佛教、摩尼教、景教、伊斯兰教及其文化都是通过西域传入中国内地的。历史上，中国各族人民与现今中亚各族人民的先民就是友好来往不断的好邻居，好朋友，而一些跨界民族还是近亲呢！

　　1991年中国与中亚五国建立了外交关系，在政治、经济、文化等方面的友好交流掀开了新的一页。不论是政府之间，还是人民之间，这种友好交流就像久别重逢的老朋友一见面要紧紧地拥抱一样，民间人文交流非常频繁，取得了丰硕成果，更加深了传统友谊，为共建丝绸之路打下了基础。

　　为了做好与中亚各国民间的友好交流工作，中国成立了中国中亚友好协会，曾多次派团出访，也邀请和接待过多批来自中亚的客人，协会与中国的有关单位和中亚各国驻华大使馆合作组织过多项友好交流活动。中国中亚友好协会已经成为一座增进相互友谊的桥梁。不少单位、大学、文艺团体也多次组团前往中亚各国访问，进行了广泛的民间友好交流。

为了进一步做好与中亚各国友好的学术交流工作，26年来，中国科研单位和高等学校不断地增设、建立了一些与中亚有关的研究单位和教学单位，在中国社会科学院俄罗斯东欧中亚研究所设有中亚研究室，在国务院发展研究中心欧亚社会发展研究所设有中亚研究室，在中国现代国际关系研究院也设有研究俄罗斯东欧中亚的研究所，在兰州大学成立了中亚研究所，在新疆社会科学院成立了中亚研究所，在新疆大学成立了中亚文化研究所，在新疆师范大学成立了塔吉克文学奠基人——鲁达基研究中心，在新疆伊犁师范学院也成立了专门研究哈萨克斯坦语言文学的机构，中国人民大学成立了"一带一路"经济研究院、上海大学、上海外国语大学、陕西师范大学、西北师范大学、大连外国语大学等都成立了研究中亚国家的研究所或研究中心。

我所在的中央民族大学成立了维吾尔语言文学系、哈萨克语言文学系和东干学研究所，在中央民族大学外国语学院成立了俄语·中亚语系（现包括俄语—哈萨克语、俄语—吉尔吉斯语、俄语—土库曼语、俄语·乌兹别克语班），培养了懂俄语和中亚语言的400多名毕业生。中央民族大学国际教育学院近几年就招收了中亚各国留学生500多人。中央民族大学在2003年举行过首届中亚东干双语国际研讨会，并于2005年应邀赴阿拉木图，于2011年应邀赴比什凯克出席了东干学方面的国际研讨会。2012年6月8日在中央民族大学举行了"中亚民族语言文化论坛"。我们还编著出版了哈萨克斯坦哈萨克语、吉尔吉斯语、土库曼语和乌兹别克语教材，受到社会上的好评。

为了满足中亚各国青年学生迫切学习汉语和了解中国文化的愿望，我国除了在中国各大学招收中亚的留学生外，还在中亚与当地的大学等单位合作建立了多所孔子学院和许多个孔子课堂。孔子学院组织了多次汉语讲演比赛、唱汉语歌比赛及汉语研讨会等友好交流活动。建立在各国的孔子学院成了我国人民与这些国家人民之间的又一座友谊的桥梁。

我国的专家学者和艺术家们与中亚五国的有关方面的单位与专家学者、艺术家们合作，26年来在人文交流方面共同进行了大量有效的工作，我所了解和亲自参加的一些活动有：1995年6月在北京举办了纪念哈萨克文学奠基人、诗人阿拜·库南巴耶夫诞辰150周年活动；2005年8月，我和其他中国学者应邀出席了在哈萨克斯坦土尔克斯坦市亚萨维大学举行的突厥学国际研讨会；2010年4月在上海举办了"阿拉木图文化节"；同年9月在北京举行了小说《阿拜之路》（中文版）座谈会，还多次举行了哈萨克斯坦总统纳扎尔巴耶夫著作出版中文译本的首发式；1995年8月在吉尔吉斯斯坦比什凯克举行了"纪念史诗《玛纳斯》1000周年"研讨会；2000年10月在奥什举办了"纪念奥什建城3000周年"活动；2001年11月在比什凯克举办了"纪念中国诗人李白诞辰1300周年"活动；2003年10月吉尔吉斯民族大学举行了"吉尔吉斯历史国际研讨会"；2005年8月在吉尔吉斯玛纳斯大学举行了国际研讨会；2011年1月在比什凯克人文大学举行了"东干历史、语言、风俗国际研讨会"，我和中国的其他代表都应邀出席了上述活动。2005年1月在北京中央民族大学举办了塔吉克斯坦摄影艺术家摄影作品展；2008年7月在北京举办了"纪念塔吉克诗歌之父——鲁达基诞辰1150周年"活动；2011年9月在举行了《塔吉克斯坦——山花烂漫的国度》画展；同年还在北京举行了《世代相传的塔吉克民族实用装饰艺术》（中文版）及塔吉克斯坦总统埃莫马利·拉合蒙著的《历史倒影中的塔吉克民族》（中文版）的首发式。我也都一一出席了上述活动。2000年1月在中国出版了土库曼斯坦古典诗人《马赫图姆库里诗集》的中文译本；同年10月中国学者出席了在阿什喀巴德举行的"土库曼斯坦历史文化遗产"国际研讨会；2007年5月土库曼斯坦举行"马赫穆特·扎罗合沙勒与东方学术及文学的复兴"国际研讨会；2007年12月土库曼斯坦举行尼萨古城国际研讨会；2008年2月土库曼斯坦举行麻赫穆德·喀什噶里诞辰1000周年国际研讨会；2010年9月土库曼斯坦举行了"禾加·阿赫迈特·亚萨维与东方文学"国际研讨会；2011年11月土库曼斯坦总统别尔德穆哈梅多夫来我国访问，在北京举行了总统著作中文版首发式和在人民大会堂举办了中土友谊歌舞晚会，我都有幸一一出席了。 乌兹别克斯坦在我国也举行过摄影作品展，2005年5月举行过"乌兹别克斯坦文化日"活动；2006年9月在北京举行了乌兹别克斯坦总统卡里莫夫新著《乌兹别克斯坦人民从来不依赖任何人》一书的首发式；2007年8月中国派代表出席了撒马尔罕建城2750周年庆祝活动和"东方韵律"国际音乐节；同年8月在塔什干和撒马尔罕举行了"乌兹别克斯坦在发展伊斯兰文明中的贡献"国际研讨会，我和中国学者应邀出席了研讨会；2009年8月中国再次派团赴撒马尔罕出席"东方韵律"国际音乐节；2008年4月和2010年5月中国中亚友好协会会长张德广率艺术家代表团先后两次在乌兹别克斯坦进行文化艺术交流活动；2011年7月在北京再次举办了"乌兹别克斯坦文化日"活动。生动活泼的人文交流活动增进了彼此的了解。加深了传统友谊。与此同时，中国的一些城市与中亚五国的一批城市结成了友好城市关系。近几年来我国与中亚各国的民间友好交流更加频繁，大大增进了相互了解，促进了民心相通，为共建丝绸之路经济带打下了基础。

中国的一些大学也与中亚国家的一些大学缔结了交流协议。例如中央民族大学就与国立乌兹别克斯坦大学、吉尔吉斯斯坦比什凯克人文大学及奥什国立大学、哈萨克斯坦国际关系与外国语大学等缔结了协议，建立了交流联系。值得介绍的是北京农学院不但与哈萨克斯坦、乌兹别克斯坦和塔吉克斯坦的农业大学进行着交流，而且在校园里培植了"中塔杏树友谊林"（这是塔吉克斯坦共和国驻华大使拉什德·阿利莫夫从塔吉克斯坦移来的杏树），并多次举行了"中塔杏树友谊联欢活动"。

我是中央民族大学从事中亚和新疆民族语言文化教学研究工作的一位教师。这些年来我多次应邀到过中亚各个国家，或去讲学，或去出席国际学术研讨会，或去访问交流，都受到了极其热情的接待，给了我不少荣誉。2012年上海合作组织在北京举行高峰会期间，在人民大会堂我和上合组织六个成员国的六位专家学者荣获"丝绸之路合作奖"。我在中国国内也出席过许多次有关中亚的人文交流活动。中亚各国人民给我留下了极好的印象。他们热情好客，对中国非常友好，是中国人民的老朋友，是中国人民的好朋友！

为了进一步落实习近平主席提出的共建丝绸之路经济带这一宏伟倡议，为了把民间的人文交流继续开展得更好，结出更美好的硕果，特提出以下几点建议：

第一，建议经常派专家学者赴中亚讲学，派文艺团体赴中亚演出，在中亚办好各种展览，并继续组织好"文化日"或"文化周"活动，让中亚各国人民更加了解中国。增进相互了解才能加深彼此友谊。

第二，与中亚国家的专家学者合作，充分运用丰富的中国历史文献资料，研究、编写中亚各国历史，研究、编写中国人民与中亚各国人民友好史，研究、编写新的有关"丝绸之路"的专著、通俗读物和制作"丝绸之路"光碟。

第三，与中亚国家专家学者合作，更具中亚各国实际情况，由当地民族语言编写、出版供中亚国家大学生、研究生学习汉语文的教科书及常用简明词典。

第四，与中亚国家专家学者合作翻译、出版《中亚民间故事选》《中亚民间谚语选》《中亚民间歌谣选》《中亚作家文学作品选》《中亚各族诗人作家传略》等供中国读者了解丰富的中亚各民族文化宝库。

第五，合作举行定期和不定期的"中亚国家汉语教学研究交流会""丝绸之路国际研讨会"等学术研讨会。

我相信通过中国人民与中亚各国人民的共同努力，一定会把民间人文交流继续开展得更好，结出更美好、更丰盛的硕果，定能为落实共建丝绸之路经济带这一宏伟倡议做出新的贡献！

"卡伦"词源考①

关于"卡伦"一词的词源，迄今为止，有三种不同的说法：有的认为来源于满语，有的认为来源于突厥语，有的认为来源于蒙古语。

主张"卡伦"来源于满语的，多半是引用清代的文献材料。例如西清的《黑龙江外纪》第二卷《城堡、台站、卡伦》中说："更番候望之所曰台，国语谓之喀伦，俗称卡路。"何秋涛的《朔方备乘》卷十《北徼卡伦考叙》中也说："更番候望之所曰台，国语谓之喀伦，亦作卡伦，又称卡路、喀龙者，皆翻译对音之转也。"

主张"卡伦"来源于突厥语的，多半以突厥语族语言中有［qaravul］（维吾尔语）、［qaroːl］（柯尔克孜语）这个意为"哨兵"的词为依据。《苏联大百科全书》（1953年，第2版）第20卷，141页中的караул这个词就注明是来源于突厥语，译为стража（卫兵、看守人）。

主张"卡伦"来源于蒙古语的，也是根据蒙古语中有［haruːl］（书面语为haraɣul）这个意为"哨兵、探子"的词。德国人海涅什编的《〈元朝秘史〉词典》就有这个词，他标作［hara‐ul］②，而土耳其出版的《土耳其语辞海》第2卷1404页中，在注释karavul这个词的词源时，也说来源于蒙古语③。

————————

① 本文原载《民族语文》1980年第3期。

② *Woorterbuch zu Mongho un niuca Tobca'an*（《〈元朝秘史〉词典》）。

③ *Okyanus 20‐yüzyil ansiklopedik Türkçe sözlük*（《土耳其语辞海 —— 二十世纪百科全书》），第2卷，1971年，1404页。

"卡伦"一词的来源，究竟是哪个民族的语言呢？

清代编的《五体清文鉴》第1卷880页，"哨探"这个词，满文译为 [karun]，汉语可音译为"卡伦"；蒙古文译为 [haraɣul]，汉语可音译为"哈拉吾勒"；维吾尔文译为 [qaraʙul]，汉语可音译为"卡拉吾勒"。"哨探"一词，在满、蒙、维三种语言中，虽然语音上不尽相同，但是它们之间有密切联系。究竟是满语吸收蒙古语 [haraɣul] 或维吾尔语 [qaraʙul] 而变读成 [karun] 了呢？还是蒙古语、维吾尔语吸收了满语 [karun] 而读成了 [haraɣul] 和 [qaraʙul] 呢？或者它们只是在读音上巧合呢？

先让我们看一下满语的前身——女真语的情况。在《女真译语》里，"哨探"一词的女真文作"狭无"，汉语音译作"哈剌安"，有人标作 [qala-an][1]。我认为，[qala-an] 的标法不妥，这可能是根据汉字"哈剌安"音译的，而不是女真语的本音。我认为，其本音应与满语的 [karun] 相近，[karun] 中的 [r] 不可能是从 [I] 变来的。因此，《女真译语》中的上述两个女真字似应转写为 [qara-an]。

根据同时期，即明代的《高昌馆杂字》，"哨"一词，回鹘文为 [qaraʙul]，汉字音译写作"哈喇温"，其实据回鹘文应音译为"卡拉吾勒"。不过历史上汉文音译其他民族语言的音节尾音 [I] 时，多处理为 [n]，所以也就写成"哈喇温"了。

《元朝秘史》较《女真译语》和《高昌馆杂字》为早，既然在《元朝秘史》中最早出现了ha-ra-ul这个词，这就可以做出"卡伦"这个词来源于蒙古语的推断。

大家知道，蒙古语hara-（看、望、侦探）是动词的词根形式，-ul（或-ɣul）是由动词构成名词的附加成分，hara-ul的汉意是"哨望的人，出哨的人"。hara-ul被突厥语族语言吸收后，读作 [qaraʙul]（明代维语），在现代维语中又变读为 [qaravul]，在现代柯语中为 [qaroːl]。虽然突厥

---

① Dr.Wilhelm Grube，*Die sprache und schrift der jučen*（《女真语和女真文》），莱比锡，1896年。

语族语言中 qara- 也是动词"看"的词根，但它不像蒙古语那样，一般不能在动词词根后加 -ul（或 -ʁul）构成名词。现代维语中有［qaravultʃi］（哨兵），现代柯语中有［qaro:ltʃu］（哨兵），这样的词也都是在［qaravul］或［qaro:l］之后又加上表示人的构词附加成分构成的。此外，我们从古代突厥文碑铭中，只找到了［qaraʁu］（哨探）这种形式，而未发现［qaraʁul］形式。由此看来，古突厥语中的［qaraʁu］与蒙古语［hara-ul］虽然同源，但突厥语族语言中的［qaraʁul］或［qaro:l］这些形式的词，只能是来源于蒙古语[①]。

满语的［karun］，可能是在吸收［hara-ul］或［haraɣul］这种形式的蒙古语借词时，因音变而改变了字形，也可能是间接地根据［hara-ul］的汉字音译而又转译成满语的。我认为后一种可能性较大，也就是"卡伦"来自"哈喇温"这种汉字音译。

至于"卡伦"的意义，它在蒙古语中本来没有"哨所"的意思，是后来在汉语中逐渐演变成为"哨所"之意，以处所代替了人。

以上一点粗浅的看法，提出来供同志们参考。

---

① 符拉吉米尔佐夫在《蒙古书面语和喀尔喀方言比较语法》一书的216页也指出俄语的караул一词来源于突厥语，并且突厥语中的这个词是从蒙古语来的。

关于释读契丹小字的几点意见①

契丹语是我国历史上契丹人的语言。一般多认为它是属于阿尔泰语系、比较接近蒙古语族的一种语言。契丹人有过两种文字，一种为大字，一种为小字，基本上都是仿照汉字的偏旁部首造成的。契丹小字是一种以音节、音素符号为主，夹有词符的混合体文字。由于契丹语和契丹字都是死去的语文，又加上保留到今天或被我们发现的文献资料较少，所以给我们解读契丹小字的工作带来很大的困难。

中国社会科学院民族研究所和内蒙古大学蒙古语文研究室契丹文字研究组的同志们，近几年来，在认真总结过去国内外学者的经验教训的基础上，对契丹文字进行了大量而深入的研究工作，并取得了较大的进展。这是我国民族语文工作者在语言学、文字学的研究方面取得的又一可喜成果。

契丹文字研究小组的同志们对照同一内容的汉字、契丹小字文献，"从研究汉语借词入手，以此作为解读契丹文字的一把钥匙"（《内蒙古大学学报》1977年第4期，契丹小字研究专号，第30页）。他们把契丹小字中的汉语借词作为一个重要突破口，采取了"音义结合的研究方法，为求音而先求义，在已知的义的基础上探索未知的音，利用探得的音质，再辨识一些新词，掌握一定数量的已知读音的词后，进一步从中找出一些规律的东西最后达到解读的目的"（同上）。他们首先把契丹小字中音译的汉语借

---

① 本文原载《中央民族学院学报》1978年第3期。

词逐个地拟成汉语的中古音，再进一步释读契丹小字原字和契丹语词语这种做法，对解决契丹小字中用来音译汉语借词的那些原字的音质是有帮助的，比起过去国内外某些学者按照现代汉语语音释读的音质可靠得多，比起那些只能对出几个契丹小字的汉义而释读不出音质的研究更是一个突破。他们的这种态度和方法，都是值得我们学习的。

读了契丹文字研究小组同志们的研究成果以后，我们深受启发和鼓舞。在这里，也有几点不成熟的意见，提出来供研究契丹文字的同志参考，并求得指正。

第一，在确定用来音译汉语借词的某些契丹小字原字的音质时，既要注意把这些汉语借词拟成汉语的中古音，也要注意运用与契丹语有亲属语言关系的语言中音译汉语借词时的语音代替规律，来帮助我们确定契丹小字中某些原字的音质。

从语言学上看，如果两种语言的音位系统不同，而本族语言中缺少某个音位，它在吸收借词时，往往是用与其相应或又易于被吸收的音位来代替。契丹语和汉语不属于同一个语系，它们的音位系统也不可能是相同的。契丹语在吸收汉语借词时，并不可能都是按照当时的汉语的语音来吸收的，在契丹小字写这些汉语借词时，也会反映出这一点来。再说，契丹语中的汉语借词，也不一定都是直接从汉语中吸收过来的，某些汉语借词，也可能是通过回鹘等其他族的语言间接吸收过来的。因此，我们有必要研究与契丹语有亲属语言关系的语言在吸收汉语借词时的语音代替规律，并以此来帮助我们确定或检验我们拟出的契丹小字原字的音质。

阿尔泰语系突厥语族的古代语言中没有［f］音位，［p‘］也不出现在词首。这些语言在吸收有［f］音位的借词时，往往是以［p‘］的形式来吸收的。这种以［p‘］代替［f］的现象，迄今仍保留在维吾尔族、哈萨克族、柯尔克孜族等人民的口语中，如把汉语借词fen（分）说成［p‘uŋ］，把俄语借词феодал（封建）说成［piodal］等。从维语来看，现代维语词首的［p‘］多是由于吸收带有［f］的借词演变来的。蒙古语在音译汉语借词时，也有这种语音代替现象，例如汉语"大夫"，在蒙古文献中是以 [tajpu] 的形式吸收的，也即不在词首的"夫"在蒙古语中变成了 [pu]。又如，汉语"夫人"，在历史文献中蒙语是以"兀真""旭真"的音来吸收的，也即词首的"夫"，在蒙古语中并不是仍读 [fu] 的。根据突厥语族语言和蒙古语的情况看来，契丹语中也可能没有 [f] 音位，在借带有 [f] 音位的汉语借词时，也可能存在把 [f] 变为 [p']，或变为其他音的现象。

契丹文字研究小组的《我们识读契丹原字总表》中，把业拟为 [p']，把杰拟为 [uaŋ]，但又把羔算作一个单独的原字而拟如 [faŋ]。（同上，第95页）我们认为羔不是一个单独的原字，而是由业与杰这两个原字构成的合体字，它似乎不应拟为 [faŋ]，而应拟为 [p'uaŋ]。羔这个合体字在契丹小字中是用来音译汉字"方"的。既然契丹小字在音译"方"这个汉字时，用的是业和杰的合体字羔 [p'uaŋ]，那也是从另一个方面证实了我们在上一段所做的推论，即契丹小字在音译带有 [f] 的汉语借词时，是把 [f] 变作 [p'] 来书写的。

同样，我们认为仐、仐似乎也应读作 [pu] 或 [p'u]，而不是 [fu]。契丹小字仐是用来音译汉字"府""夫""傅""辅""驸""副"的。如果按宋汴洛音来拟音时，"府""夫""傅""副"的声母都是 [f]，"辅""驸"的声母都是 [bv']。既然"夫"在蒙古文献中写作 [pu]，"方"在契丹小字中写作羔 [p'uaŋ]，那么与"夫""方"声母相同的汉字，到了契丹小字中，也不会仍保留 [f] 声母，而是用 [p] 或 [p'] 给代替了。仐是仐的异体字，也宜读作 [pu] 或 [p'u]。

上述语音代替的现象不只出现在 [f] 变 [p'] 上，在契丹语中也还有以 [s] 代替 [ts] 的。例如契丹小字在音译汉语"将军"（汉语宋汴洛音若拟为 [tsiaŋkiun]）时，用的是仐並凡亦 [siaŋ kiun]、仐 [siaŋ kiun]、仐並凡亦 [siaŋ ʃiun] 这几组字，不论它们书写得多么不一致，但都是用 [s] 来代替汉语 [ts] 的。这一点，在同一语系的突厥语族的语言中也是存在的。例如古突厥文献中的汉语借词"将军"，也是写作 [sɛn'gyn] 的，汉语借词中词首的［ts］进入突厥语中变成了［s］。同样，汉语借词"仑"借入突厥语族语言和蒙古语时，也是读成［saŋ］的。这些例子也从另一方面证明了契丹语中是没有［ts］音位的。既然如此，我们认为把伞伞（祖）、伞雨（进）、伞闬（静）、伞交（节）、伞关（祭）等字的声母伞拟为［ts］，就值得怀疑了。

研究语言要运用历史比较法，释读契丹小字，也要尽可能地注意与亲属语言的比较以便使我们释读的音值更可靠一些。

第二，要注意从契丹小字的造字上找出释读原字音值的线索。

由于契丹小字是一种以音节音素、符号为主，夹有词符的混合体文字，我们就要充分注意其造字的各种线索。只有这样，才能释读出更多的音符和词符来。既然契丹小字基本上是仿照汉字制造的，它在字形上也可能给我们留下某些读音的线索。我们认为付、几、闬、关、屮等这些原字，都保留了原来在汉字中的音值。"付"在汉语中古音里声母是［p］，这与释出的契丹小字原字付的音值是一致的。似乎是汉字"幾"的简体字"几"在汉语中古音声母是［k］，也与契丹小字里的音值相同。闬似乎是来源于汉字"用"，读作［iŋ］，也近似"用"在汉语中的音值。关似乎是来源于汉字"益"，读作［i］也与汉字"益"原来的读音同。屮似乎是来源于汉字"来"，读作［l］，也与"来"的声母相同。

有的学者根据《辽史》卷六十四皇子表中的一段话："迭剌，字云独昆。性敏给，…回鹘使至，无能通其语者，太后谓太祖曰：'迭剌聪敏可使。遣讶之。相从二旬，能习其言与书，因制契丹小字，数少而该贯。"便认为契丹人在造字过程中参照了回鹘文字。有的学者还拿回鹘语和契丹语做了比较，认为契丹字"是和回鹘文息息相通的"（《中山大学学报》1975年第2号《试用古回鹘文比较研究契丹文字》，转引自《契丹小字研究专号》第11页）。现在大多数研究契丹小字的学者认为，契丹小字主要是仿照汉字的"偏旁部首"制成的，所谓参照回鹘文也只是参照了回鹘文的表音方法。回鹘文究竟在多大程度上影响过契丹小字呢？我们认为，吸收回鹘文的表音方法是主要的，但也不排除吸收过回鹘文的字形。可能不是吸收的回鹘文全部字母，而是吸收了某些字母的单写或连写形式。例如契丹小字中的**ち**（礼），就很像回鹘文［l］的尾写形式し与［i］的尾写形式ひ的合写。又如契丹小字**伏力**，也很像回鹘文的イ［n］、ひ［kʻ］、ィ［a］的并排分写，其音值为［n（ə）kʻa］，与拟出的契丹语［nəxaj］（狗）的音值相近，只是在イ与**力**之间加了个"犬"字。这是不是一个既表音又表意的字呢？越南字喃中的"兦"，就是"巴"表音，"三"表意。我国的老壮文也有这种情况。这些情况都是值得我们注意的。诚然，在契丹小字中不是所有的イ都读作［n］，也不是所有的**力**都能读作［kʻa］，但契丹人用的纪年方法同回鹘人，他们在这方面的名称和书写的字形也是需要注意的，契丹小字**女 坎**都读作"月"［iue］，而汉字"艾"［ai］字正是回鹘语"月"的意思。是不是契丹人采用了汉族人记录回鹘语［aj］（月）的汉字"艾"来音译"月"［jue］呢？上述有关回鹘文的几个例子只是一种推测，很可能完全是错误的，但我们认为在释读契丹小字的过程中，应当运用一切可能的线索，经过反复核实、检验，最后做出较科学的结论来。

第三，我们认为契丹小字中字形极为相近又表示相同的语音的，应当看作是异体字。请看契丹小字中的一些原字：

火、氺、太都读作［uŋ］；**叐、爻**都读作［u］；**女、坎**都读作［jue］；**芬、夯**都读作［e］；**尜、炎、杰**都读作［uaj］；**分、佘**都读作［pu］或［pʻu］；**叐、爻**都读作［lu］；**六、久**都读作［t］。

最后，我们祝愿契丹文字研究小组的同志们在今后为逐步扩大解读契丹小字的战果，为发展我国民族语文研究工作，做出新的贡献！我还要补充说明的是，柯尔克孜族英雄史诗《玛纳斯》中的"克塔依"就是"契丹"。我也是为学习和研究《玛纳斯》而学习有关契丹的文字及历史的。

黑龙江省富裕县的柯尔克孜族及其语言特点①

一、黑龙江省富裕县柯尔克孜族概况

黑龙江省富裕县位于省会哈尔滨市的西北，距哈尔滨市300余公里，在嫩江中游的左岸。该县东和依安县毗连，南和林甸县、齐齐哈尔市接壤，西与齐齐哈尔市郊区、甘南县隔江相望，北同讷河县（讷河市）相邻。它位于北纬47°1′—48°16′，东经124°—125°2′，南北长74.4公里，东西宽74公里，总面积为4026平方公里。其中耕地面积为111万多亩，牧业面积为154万多亩，是一个半农半牧县。全县共有27万人，包括汉族、满族、蒙古族、回族、达斡尔族、朝鲜族、柯尔克孜族、鄂温克族、锡伯族、苗族、彝族、壮族等12个民族，少数民族人口共12000余人（1979年）。

富裕县有柯族116户，614人，其分布情况如下：

塔哈公社　　　　　　18户　　　　92人

①　本文原载《中国突厥语族语言概况》，中国突厥语研究会编辑组编。1983年在富裕县调查期间，提供材料的主要有以下同志：

吴德喜	柯族	男81岁	富裕牧场九队
韩　淑	柯族	女71岁	友谊公社五家子柯尔克孜大队
玉吉玛	柯族	女54岁	内蒙古海拉尔胜利公社
吴山东	柯族	男48岁	友谊公社五家子柯尔克孜大队
韩淑珍	柯族	女46岁	友谊公社五家子柯尔克孜大队
韩俊彦	柯族	男45岁	友谊公社五家子柯尔克孜大队

在调查过程中，还得到了黑龙江民委、富裕县委统战部同志们的大力支持和热情帮助，特向这些同志表示衷心的谢意。

龙安镇公社	5户	18人
富海公社	3户	11人
富裕镇公社	5户	16人
友谊公社	42户	292人
省辖富裕牧场	43户	185人

富裕县友谊公社五家子柯尔克孜大队，是全县柯族最集中的一个屯子，它位于富裕县城南，略偏西，离县城十二三公里，屯子东边紧靠齐—嫩铁路。全屯共653人，其中汉族327人，柯族219人，蒙古族84人，达斡尔族21人，满族2人。省辖富裕牧场中，柯族主要居住在九队（七家子），七家子位于富裕县城东，略偏北，离县城十五六公里，屯子北边有齐—北铁路。七家子的柯族多为近几十年来，由五家子和其他屯子迁移来的。

富裕县的柯族自称为"和尔额斯"或"格尔额斯"，新疆的柯族自称为"柯尔额孜"，语言上略有不同，但都汉译为"柯尔克孜"。当地蒙古族称富裕县的柯族为"吉尔吉斯"，过去也把他们称为"达尔诺厄鲁特"，即"西厄鲁特"，而当地柯族称富裕县的蒙古族为"钟厄鲁特"，即"东厄鲁特"。富裕县的蒙古族原属西部蒙古厄鲁特部，他们是清乾隆二十三年（公元1758年）由蒙古科布多地区迁来的。富裕县的柯族，是清朝平定准噶尔部俘其首领达瓦齐时，于清乾隆二十六年（公元1761年），由阿尔泰山、杭爱山一带被充军迁来的。迁来前，这些柯族受辖于厄鲁特部。当时，他们住在后来迁到富裕县的那部分厄鲁特蒙古人的西边，故被称为"西厄鲁特"。富裕县的其他民族人民也把这部分柯族看作是厄鲁特蒙古人。伪满时期，日本人在一些调查材料中，错误地把这里的柯族归入"索伦"族[1]。中华人民共和国成立初期，在汉文中把这部分柯族称为"吉尔吉斯"[2]。

---

[1] 参看现存黑龙江省富裕县档案馆的《富裕县概况》（日文，油印本）康德二年（1935年）2月。

[2] 参看于毅夫同志的《嫩江草原的吉尔吉斯人和他们的爱国增产计划》，后改为"柯尔克孜"。

富裕县的柯族初迁来时，被安置在爱辉、卜奎、海拉尔、呼兰、巴彦苏5个地方，他们共有六姓（可能是6个部落），即达本、额齐克、噶普韩、散德尔、博勒特尔、格尔额斯。其中的"达本"，蒙古语里是"五"的意思，后变为"吴"姓；"噶普韩"则取其中的"韩"变为"韩"姓；"额齐克"变为"常"姓；"散德尔"中的"散"，音转为"蔡"姓；"博勒特尔"变为"郎"姓；"格尔额斯"中的"斯"，变为"司"姓。现在，富裕县的柯族中，多数人姓吴、韩、常，姓蔡、郎、司的已很少了。"刘"姓是后来才出现的。柯族的姓，是他们迁来黑龙江省以后，为了登记户口名册才使用起来的。但他们过去都有自己本民族的名字。

这一部分柯族迁来之后，被编入八旗的正红、正蓝、正白、镶黄4个旗，但他们依然没有政治地位，只能在清军中当兵，或被抽去服苦役，也不准他们与外族通婚，严重地影响了人口的繁衍和发展。辛亥革命以后，当地的柯族人民生活依然非常苦，特别是敌伪时期，更陷于水深火热之中。1947年富裕县获得了解放。1948年，进行了土改，这里的柯族人民才真正做了主人。

富裕县的柯族，初迁来时，主要是从事狩猎、放牧，后来逐渐开荒种地。近几十年来，基本上都从事农业了。粉碎"四人帮"后，友谊公社五家子柯尔克孜大队根据当地的自然条件和传统的生产习惯，已采取各种措施，大力发展畜牧业生产，逐步改为以牧业为主。

富裕县的柯族，现在在衣、食等方面已与当地蒙古族、汉族没有什么区别。据当地老人们讲，他们在五六十年前，还穿皮衣、皮裤，戴皮帽。饮食上也多以肉食、奶食为主。当地的房子多为两间，都是朝南的，里间住人，外间是厨房。里间开南窗、西窗各一个，屋内三面是炕。老人住南炕，年轻的住北炕。外间比里间小，北边有一个灶，灶旁有一个小炕，炕火通过这个小炕把热传到里屋，外间的门西边有一个小窗。

富裕县的柯族不信仰伊斯兰教，他们过去信奉萨满教，后改信喇嘛教。距今七八十年前，当地还有巫师，柯语里叫"噶木"（古代柯语中也叫gam，汉文史料中译为"甘"）。过节时，点起两堆牛粪代替狼烟，男女老少都要从火上跳过去，以除病除灾。在治病、办丧事时，都要请巫师来跳大神，巫师念经，说的是柯语，但一般人不懂其内容。家里还供蛇神，这都是萨满教的习俗。至于信奉狐仙、马神等，只是改信喇嘛教后才有的。

富裕县的柯族，过去有姑表兄弟、姐妹和姨表兄弟、姐妹结姻的习惯，这一点和过去新疆柯族的习俗是相同的。订婚时，一般都要些彩礼。但由于都是亲上加亲，所以要的彩礼并不多。结婚时，男女两家都设宴招待客人。男方要去女方家迎娶，有四五人骑马陪同前去。女方也要派人出来到很远的地方迎新郎。新郎到了新娘家要给女方亲友磕头，领回新娘后，在男方家举行拜天地的仪式。柯族当中过去离婚的很少，离婚要受到舆论的指责。寡妇可以改嫁，但多改嫁给同姓的，也有改嫁给男方兄弟的。如改嫁给其他姓的人家，有子女的寡妇只被允许带走女孩，而不准带走男孩。

富裕县的柯族，过去既有土葬，也有火葬，采用那种葬法均由巫师或喇嘛决定。一般来说，无子女的、孕妇或产期病死的都用火葬，其他情况的用土葬。按照习惯，家里的人要给死者嘴里放上点东西，男人死了，嘴里放一块银币或铜币；女人死了放上一个珊瑚或珠子。土葬的都用棺材，在棺材里还要放进死者生前用过的烟袋、小刀、碗筷等。一般在家中停尸不超过三天，在坟里埋葬时，都请喇嘛来念经。葬后五天，还要请喇嘛念经。中华人民共和国成立以后，这些习俗发生了很大的变化，一些青年人连过去曾有过这些习俗也不知道了。①

富裕县的柯族，长期以来与蒙古族居住在一起，并且互相通婚，所以在语言等方面受到了蒙古族的很大影响。富裕县的柯族中能说本族固有语言的人已经很少了，多为四五十岁以上的人，但不少人只能听懂，而说得已不流利了。30多岁以下的人，大都不懂本族语言，只会说蒙古语，有些

---

① 关于婚丧习俗，写此文时参考了中国社会科学院民族研究所搜集的材料。

青少年连蒙古语也不会，完全说汉语。家庭中使用的主要是蒙古语，也有说汉语的。富裕县柯族固有的语言是一种正在消失着的语言，再过几十年后，恐怕能说这种语言的人就更少了。这里的柯族人认字的不多，中青年人有的会蒙文，日常生活中通用汉文。

富裕县的柯族，会唱本族语言民歌的人已经很少很少了，年轻人唱的多是蒙古语或汉语的歌。乐器方面，主要有胡琴、笛子等。据老人们说，过去也有过本民族的舞蹈，但现在已失传了。

柯尔克孜族早在公元前就游牧在叶尼塞河上游流域。隋、唐时还有一支住在今准噶尔盆地。他们主要从事牧业、狩猎，也兼营原始的农业。后来他们逐渐迁往天山一带，有的又南迁到帕米尔、喀喇昆仑一带。但是柯尔泰、杭爱山一带仍留下了一部分柯尔克孜人。黑龙江省富裕县的柯族，就是又从这里迁去的。迄今在这一部分人当中，仍可看到不少黄色头发、蓝眼珠的人。这与历史上记载的叶尼塞河上游的古柯尔克孜人的情况是接近的。（参看中国科学院民族研究所新疆少数民族社会历史调查组编的《柯尔克孜族简史简志合编（初稿）》1963年，第17页。）仍然留在苏联阿尔泰边区一带的部分柯尔克孜人，十月革命后，被称作"哈卡斯"。这一名称与"黠戛斯"这一名称何等相近啊！中华人民共和国成立后，根据黑龙江省富裕县柯族人民的历史情况和民族自称与本族的意愿，确定为柯尔克孜族，这既符合历史实际，又有利于民族团结，体现了党的民族政策。

二、黑龙江省富裕县柯尔克孜族的语言特点

富裕县柯族固有的语言与新疆各地柯语之间，差别较大。富裕县柯族的语言不应看作是新疆柯语的一种方言，而是单独的一种突厥语。现分别就其语音、词法、词汇3个方面的特点做一简要介绍。关于该语言的详细情况，笔者已另写专文。

1. 语音

（1）有16个元音音位，其中有8个基本元音：a、ə、e、i、o、ø、u、y，和8个长元音：aː、əː、eː、iː、oː、øː、uː、yː。

（2）有21个辅音音位：b、p、m、d、t、n、l、r、s、z、ʤ、ʧ、ʃ、ʒ、j、g、k、ŋ、G、x、ʁ。

（3）有6种音节形式（Y表元音，F表辅音）：Y、Y+F、F+Y、Y+F+F、F+Y+F、F+Y+F+F。

（4）重音多落在词的最后一个音节上，在词形变化时，重音常移动位置。

（5）在词干各音节的元音之间和在词干与附加成分各音节的元音之间存在着元音和谐，但圆唇元音和谐不太严格，主要是前元音与前元音、后元音与后元音的和谐较严格。元音可与前元音，也可与后元音同时出现在一个词里。

（6）元音有前进、后退同化，辅音有后退同化和弱化现象。

富裕县柯族的语言，与新疆柯语相比，在语音上，主要有下列不同：

（1）新疆柯语有6个长元音：aː、eː、oː、øː、uː、yː，这里柯族的语言中比其多两个长元音：əː、iː。

（2）新疆柯语中没有辅音ʒ，这里柯族的语言中有ʒ。例：dʒaʒən-（藏）。

（3）新疆柯语词首的k、q，这里柯族的语言中读作g、G。例：

| kim | gəm | 谁 |
| qoj | Goj | 绵羊 |

（4）新疆柯语中某些词首的ʤ，这里柯族的语言中为n。例：

dʒamʁər	namər	雨
dʒan-	nan-	回
dʒaːq	naːx	颊

（5）新疆柯语词的第二个音节起音的j，这里柯族的语言中为z，后者

保留了古代的语言现象。例：

ajaq	azax	脚
qojon	Gozun	兔

（6）新疆柯语词尾的z，这里柯族的语言中为s，后者与新疆阿合奇县土语相同。例：

qəz	Gəs	姑娘
oːz	aːs	咀

（7）新疆柯语词首的t，这里的柯族语言中为d。例：

til	dəl	语言、舌头
toː	dax	山
tiʃ	diʃ	牙

（8）新疆柯语的元音和谐较这里柯族的语言的元音和谐严格得多。例：

qojlor	Gojlar	绵羊、多数
qoldoʁ	Goldar	手、多数

2．语法

（1）名词有数、谓语性人称、从属人称和格等语法范畴。格有7个：主格、所有格、与格、方向格、宾格、位格、从格。

（2）形容词分为性质形容词和关系形容词。性质形容词有"级"的变化：原级、比较级、最高级。

（3）代词分为人称代词、指示代词、物主代词、疑问代词、反身代词、不定代词。人称代词中无第二人称尊称形式。反身代词，由单词bos加从属人称附加成分构成。例：bozəm（我自己）、bozeŋ（你自己）。

（4）数词分数量数词、次第数词、集体数词、约量数词。数量数词40、50、60、70、80、90，均用4、5、6、7、8、9与10合成例：durdon, bizən, altən, dʒetən, sigizən, doʁuzon。这种形式保留了古代突厥语的特点。

（5）动词有式、时、人称、数、态等语法范畴，并包括有助动词、副动词和形动词。一般过去时第一人称多数的附加成分不是加–k或–q，而是加–bəs或–bis。历史过去时否定形式是在动词词干后加–bəːn或–pəːn及谓语性人称附加成分构成。例：barbəːnmin（我没去过）、barbəːnzəŋ（你没去过）。肯定现在时是在动词词干后加–də或–tə及人称代词。例：bardəmin（我是在去着）、bardəsin（你是在去着）、bardal<bardə ol（他是在去着）……现在未来时是在动词词干后加–m或–im、–ziŋ或–iziŋ等附加成分构成。其否定形式是通过动词词干后加–jool及谓语性人称附加成分构成。例：bardʒoːlmin（我不去）、bardʒoːlsin（你不去）等。现在进行时是在动词词干后加–tur及谓语性人称附加成分构成。例：barturmin（我在去着）等第二人称。命令式比较特殊，例：barʁarnə（请你去）。第三人称命令式是加–zən或–zin、–sən或–sin构成。条件式附加成分为–za或–zə、–sa或–sə。愿望式是在动词词干后加–ʁay或–xay、gəj或kəj及谓语性人称附加成分构成。态的各种形式同其他突厥语。

（6）副词、连词、后置词中都有一些特有的词。例：副词madən（很），连词dəbəs（和，及）、bul（同…一起），后置词oʃləx（与…一样）。

（7）疑问助词有ma或mə、ba或bə、pa或pə（吗）等形式，强调助词有le（只）。例：min le dor（只有我）。

（8）叹词、象声词中也有一些特有的词，例：叹词xo或xoj（好）、dʒo（唉呀），象声词xam-xam（汪汪地叫）、ʃax-ʃax（呜呜声）。

新疆柯语与富裕县柯族的语言在语法方面有不少差别，下面只举几个方面的例子：

（1）新疆柯语各词有6个格，与格与方向格是一个格，富裕县柯族的语言中多一个格，与格（只适用于人）与方向格（适用于物及地点）是两个格。方向格的附加成分是–sar。

（2）新疆柯语与富裕县柯族的语言在数的附加成分不同。前者因元音和谐律严格，有下列附加成分：–lar或–ler或–lor或–lør，–dar或–der或–dor或–dør，–tar或–ter或–tor或–tør；而后者只有–lar或–lər，–dar或–dər，–tar或–tər。

（3）新疆柯语与富裕县柯族的语言在动词变化上有许多不同。例：

bardəq	bardəbəs	我们去了
barbaʁanmən	barbə:nmin	我没去过
bara dʒatamən	bardəmin	我是在去着
baram	barim	我去
barbajmən	bardʒoolmin	我不去
barbasam	barbazam	我若不去

（前者为新疆柯语，后者为富裕县柯族的语言）

3. 词汇

富裕县柯族的语言中没有什么阿拉伯、波斯语借词，多突厥语固有的词，也有不少蒙古语借词。为了便于比较，下面列出了新疆柯语与富裕县柯族语言的部分词汇对照：

新疆柯语	富裕县柯族的语言	
asman	dəŋər	天
dʒer	dʒir	地
kyn	gyn	日
aj	aj	月
su:	suχ	水
ot	ot	火
to:	daχ	山
tsʃ	daʃ	石
darəja	myryn	河
deŋiz	dalaj	海
bulaq	buluχ	泉
dʒaz	dʒas	春
dʒaj	dʒaj	夏
kyz	gys	秋

qəʃ	Gəʃ	冬
tʃəʁəʃ	asar	东
batəʃ	usar	西
tyʃtyk	ilgər	南
tyndyk	gədək	北
baʃ	baʃ	头
tʃatʃ	ʃaʃ	头发
køz	Garax	眼
burun	burun	鼻
qulaq	Gulax	耳
oːz	aːs	嘴
til	dəI	舌
qol	Gol	手
ajaq	azaq	脚
ter	dir	汗
uːl	oːI	儿子
qəz	Gəs	女儿
dʒigit	dʒiːt	年轻人
ata	aba	父
ene	idʒe	母
er	ir	男、丈夫
ajal	Gurdʒax gədʒi	女、妻子
bijik	byzyx	高
dʒapəz	dʒabəs	矮
əraːq	xːerx	远
dʒaqən	daː	近
oːr	aːr	重

ʤeŋil	niʒik	轻
qatuː	Gadəx	硬
ʤumʃaq	ʤəmʤəx	软
ʤaqʃə	ʤaxʃə	好
ʤaman	ʤabəl	坏
køp	arbən	多
aq	ax	白
qara	Gar	黑
sarə	sarəx	黄
køk	gøx	蓝
qəzəl	Gəzəl	红
ʤaʃɣl	noʁon	绿
bir	bər	一
eki	igi	二
ytʃ	uʃ	三
tørt	durt	四
beʃ	biʃ	五
altə	altə	六
ʤeti	ʤiti	七
segjz	sigis	八
toʁuz	doʁus	九
on	on	十
ʤɣjɣrma	ʤibir	二十
otuz	otus	三十
qərq	durdon	四十
ely	biʒən	五十
altəməʃ	altən	六十

ʤetimiʃ	ʤetən	七十
seksen	sigizən	八十
toqson	doʁuzon	九十
ʤyz	ʤys	百
miŋ	muŋ	千
tuman	duman	万
men	min	我
sen	sin	你
al	ol	他
biz	bəs	我们
siler	sirər	你们
alar	olor	他们
øz	bos	自己
bu	bu	这
al	ol	那
emne	nem	什么
netʃe	ninʤe	多少
kim	gəm	谁
gatʃan	Gaʤan	何时
qandaj	Gadax	怎么样
bar–	bar–	去
kel–	gel–	来
tʃəq–	ʃəx–	出
kir–	gər–	进
tur–	tur–	站
otur–	otur–	坐
al–	al–	拿

ber–	ber–	给
kør–	kyr–	看
bas–	bas–	压
øl–	øl–	死

从上面举出的部分基本词的对比来看，尽管富裕县柯族的语言与新疆柯语有不少差别，但从中仍可找出许多是同源的词。这也帮助我们证明黑龙江省富裕县柯族的语言与新疆柯语之间的历史联系。不过，富裕县柯族的语言与哈卡斯语言相比，显得更接近一些，请看下面的例子：

富裕县柯族的语言	哈卡斯语	
aːr	aːr	重
aːs	aːs	嘴
aba	aba	父
ajt–	ajt–	说
al–	al–	拿
ala	ala	花色的
am	am	现在
as	as	少
at	at	马
ax	ax	白
ib	ib	房子
ir	ir	男人
it	it	肉
idʒe	idʒe	母
gəm	kəm	谁
gøx	køk	兰
gyl–	kyl–	笑
gyn	kyn	日

gys	kys	秋
mal	mal	牲畜
min	min	我
muŋ	muŋ	千
naː	naː	新
nan–	nan–	回
nem	nime	什么
nindʒə	nindʒe	多少
otur–	odər–	坐
otus	odəs // otəs	三十
ol	ol	他，那
on	on	十
oŋ	oŋ	右
ot	ot	火
øl–	øl–	死
baj	baj	富有的
bala	bala	孩子
bar–	bar–	去
baʃ	bas	头
bər–	bir–	给
bəs	bəs	我们
bos	bos	自己
burun	burun	从前
sal–	sal–	放
san	san	数目
sarəx	sarɤ	黄
ʃaʃ	sas	头发

sux	suʁ	水
dax	taʁ	山
dimir	timir	铁
dəl	təl	舌头
diʃ	tis	牙
doj	toj	婚事
durt	tørt	四
uzun	uzun	长
ulux	uluʁ	大
uʃ	ytʃ	三
ysən	ytʃyn	为……
Gajda	xajda	在何处、往何处
Gadax	xajdaʁ	怎么样
qan	xan	血
Gar	xar	雪
Gar	xar	黑
Garax	xarax	眼睛
Gadəx	qatəʁ	硬
Gulax	xulax	耳
Gəs	xəs	冬
xereʁ	əraʁ	远

在语法方面也有许多相同点。据初步分析看来，黑龙江省富裕县柯族的语言是与哈卡斯语方言比较接近的一种突厥语。哈卡斯族是古代"黠戛斯"的后裔，即古代柯尔克孜人的后裔。因此，我国黑龙江富裕县柯族固有的语言应当看作是保存了不少古代柯语特点的一种语言。

三、黑龙江省柯尔克孜族的部分语言材料①

早在20世纪50年代，笔者就从当时在中央民族学院学习的几位黑龙江籍柯尔克孜同学那里记录了东北柯尔克孜语词汇。苏联突厥学家Э. P. 捷尼舍夫作为专家应邀来我国中央民族学院讲课时，笔者向他介绍了黑龙江省富裕县柯尔克孜族的语言与苏联吉尔吉斯语和新疆柯尔克孜族的语言都有较大差异的情况，我认为这是有别于柯尔克孜语（吉尔吉斯语）的一种语言。捷尼舍夫先生说，这种语言很有研究价值。后来，他在《语言学问题》（［俄文］1966年第1期的第88—95页）上发表了一篇题为《论中华人民共和国富裕县柯尔克孜族的语言》的论文。这是在世界语言学界首次介绍我国黑龙江省富裕县柯尔克孜族语言情况的报道及论述。

为了进一步研究黑龙江省富裕县柯尔克孜族的语言、民俗及历史，1980年6、7月份，我亲自深入到黑龙江省富裕县五家子、七家子两个柯尔克孜族较聚居的居民点，进行了语言、民俗、历史方面的调查，撰写了《黑龙江省柯尔克孜族语言调查报告》《黑龙江省富裕县的柯尔克孜族》两篇调查报告，前者主要是语言方面的，后者偏重于历史和民俗方面。后来，笔者又去黑龙江省富裕县五家子做过补充调查，又搜集了一些材料。在此基础上，有关黑龙江省富裕县的柯尔克孜族，笔者曾撰写并发表了三篇文章，它们是:《黑龙江省富裕县的柯尔克孜族及其语言的主要特点》（《中央民族学院学报》1983年第2期）、《黑龙江省富裕县的柯尔克孜族》（《民间文学》1981年第7期）、《东北柯尔克孜语语音概述》（《民族语文研究》，四川民族出版社，1984年）。其中，第一篇文章被译为吉尔吉斯文、日文在国外发表。与此同时，1983年笔者应邀赴法国讲学时，曾与当时的艾克斯·恩·普洛旺斯大学专门研究柯尔克孜语的专家格·依玛额（Guy Imart）教授还对黑龙江省富裕县柯尔克孜族的语言进行了合作研究，曾以《富裕柯尔克孜》（Fu–Yü Girgis：A Tentative Description of The Easternmost

---

① 本节原载《民族语文》1996年第5期。

Turkic Language）为名被美国印第安纳大学内陆亚细亚研究所出版了一本抽印本小册子。在1989年美国印第安纳大学内陆亚细亚研究所出版的我和格·依玛额教授合作编著的一本名为《柯尔克孜语教程》（A Kirghiz Reader）的著作中，也对黑龙江省富裕县柯尔克孜族的语言做了介绍。

近几年来，国外突厥语言研究者更加关注黑龙江省富裕县柯尔克孜族及其语言情况。现将为整理音位系统而记录的一些常用词及部分民间诗歌语言材料也刊布出来，供感兴趣的学者们参考，并希望得到大家的指导与帮助。

1. 部分常用词 [①]

dəŋər	天	dʒir	地
gyn	太阳、日	aj	月亮、月
dʒəltəs	星	altən gadas	北斗星
salʁən	风	bult	云
namər	雨	Gar	雪
manən	雾	ʃuləŋ	虹
bus	冰	myndyr	冰雹
Gujun	旋风	ʃaʃlən	闪
ot	火	əʃ	烟
dobrəχ	土	balʁaʃ	泥
Gum	沙	daʃ	石
gyl	灰烬	daχ	山
gøl	湖	myryn	江、河
dalaj	海	buluχ	泉
Gər	高地	iin	坑
Guduχ	井	arʃan	温泉

---

① 汇中写作ə的，其实际音值多为［ɵ］（在过去发表的文章中也曾标作［ə］过），在有的词中为［i］。e在i后时，多读作je。

dosən	灰尘	dʒəl	年
biin dʒəl~byyn dʒəl	今年	gələr dʒəl	明年
bəltər	去年	dʒaʃ	岁
biin gyn~byyn gyn	今天	daŋda	明天
bəs（<bərəsə）gyn	后天	gədʒə	昨天
burun gyn	前天	dʒarəχ gyn	晴天
bustə gyn	阴天	Gara	夜
gəʃ	晚	ərtəŋ	早晨
dyʃ	中午	dyʃtən burun	午前
dyʃtən gədər	午后	ortum	半夜
gyndə	白天	ʃaχ	时间
dʒas	春	dʒaj	夏
gys	秋	Gəʃ	冬
asar	东	usar	西
ilgər	南（前）	gədər	北（后）
ort	中间	sol	左
oŋ	右	ald	前
art	后	iʃ	里
dəʃGar	外	yst	上
dʒoʁor	上	dibən	下
ibir	周围	gəma	附近
uʃ	顶	buluŋ	隅
burun	从前	soŋ // sonoŋ	以后
am	现在	bər gəzik soŋ	一会儿
anan soŋ	然后	altən	金
gymyʃ~muŋən	银	dʒəs	铜
dymyr~dimir	铁	Gorʁoltʃə	铅

bolot	钢	dus	盐
aŋ	兽	aŋlar gədʒi	猎手
bar	虎	arəslən	狮
dʒaan	象	laŋʃux	狼
gyskə	鼠	kəkə	猫
it	狗	didʒi it	母狗
aŋloar it	猎狗	tajʁan	细狗
dʒeerin	黄羊	giik	狍子
buG~səən	鹿	marəl	野猫
dʒirlik at	野马	mitʃin	猴
gaχa~dərdəχ	猪	dylgy	狐狸
Gozan	兔	at	马
aχsər at	儿马	bii at	母马
Gulun	一岁马	igi dʒaʃtəχ at	二岁马
uʃ dʒaʃtəχ at	三岁马	durt dʒaʃtəχ at	四岁马
aχtə at	阉马	Gəsər bii	不怀胎的母马
dʒorʁo at	走马	dʒoʃtər at	颠马
inəx	牛	buza	牛犊
Goj	绵羊	Goj buʁəzə	公羊
Goj balazə	羊羔	dymə	骆驼
əldʒəgən	驴	saʁdərəχ	山羊
Guʃ~Guʒəχ	鸟	taχaj	鸡
dʒyrtʃyk~taχaj balazə	雏鸡	nomurtGa	鸡蛋
Gaz	鹅	tutχə	鸽子
darənda	雀	tort	孔雀
Garʁatʃə	燕子	Garʁa	乌鸦

ʃadʒəGa	喜鹊	Gərʁəl	野鸡
bødyrtʃyn	鹌鹑	Gartʃəʁa	鹰
Gar	雕	χirgy	小鹞
itiliχ	大鹞	bøbøldʒyn	布谷鸟
papGa	蝙蝠	buχən səəχ	蚊子
Gart	凤凰	Galu	雁
Gurt	虫	gəməχəj	蜻蜓
aʁaldʒan	蜘蛛	səəχ	蝇
Gəzəl Gurt	臭虫	sirtkəχ~siriktitʃ	跳蚤
dʒəlan~dʒələn	蛇	ara	蜂
bət	虱子	balχ	鱼
Ganat	翅膀	duraχ	蹄
geles	树	duus	根
aʁaʃ~aʁəʃ	木头	sala	枝
laptʃən	叶	urən	种子
mejzə	小麦	ʃuʃu	包谷
baləŋ	粟	burtʃuχ	豆
tʃindʒiu	辣椒	ʃaŋju	土豆
ot	草	suanda	蒜
uli	葱	it	肉
us	油	sarəχ us	奶油
syt	奶	Gəməs	酸奶
erəχ	稀酸奶	araχ	酒
nardan	小米	nərgə	荞麦
un~unəχ	面粉	aʃ	饭
Gazan	锅	Gaməʃ	勺子
suʁnaʁən	水桶	ajəχ~ajaχ	碗

sabhən	筷子	tuŋpən	盆
dʒoχu	灶	Gajdʒə	剪子
suazə	刷子	ajtʃur	毛巾
tʃydəŋ	火柴	la	蜡
us dəŋdʒen	油灯	laŋχo	瓶子
dolli	镜子	bandəŋ	凳子
jizə	椅子	ʃire	桌子
aptər	箱子	Gulə aʁəʃ	梯子
uruχ aʁəʃ	套马杆	baχ	套马绳
solbur	缰绳	loχtə	马笼头
dyre	马嚼子	dudaj	肚带
bəs	锥子	gəre	锯
suχun	斧头	dujbən	刨子
tʃutʃən	凿子	gadur	镰刀
ingə	针	dʒip	线
idʒik	门	tʃoŋχo	窗户
ib	屋	dʒoʁorʁon~dʒoorʁon	被子
dʒastəχ	枕头	bətʃaχ	刀子
bilen deʃ	磨石	Guldə	轮子
giis	毡子	meχan	毡房
nur	光	durʁəl	柱
turχul	锁	Got	城
aal	乡村	bosoʁo	门框底部木板
idʒik Gapsənə	门板	bodəχ	染料
dʒyzən	颜色	buus	布
byryχ~byrχ	帽子	don	皮袄

gandasen	上衣	dir	皮
ooptʃə	坎肩	ʃətan	裤子
χandʒəl	女人背心	Gur	皮带
atʃur	头巾	daʁa	领子
gamtʃən	袖子	Goron	口袋儿
doptʃən	扣子	saməŋada	扣环
dʒalʁadəχ	刺绣	bətəʃ	镯子
gyrtʃyk	戒指	dəŋgə	银元
ʃuru	项链	əzərʁa	耳环
ərbərdʒən	车的套鞍	udəχ	鞋
uχ	袜子	gəb	衣服
bos	身体	baʃ	头
ʃaʃ	头发	dyχ	汗毛
Gəməsχən	眉毛	Garaχ	眼睛
Garahnaŋ Garə	眼珠	burun	鼻子
naaχ	面颊	dəχ	头顶
doχu	后脑勺	Gulaχ	耳朵
ʃuχu	太阳穴	məən	面颊
aas	咀	dəl	舌、语言
diʃ	牙	innə	肩
bəl	腰	dalə	后背
Gol	手	aləχ	手掌
sala	手指	dərdəχ	指甲
dus	胸	emdʒek	乳房
toχo	肘	Gabərʁa	肋骨
gindik	肚脐	gøtʃyk	臀部
Guzruχ	尾	dəzə	膝盖

baltər	腿肚	dʒoon but	大腿
but	腿	azəχ	脚
dabəχ	脚掌	dʒyryχ	心
derik	脑	saʁəl	胡子
uχu	肺	bøør	肾
Gart	肠子	Goχ	膀胱
gitʃiχ dəl	小舌	səjdəχ	尿
ʃaʃ	屎	baarən	肝
Gan	血	dir	汗
aʁrəχ	病	ozərəχ	屁
silek	睫毛	sijrik	筋
søøχ	骨	sənlaχ	胳臂
səʁər	盲人	goŋo	聋子
aχsaχ	瘸子	das	秃子
bəχər	驼背	naʁas Garaχ	独眼
mazə	麻子	gitʃiχ ilʁa	疹子
uluχ ilʁa	天花	ʃaŋχan	伤寒
ʃəmʃəχə	疖子	ʃorbən	疤
gam	性病	im	药
iriŋ	脓	ʃirek	唾液
bitʃik	书	nom	经文
bənzə	本子	tʃaasən	纸
tʂə	尺子	duurəχ	鼓
oonim	游戏	taməχ	印章
dimir Gomus~	口弦	Goor	胡琴
azə	鬼	got	灵魂
aχti	春节	suuχ	坟

burχan	神	doj	婚事
bəχ	官	ʃərik	兵
oʁurtʃə	贼	məltəχ~multuχ	枪
pəjdʒi~fəjdʒi	飞机	oχ	子弹
dʒaa	弓	Garool	哨兵
tərəgin	车	gimə	船
sal	筏	ʃili	玻璃
dʒol	道路	Gəl	马鬃
søs	话	dʒəmis	水果
mən~ʃyl	汤	tʃaj	茶
gubuŋ	棉花	gøgøøt	菜
sarən	歌	at	名字
jee	主人	gədʒi	人
ir gədʒi~Gurluχ	男人	Gurdʒaχ gədʒi	女人
oʁəs	孩子（子女）	bala	小孩
ool	儿子	Gəs	女儿、姑娘
dʒaʃtəχ gədʒi	老人	dʒiit	青年人
otatʃə	祖先	ajməχ	部落
ustar	民族	baj gədʒi	富人
dʒoχ gədʒi	穷人	baatər	英雄
aba	父亲	idʒe	母亲
ir	丈夫，男	ibdik	妻子
Gat~Gatən	老婆	soŋ aba	继父
soŋ idʒe	继母	jəjə	祖父
tetej	祖母	uluχ ool	头生子
bidʒe	姐姐	Gəsdomo	妹妹
Garəndaʃ~akə	哥哥	abuʁa	叔父

ugmə	婶母	dajə	舅父
gøjə	姨母	nəʁdə	嫂子
dʒestə	姐夫	oməl	孙子
atʃə ool	侄儿	atʃə Ges	侄女
Gastəχ aba	岳父	Gastəχ idʒe	岳母
badʒa	连襟	daa ib	邻居
Gal	姓氏	baχʃə	老师
modʒən	木匠	apʃəχ	老头
duχ	亲戚	memetʃə gədʒi	商人
gitʃin	客人	aχ dəmə~sodal	朋友
bitʃik yrgən gədʒi	学生	deren gədʒi	农民
maltʃə~maltʃən	牧民	Gəzəl saʁal	土匪
oros	俄罗斯	niχən	汉族
mool	蒙古族	χərʁəs~girgis	柯尔克孜族
mandʒə	满族	naa bos	单身
uluχ	大	gitʃik	小
dʒoon	粗	niʃki	细
buzəχ	高	dʒabəz	低
uzun	长	tʃoltuχ	短
ərəχ	远	daa	近
aar	重	niʒik	轻
dəŋ	紧	boʃ	松
dʒarəχ	亮	Garχa	暗
daamdəχ	味香的	dʒəstək	臭
atʃəχ	苦、辣、酸	Gojuχ	稠
suʁnaʁən	稀	Gadəχ	硬
dʒəmdʒəχ	软	Galən	厚

dʒoʁu	薄	ʃəbər	干净
bydʒyl	脏	aldəχ	宽
gitʃik	窄	səməs	胖
dʒəraləχ	漂亮	dʒaχʃə	好
jabəl	坏	Guʁʁaχ	干
ʃəχtəχ // ul	湿	arbən	多
artəχ	超出的	diχ	直、陡
naa	新	irgi	旧
amərχan	容易	edli	平的
əzəχ	热	sooχ	冷
bələn	温	sirin	凉爽
gyʃtik	有力的	gyʃ dʒoχ	无力的
ustəχ	带油的	unləχ	贵重的
gəndəχ	便宜的	dʒaltə	赖的
gapʃəχa	快	aʁərən	慢
aχ	白	Gar	黑
Gəzəl	红	sarəχ	黄
gøχ	蓝	bos	灰
bor	紫	noʁon	绿
ʃaŋəltəχ	深蓝	amnədəχ	香
Gaʒəndə	经常	gatte	一定
Ganaʁan	最	bidʒiχən	少
baχ	把，束	maʃaŋ	马上
naa	刚才	le	仅，只
da	也	baʃGa	其他，不是
ma	吗	baarsə	都
bərgə	一起	dərəʃa	很

gintχən	突然	idəs	是
ja	是，对	bəl	与……一起
daχu	还	ar	那边
beer	这边	min	我
sin	你	ol	他，那
bəs	我们	sirər	你们、您
olor~alar	他们	bos	自己
nasχan	单独	bu	这
bular	这些	olar	那些
mənda	这里	anda	那里
Gazə~Gajzə	哪一个	Gadaχ	怎样
Gaje	哪里	məndaχ	这样
andaχ	那样	nem（njem）	什么
nindʒe~nindʒi	多少	noʁoo	为什么
gəm	谁	Gadʒan	何时
məndʒa	这么多	andʒa	那么多
iʃ Gajzə	任何	iʃtim	什么也
san	数目	bər	一
igi	二	uʃ	三
durt	四	biʃ	五
altə	六	dʒiti~tʃiti	七
sigis	八	doʁəs	九
on	十	on bər	十一
on igi	十二	on uʃ	十三
on durt	十四	on biʃ	十五
on altə	十六	on dʒiti	十七
on sigis	十八	on doʁəs	十九

dʒibir	二十	otus	三十
durtən	四十	biʒen	五十
altan	六十	dʒitən~tʃitən	七十
sigiʒən	八十	doʁəʒən	九十
dʒys	百	muŋ	千
duman	万	bərəndʒə	第一
igindʒi	第二	uʒəndʒə	第三
durdəndʒə	第四	biʒindʒi	第五
altəndʒə	第六	dʒitindʒi	第七
sigizindʒi	第八	doʁəzəndʒə	第九
onəndʒə	第十	dʒibirindʒi	第二十
igi uləsnəŋ bərə	二分之一	dʒarən	半
aas	间（屋）	dʒən	斤
laŋ	两	tʃən~tʃian	钱
pən~fən	分	gizə	斗
ʃəŋ	升	mu	亩
Guləʃ	度	Garəʃ	拃（长度）
dʒaŋ	丈	tʂə	尺
darəs	正确	gir-gir	呼噜呼噜声
χam-χam	汪汪叫声	ʃaχ-ʃaχ	风鸣鸣声
me-me	羊叫声	e	哎
eχ	嗨	χo	啊
χəj	噢依	jo	哎呀
Gon-	住宿	dʒyr-	走
dʒit-	到达	bar-	去
gəl-	来	gər-	进
ʃəχ-	出	dʒugur-	跑

uʃ–	飞	odur–	坐
tur–	站	dor	有
dʒoχ	没有	dʒool~dʒoʁol	不
gur–	看	iʃti–	听
sølə–	说话	di–	说
gul–	笑	jəlʁə–	哭
dart–	吸（烟）	Gant–	煮
iʃ–	喝	dʒi–	吃
dos–	饱	it–	做
gəz–	穿	ʃət–	脱
Gorχə–	怕	ujəttər–	害羞
Gus–~Gustər–	呕吐	səndər–	折断
køp–~købidər–	肿	aʁər–	疼
gyjdər–	燃烧	ot Gaməstər–	点火
Gəzəltur–	变红	sarəʁəltur–	变黄
al–	拿，买	sal–	放
sat–	卖	bər–	给
bir–	打	nan–	回
nandər–	归还	balʁə–	捆
Gas–	挖	itχədər–	相信
il–	挂	iləʃ–	挑
dʒarəl–	裂开	əzər–	醉
aχsəj–	借	aχtətur–	拜春节
baʃir–	磕头	amərla–	休息
aŋtəl–	翻	aŋəl–	打猎
aʁar–	变白	arttar–	剩余
at–	射	aʃ–	饿

aʃ–	开	gyn dot–	日食
aj dot–	月食	aʃədər–	吞
oʃən–	吻	oʃ–	跌
osxən–	醒	uʃ–	熄灭
øs–	生长	ooni–	玩
urən–	学习	unti–	爬
øl–	死	ødər–	杀害
untar–	忘记	uxu–	生气
øpyr–	吹	ujʁɐ gəl–	打瞌睡
ur–	倒（水）	uzə–	睡
bitʃi–	写	bəl–	知道
bəʃər–	煮	balaʃ–	争夺
baʃta–	开始	dʒap–	盖、关
bas–	压	bodi–	染
bozəna dor–	怀孕	bəʃ–	熟
bilje–	磨	modi–	累
dilje–	要求	dari–	种
dəp–	踢	dyʃ–	掉
dək–	缝	danət–	伸开
dəlje–	找	dut–	抓
den–	嚼	dos–	挡
doʁəʃ–	遇	duu–	生、养
dar–	梳	daanə–	认识
dol–	充满	dəndər–	呼吸
suzər–	拉长	sura–	问
suxdi–	跪	sax–	等候
saʁəʃ dʒobul–	愁	sain–	数

sarəndər-	唱	suləp bər-	答
suʁsu-	渴	dʒuu-	洗
dʒidil-	咳嗽	dʒibidər-	泡
dʒaa-	下雨	dʒari-	使用
tʃitʃi odur-	蹲	tʃitʃir-	恨
ʃaldər-	啃	ʃuurdi-	打扫
ʃaʃ-	洒	ʃapʃi-	砍
ʃap-	抽（马）	ʃildir-	抛
gərgəs-	争吵	gøʃ-	迁移
gødər-	抬	gym-	埋
gərtʃi-	切	gəmdʒir-	量
giʃ-	涉（水）	gøø-	跟随
Gudʒaχtər-	抱	Gardə-	捞
Gaʃər-	喊		

2. 民间诗歌材料

（1）《爱马歌》①

① Daχ dibən ʃabim am，

　　Dabəndar baarsən Gaχən dʒap，

　　Garən dʒaχʃə buurul adim（in），

　　Gaanəŋ dibəs dabim am？

② Gap dibən ʃabim am，

---

① 这首《爱马歌》是1980年6、7月份我去黑龙江省富裕县调查语言时，从当时的友谊公社五家子柯尔克孜大队社员韩淑珍同志（柯族，女，当时44岁）那里记录下来的。据她说，这是一首古老的民歌，是当地柯族民间艺人刘英福（1894—1968）在世时教给她的。这首民歌可能是富裕县的柯尔克孜族人初搬到这里时唱的。该民歌共有6段，每段第2句第一个词都是讲的居住在这儿的一个柯族姓氏，"达本"即吴家、"噶普韩"即韩家、"额齐克"即常家、"散德尔"即蔡家、"博勒特尔"即郎家、"格尔额斯"即司家。这首民歌为我们研究当地柯族姓氏的演变提供了很有价值的材料。

Gapχandar baarsən Gaχən dʒap,

Garən dʒaχʃə buurul adim（in）,

Gaanəŋ dibəs dabim am？

③Ib dibən ʃabim am,

Etʃiktər baarsən Gaχən dʒap,

Graən dʒaχʃə buurul adim（in）,

Gaanəŋ dibəs dabim am？

④Saj dibən ʃabim am,

Sandərdar baarsən Gaχən dʒap,

Garən dʒaχʃə buurul adim（in）,

Gaanəŋ dibəs dabim am？

⑤Bərəχ dibən ʃabim am,

Bəltərdar baarsən Gaχən dʒap,

Garən dʒaχʃə buurul adim（in）,

Gaanəŋ dibəs dabim am？

⑥Gər dibən ʃabim am,

Gərʁəstar baarsən Gaχən dʒap,

Garən dʒaχʃə buurul adim（in）,

Gaanəŋ dibəs dabim am？

译文：①我曾在高山下纵马奔驰，

受到达本家人人夸赞；

如今我到哪儿才能找到呢？

我那心爱的枣骝骏马。

②我曾在草原上纵马奔驰，
　受到噶普韩家人人夸赞；
　如今我到哪儿才能找呢？
　我那心爱的枣骝骏马。

③我曾在屯子里纵马奔驰，
　受到额齐克家人人夸赞；
　如今我到哪儿才能找到呢？
　我那心爱的枣骝骏马。

④我曾在河滩里纵马奔驰，
　受到散德尔家人人夸赞；
　如今我到哪儿才能找到呢？
　我那心爱的枣骝骏马。

⑤我曾在小山冈前纵马奔驰，
　受到博勒特尔家人人夸赞；
　如今我到哪儿才能找到呢？
　我那心爱的枣骝骏马。

⑥我曾在山埂前纵马奔驰，
　受到格尔额斯家人人夸赞；
　如今我到哪儿才能找到呢？
　我那心爱的枣骝骏马。

（2）《回忆家乡》①

①Gazan Gazan aʁəʃəna（i），

　Garʁatʃə balazə dʒool dʒəədər，

　Gamaʁan dosχən bu dʒabul，

　mjee noʁoo doʁaʃtər？

②Gazəŋ Gazəŋ aʁəʃəna（i），

　Gələsin balazə gəsgidər，

　Gələsin dosχən bu dʒabul，

　Mjee noʁoo dʒool dʒəədər？

译文：①榆树，榆树啊！

　　　　小燕子都栖落在树枝上；

　　　　这充满不幸的遭遇，

　　　　为什么要让我遇上？

　　　②桦树，桦树啊！

　　　　小马蛇子都聚集在树旁；

　　　　这充满痛苦的忧伤，

　　　　为什么要塞进我的心房。

（3）《额尔博·色尔博》②

---

① 这首民歌也由韩淑珍演唱，也是民间艺人刘英福教给她的。

② 这是1980年6、7月份我去黑龙江省富裕县调查语言时，向内蒙古自治区海拉尔市（今海拉尔区）的玉吉玛同志（柯族，女，当时54岁）调查民歌时记录的。《额尔博·色尔博》像是一篇叙事诗的某些片段。该叙事诗说的是，每天都有三只雁飞到青年猎手额尔博·色尔博家的西墙头上，问额的母亲，额是否在家。额知道后，便告诉母亲，让她骗那三只大雁，就说额不在家。结果有一只大雁被藏在家里的额尔博·色尔博用弓射掉了翎毛，这只大雁带着射中的箭逃走了。额去追，追到草原上时，这只大雁变成了一个美丽的姑娘。他俩便产生了爱情，最后幸福地结合了。

①Erbə-sərbə ibinə bə？

　Erəl-sarəl ɡarnə bə？

　Saʁat namaŋ dʒiti bə？

　Saʁat namaŋ mənda bə？

②Erbə-sərbə ilinə dʒoχ，

　Erəl-sarəl ɡarnə dʒoχ，

　saʁat namaŋ dʒiti dʒoχ，

　saʁat namaŋ mənda dʒoχ.

③Gynyŋ-ynyŋ uʃGasɡərlər jelje，

　Ibiniŋ usnar badarnə odurlarda，

　Gynyŋ-ɡynyŋ sini suradər jelje，

　Erbə-sərbə ibinə bə？

　Erəl-sarəl ɡarnə bə？

　Saʁat namaŋ dʒiti bə？

　Gynyŋ-ɡynyŋ sini suradər jelje.

④Erbə-sərbə ibinə dʒoχ，

　Erəl-sarəl ɡarnə dʒoχ，

　Saʁat namaŋ dʒiti dʒoχ，

　Saʁat namaŋ məndə dʒoχ.

译文：①大雁：额尔博·色尔博可在家？

　　　　　跟前有没有额勒尔·萨勒尔马？

　　　　　弩弓利箭这里有没有？

　　　　　箭儿能否射着我？

②额母：额尔博·色尔博不在家，

　　跟前没有额勒尔·萨勒尔马，

　　这里没有弩弓和利箭，

　　箭儿把你射不着。

③额母对儿子：大雁天天飞来呀！

　　落在你房子的西墙上，

　　天天都来把你问，

　　问你在家不在家，

　　问在跟前有没有额勒尔·萨勒尔马，

　　问弩弓利箭这儿有没有？

　　问箭儿能否射得着。

④额对母：就说额尔博·色尔博不在家，

　　就说跟前没有额勒尔·萨勒尔马，

　　就说弩弓利箭这儿并没有，

　　就说箭儿射不着。

哈卡斯族部落与黑龙江柯尔克孜族姓氏的来源①

哈卡斯族是俄罗斯联邦中的一个少数民族，共有10万人，他们主要居住在哈卡斯共和国境内，有67000多人，占全共和国总人口60万的11%以上。哈卡斯族有本民族的母语——哈卡斯语，属阿尔泰语系突厥语族东匈语支，与阿尔泰语及图瓦语比较接近，与我国黑龙江省富裕县柯尔克孜族初迁移来时曾使用过的语言也有不少共同的语言特点。

哈卡斯族是在古代叶尼塞柯尔克孜人的基础上发展形成的。古代叶尼塞柯尔克孜人的族称在我国史书上曾先后被汉译作"鬲昆""坚昆""结骨""黠戛司""辖戛斯""乞儿吉斯""吉利吉斯"等。古代叶尼塞柯尔克孜人在历史上曾建立过一个汗国，也有过文字，即"鄂尔浑·叶尼塞文"（突厥文），10世纪初他们先受契丹统治，13世纪初又受蒙古统治。在长期的战乱和难以在当地继续生存下去的情况下，他们不得不离开叶尼塞河上游一带向中亚及新疆迁移。到16世纪末为止，大部分叶尼塞柯尔克孜人都已离开了故土，只有少部分人留在了这里。留下来的人们于17世纪时还

---

① 2002年暑假，笔者作为中央民族大学代表团的成员应邀访问了哈卡斯共和国，对哈卡斯（Hakas）族的情况有了一些了解。2005年5月下旬，笔者和黑龙江省民族研究会柯尔克孜分会会长吴占柱同志与俄罗斯联邦哈卡斯共和国国立哈卡斯大学的著名民族学家维克套尔·布塔纳耶夫教授在黑龙江省富裕县合作进行了田野调查，笔者与他就哈卡斯族的部落问题进行了一些交流，受益匪浅，笔者现在拟通过这篇短文向大家介绍一下哈卡斯族及其部落划分的简况，以供研究我国黑龙江省富裕县柯尔克孜族的专家学者们参考。

建立过阿勒泰萨尔公国、耶泽尔公国等几个小的公国，但仍受西部蒙古的管辖。随着沙俄向东方不断地扩张，叶尼塞河上游一带的广大地区于1703年并入沙俄。

当时，俄罗斯人把居住在叶尼塞河上游一带的当地人都统称为"米努辛鞑靼人""阿巴坎鞑靼人"或"叶尼塞鞑靼人"，而当地人自己并没有一个统一的公认的民族名称，平时多使用各自的部落名称，或较多地使用一个叫做"浩拉依"（Hooraj）的名称。"哈卡斯"这一民族名称是十月革命以后苏联政府在进行民族识别和民族划界时根据我国史书上汉语"黠嘎司"、"辖戛斯"这一历史民族名称的语音而采用的。

1923年建立哈卡斯民族县，1925年改为哈卡斯州，1930年改为哈卡斯自治州，苏联解体前改为哈卡斯自治共和国，苏联解体后又改为哈卡斯共和国。哈卡斯共和国的面积为6.19万平方公里，分为阿尔泰、阿斯吉孜、巴格拉德、别依、萨拉林、达什德普、乌斯特·凯买劳夫、西林8个行政区和阿巴坎、萨彦诺戈尔斯克、卡拉塔什3个共和国直辖市，共和国首府是阿巴坎市。阿巴坎市现有人口近20万，是共和国的工业中心，也是科学文化中心，这里有一些木材、食品加工业工厂，还有一所国立哈卡斯大学和共和国博物馆、广播电视台、报社、剧院、医院等。阿巴坎市交通还比较方便，以公路为主，也有铁路通西伯利亚线上的大站克拉斯诺亚尔斯克，再东达弗拉基沃斯托克，西至莫斯科，也有飞往各地的航线。

哈卡斯族迄今仍存在着过去部落氏族的划分，不同的部落分布的地区不同，因此不同部落的语言特点也有些差异。哈卡斯族内部分为哈斯（Haas，或"卡钦"Kachin）、萨盖（Sagaj）、高依巴尔（Kojbar）、格孜勒（Kyzyl）、别勒德尔（Beldyr）、绍尔（Shor）6大部落。哈卡斯语分为哈斯（卡钦）方言、萨盖方言、高依巴尔方言、格孜勒方言、别勒德尔方言和绍尔方言。哈卡斯族的文学语言是在哈斯（卡钦）方言和萨盖方言的基础上发展起来的。

哈斯（卡钦）部落分布在哈卡斯共和国的乌斯特·阿巴坎区、阿尔泰区和西林区，其下面又分为：阿拉（Ara）、加斯德克·阿拉（Dzastyk Ara）、迪音·阿拉（Tiin Ara）、骚赫（Sohy）、阿赫·骚赫（Ah Sohy）、哈拉·骚赫（Hara Sohy）、果克·骚赫（Kok Sohy）哈斯哈（Hasha）、阿赫·哈斯哈（Ah Hasha）、巴拉丹·哈斯哈（Baratan Hasha）、乌斯·哈斯哈（Us Hasha）、达依江·哈斯哈（Tajdzan Hasha）、谷宾（Kubin）、谷勒莱克（Kulrek）、蒙盖特（Munget）、奥依拉特（Ojrat）、布鲁特（Burut）、萨勒额（SARYGH）、图巴（TUBA）、哈依登（HAJDYN）、额孜尔（YZYR）、赫尔额斯（Hyrghys）、吉勒代克（Dzildek）、吉勒达额（Dzildagh）等。

萨盖部落分布在哈卡斯共和国的阿斯吉孜区和达什德普区北部，其下面又分为：阿巴（Aba）、艾其格（Echig）、依尔格特（Irgit）、赛音（Sajyn）、布鲁特（Burut）、捷迪·布鲁特（Dzeti Burut）、萨勒额（Sarygh）、苏额·哈尔嘎孜（Sugh Harghazy）、达额·哈尔嘎孜（Tagh Harghazy）、达雅斯（Tajas）、岛木（Tom）、哈勒拉尔（Hallar）、交达（Dzoda）、捷列依（Dzelej）、哈拉·巴依登（Hara Bajdyng）、哈尔嘎（Hargha）、哈普韩（Haphyn，或哈赫盆Hahpyn）等。

高依巴尔部落分布在哈卡斯共和国别依区的北部，其下面又分为：果勒（Gol）、交达（Dzoda）、江玛依（Dzong Maj）、迪莱克（Direk）、钢（Gang）、格斯德木（Gysdym）等。

格孜勒部落分布在哈卡斯共和国的萨拉林区和西林区，也分布在共和国境外的克拉斯诺亚尔斯克边疆区的乌朱尔区和沙勒普区，其下面又分为：乌鲁额·阿吉额（Ulugh Adzygh）、格吉格·阿吉额（Gidzig Adzygh），格吉格·阿尔恩（Gidzig Arghyn），布嘎（Bugha）、谷宾（Kubin），谷尔吉克（Gurdzik）、巴萨嘎尔（Basaghar）、卡勒玛克（Galmag）、格尔额斯（Gyrghys），绍依（Shoj），额恩（Yghyn）、舒什（Shush）等。

别勒德尔部落分布在哈卡斯共和国的达什德普区，其下面又分为：阿赫·别勒德尔（Ah Beldyr）、阿赫·吉斯（Ah Dzys）、盖金·玛孜莱依（Kedzin Mazylaj），萨勒额（Sarygh），苏额·哈普韩（Sugh Haphyn）、达额·哈普韩（Dagh Haphyn）、捷迪·布鲁特（Dzeti Burut）、嘎拉·吉斯（Gara Dzys）等。

绍尔部落分布在哈卡斯共和国南部达什德普区的上玛托尔村和下玛托尔村，人数较少，其下面的氏族划分情况我还不清楚。

啥卡斯族的部落划分简况有助于我们研究我国黑龙江富裕县柯尔克孜族的来源。1980年暑假笔者在富裕县县城（富裕镇），五家子村和七家子村做田野调查时，在调查当地语言、历史和民俗的过程中曾记录了韩淑珍同志用富裕柯尔克孜语唱的一首名叫《爱马歌》的民歌。她是过去跟刘英福老人家学的。她对这首民歌只是照着唱音学的，所以也只了解歌词的大意，还不能用汉语或蒙语逐词翻译出它的词义来。笔者是根据她唱的歌词，参照突厥语族的其他语言的词义进行翻译的。下面是《爱马歌》的全部歌词及汉语译文：

Dah dibyn Shabim am，

Dabyndar baarsyn Gahyn dzap；

Garyn dzahshy buurul adin（in），

Gaanyng dibys dabim am？

Gap dibyn shabim am，

Gaphan baarsyn Gahan dzap；

Garyn dzahshy buurul adin（in），

Gaanyng dibys dabim am？

Ib dibyn shabim am，

Ychikter baarsyn Gahan dzap；

Garyn dzahshy buurul adin（in），

Gaanyng dibys dabim am.

Saj dibyn shabim am,

Sajyndar① baarsyn Gahyn dzap；

Garyn dzahshy buurul adin（in），

Gaanyng dibys dabim am.

Byryh dibyn shabim am,

Beldyrdar baarsyn Gahyn dzap；

Garyn dzahshy buurul adim（in），

Gaanyng dibys dabin am.

Gyr dibyn shabim am,

Gyrghystar baarsyn Gahyn dzap：

Garyn dzahshy buurul adim（in），

Gaanyng dibys dabim am.

译文：我曾在高山下纵马奔驰，
　　　　受到达本家人人夸赞；
　　　　如今我到哪儿才能找到呢?
　　　　我那心爱的枣骝骏马。

　　　　我曾在草原上纵马奔驰，
　　　　受到噶普韩家人人夸赞；
　　　　如今我到哪儿才能找到呢?

---

① 1980年胡振华记录的是"Sandyrdar"，但"Sandyr"不是哈卡斯族部落中的小部落名称，"Sandyr"也不能转音成"蔡"，所以原歌词中或许应为"Sajyndar"。

我那心爱的枣骝骏马。

我曾在屯子里纵马奔驰，
受到额齐克家人人夸赞；
如今我到哪儿才能找到呢？
我那心爱的枣骝骏马。

我曾在河滩里纵马奔驰，
受到散德尔家人人夸赞；
如今我到哪儿才能找到呢？
我那心爱的枣骝骏马。

我曾在小山冈前纵马奔驰，
受到博勒特尔家人人夸赞；
如今我到哪儿才能找到呢？
我那心爱的枣骝骏马。

我曾在山埂前纵马奔驰，
受到格尔额斯家人人夸赞；
如今我到哪儿才能找到呢？
我那心爱的枣骝骏马。

　　歌词中的"达本"是蒙古语"五"的意思，它是哈卡斯族萨盖部落和别勒德尔部落中一个小部落的名称，在富裕县柯尔克孜族中转音为"吴"姓。歌词中的"噶普韩"，是别勒德尔部落中一个小部落的名称，在富裕县柯尔克孜族中转音为"韩"。歌词中的"额齐克"在哈卡斯语中读作"依切盖"（Ichege），是"肠子"的意思，也是哈卡斯族萨盖部落中一个小部落的名称，在富裕县柯尔克孜族中转音为"常"姓。歌词中的"散德尔"是蒙古语"好"的意思，也是哈卡斯族萨盖部落中一个小部落的名称，在富裕县柯尔克孜族中转音为"蔡"姓。歌词中的"博勒特尔"，也是哈卡斯族中的一个部落名称，我怀疑歌词的原词可能是"伯吕德尔"（Büürdyr），"伯吕德尔"（BÜÜR狼+DYR）是"狼"的意思，在富裕县柯尔克孜族中转音为"郎"姓。歌词中的"格尔额斯"即"柯尔克孜"，既是古代叶尼塞柯尔克孜的族名，又是较普遍地存在于哈卡斯族哈斯（卡钦）、萨盖和格孜勒等部落中的一个小部落名称，在富裕县柯尔克孜族中转音为"司"姓。还有一个"刘"姓是《爱马歌》中未讲到的，据中华人民共和国初期嫩江省于毅夫主席的调查，认为其来自"蔡"姓。我认为这就是黑龙江省富裕县柯尔克孜族六大姓的来源！

黠戛斯叶尼塞文献使用的字母

黠戛斯是我国唐代居住在叶尼塞河上游一带的一个古老的民族，是柯尔克孜（亦音译作吉尔吉斯）族、图瓦族、阿尔泰族和哈卡斯族的先民。公元840年，黠戛斯曾建有黠戛斯汗国，与唐朝中央政府保持着友好关系。黠戛斯及其管辖的各部在叶尼塞河流域一带留下了一些墓志铭和出土的带有古突厥文的器皿及钱币等。这些被称作叶尼塞文献。黠戛斯叶尼塞文献使用的是古突厥文。这是一种音节音素混合体文字，从右往左横写，一般认为共有38 — 40个字母，其中23个字母来源于阿拉米文字，其余的多来自部落印迹和某些表意符号。例如 ⋈、⊙、ℎ、┼、ɣ 等都与古代突厥语族民族的部落印迹很相似，下列字母则是表意符号：

❲ ❳来自"月"ay

↟┻来自"箭"ok

⋔来自"房"eb

⋏来自"马"at

┃来自"矛"sunguk

《新唐书·黠戛斯传》中讲到黠戛斯的文字时说："其文字言语，与回鹘正同。"我认为，这里说的"正同"是说黠戛斯与回鹘用的同是古突厥文，其语言也大致一样，但事实上他们使用的个别字母及其变体并不是没有区别的。吉谢列夫（С.В.Киселев）在《南西伯利亚古代史》，中文译本下册141页上，就这样写道："除了彼此很相似之处之外，它们与鄂尔浑河和塔拉斯河简练的鲁尼文有明显不同。无论在鄂尔浑河沿岸还是在塔拉斯河沿岸，我们都没有见过用 ⚘ 和 ⚘ 形式表示的m。这两个地区也没有 ⌐ 和 ⌐ 形式的S，以及 ⌐ 形式的 nč 和 č，但在叶尼塞沿河岸的铭文中，这些图形是大量存在的。"对比鄂尔浑文献、叶尼塞文献中的字母形式，我们的确也发现表示某一种相同语音的字母符号，有的图形并不是完全相同的。也就是说鄂尔浑文献字母与叶尼塞文献字母基本上一样，但有不同，值得注意。

要介绍这套字母，首先应了解黠戛斯语的特点。黠戛斯的语言属阿尔泰语系突厥语族的一种古代语言，其黏着语词干及其附加成分的各音节中的元音都要按一定规律搭配，这就是"元音和谐"。凡是词干第一个音节中的元音是前元音的，其后面各音节中的元音也应是前元音。反之，凡是词干第一个音节中的元音是后元音的，其后面各音节中的元音也应是后元音。从黠戛斯叶尼塞文献来看，与鄂尔浑文献中的字母一样，都是一部分专与前元音相拼的某些辅音字母是软辅音字母，一部分专与后元音相拼的某些辅音字母是硬辅音字母，也即其部分辅音字母是分软硬的。还有几个字母是表示元音的，也有一些字母是不分软硬的，还有的字母是表示相连的两个音的……根据以上分析，可以认为，不论是鄂尔浑文献中使用的字母，还是叶尼塞文献中使用的字母，看起来字母形式很复杂，但实际上是有一定规律的，了解了这些规律，学习起来就比较容易了。在前人研究的基础上，可以把黠戛斯叶尼塞文献中使用的字母加以归纳，分为以下几类：

一、元音字母

元音字母共有5个，表示8个元音。下面是元音字母：

⌐ 的变体有 ⌐、Ζ 等，表示a、e，即该字母与软辅音字母相拼，释读为e，与硬辅音字母相拼，释读为a。

例：〖古突厥文〗q（a）ğ　anqa（向可汗）

　　〖古突厥文〗　　　　yirde（在地上）

词首或以辅音起首的词的第一个音节中的元音a、e通常省略不写。

例：〖字符〗（a）t（马），〖字符〗是硬辅音t。

　　〖字符〗（e）t（肉），〖字符〗是软辅音t。

　　〖字符〗（a）l（拿），〖字符〗是硬辅音l。

　　〖字符〗（e）l（国家），〖字符〗是软辅音l。

　　〖字符〗q（a）ra〖字符〗（黑）是硬辅音q，只与后元音相拼。

　　〖字符〗（a）pa（祖先），由于〖字符〗[a]是后元音，〖字符〗[p]前省略的

是〖字符〗。

　　〖字符〗t（a）mga（印记），〖字符〗是硬辅音t，其后省略的是a。

　　〖字符〗变体有〖字符〗、〖字符〗、〖字符〗，也表示e。宽的书写形式与表示软辅音b的变体

有些相似，释读时宜注意。在鄂尔浑文献中不见这个字母，但出现在塔拉

斯碑铭及翁金碑中。

例：〖字符〗el（国家），在碑铭中有时也写作〖字符〗（e）l，书写形式不统一。

　　〖字符〗bes（五）

〖字符〗变体有〖字符〗〖字符〗〖字符〗〖字符〗，表示ï、i，该字母与软辅音字母相拼，释

读为i；与硬辅音字母相拼，释读为ï。

例：〖字符〗yil（年）

〖字符〗itm（i）s（做），〖字符〗有时释读为š，有时释读为s。

〖字符〗变体有〖字符〗、〖字符〗、〖字符〗、〖字符〗，表示o、u，该字母表示的都是后元音，它

不与软辅音字母相拼，所以不像〖字符〗、〖字符〗一样容易释读，有时可释读为o，

有时为u。

例：〖字符〗bu（这）

　　〖字符〗boš（空闲的，宽松的）

〖字符〗变体有〖字符〗、〖字符〗、〖字符〗、〖字符〗，表示ö、ü。该字母表示的都是前元音，它

不与硬辅音字母相拼，所以不像〖字符〗、〖字符〗一样那么容易释读，有时可释读为

ö，有时为ü。

例：ᚴ küzngü（镜子）

ᛒöri（狼）

二、辅音字母

辅音字母共有32个：

1.成对的软硬辅音字母：有16个辅音字母表示8对软、硬辅音。

变体有，表示硬辅音b，只与后元音相拼。

例： bay（富有的）

b（a）r（有）

budun（人民）

变体有，表示软辅音b，只与前元音相拼。

例： b（e）g（伯克）

b（i）rle（与 … 一起）

böri（狼）

变体有，表示硬辅音d，只与后元音相拼。

例： （a）d（a）š（朋友）

bud（u）n（人民）

（a）d（ï）r（ï）1（被分离）

变体有，表示软辅音d，只与前元音相拼，在鄂尔浑文献中没有⊗、这两种变体。

例： （e）dgū（好的）

yirde（在 … 地上）

idi（他曾是）

变体有、，表示硬辅音t，只与后元音相拼。在鄂尔浑文献

中多写作 ↑、↑ 等。

例：　↑↑　　　　　　　　　（a）t（名字，马）

　　　♪ ↑↑　　　　　　　（a）ta（父亲）

　　　↑↑><↑↑　　　　　　t（o）quz（九）

↑ 变体有 ↑、↑、↑、↑，表示软辅音t，只与前元音相拼。↑ 的变体
↑ 与字母 ↑［q］有些相似，不易分辨。

例：　↑↑↑↑↑　　　　　　türk（突厥）

　　　↑↑↑↑↑　　　　　　t（e）ngri（天）

　　　↑↑↑↑↑↑　　　　　t（e）gz（i）n（游逛）

） 变体有 (、↑，表示硬辅音n，只与后元音相拼，在鄂尔浑文献中
还有变体 ↑。

例：　♪ ↑　　　　　　　　（a）na（母亲）

　　　↑↑↑ ）　　　　　　（a）nd（a）ğ（那样的）

　　　） ↑　　　　　　　s（a）n（数目）

　　　）>　　　　　　　on（十）

↑ 变体有 ↑、↑、↑，表示软辅音n，只与前元音相拼。

例：　↑↑　　　　　　　　b（i）n-（骑）

　　　↑↑↑↑　　　　　　kün（太阳）

　　　↑↑　　　　　　　ün（声音）

↑ 变体有 ↑、↑，表示硬辅音l，只与后元音相拼，↑ 也表示软辅音l。

例：　↑↑　　　　　　　　（a）lp（勇士）

　　　↑↑↑　　　　　　（a）ltï（六）

　　　↑↑↑　　　　　　qul（奴隶）

↑ 变体有 ↑、↑、↑，表示软辅音l，只与前元音相拼。↑［l］有时
与 č 的一种变体相同。

例：　↑　　　　　　　　　（e）l（国家）

ΥΥΝ	öl（ü）r–（杀）
Υℰℱ	kel–（来）

Ꮞ变体有Ꮇ、Ν、ᐯ、Ħ，表示硬辅音r，只与元音相拼，表示ö、ü的字母为Ν，其一种变体Ꮞ与Ꮞ（硬辅音r）相似，不易辨别。

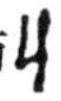

例：Ꮞ	（a）r（a）（中间）
⋀Ꮞ	（a）rt–（超出）
Ꮞℐ	b（a）r（有）

Ƴ变体有ƴ、Ꭲ，表示软辅音r，只与前元音相拼。鄂尔浑文献中不见Ƴ形式的变体。

例：Ƴ	（e）r（男人，英雄）
ℱƳ	（e）rk（自由）
Ƴℐ	y（e）r（地）

Ꮞ变体有ℽ、Ƴ、ᐯƛ、Ƴ、∧、∧，表示硬辅音s，只与后元音相拼，在有的文献中也用来表示š。

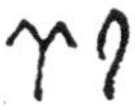

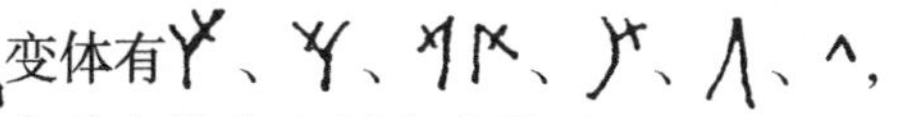

例：ꮞꮞℐℱℱℇꮞ	S（a）biq B（a）s（a）r（人名，萨布克·巴萨尔）
ℰꮞꮞ	s（a）r（i）g（黄）
ꮞℱℐℐꮞ	bols（a）r（他若是…）

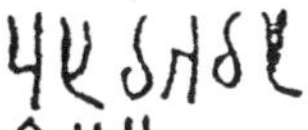

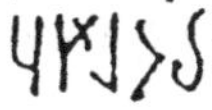

�∣变体有⌒、✡，表示软辅音s，只与前元音相拼。ᴵ、⌒有时也释读为š，鄂尔浑文献中没有变体形式。

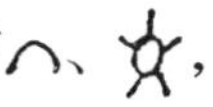

例：ℐ⋗ℱᴵᴵ	siz（i）me（向我的你们）
Ⅎℱᴵ	s（e）k（i）z（八）
Νᴵ	sü（军队）

Ɗ变体有ᑕ、ᐁ、ᑫ，表示硬辅音y，只与后元音相拼。

例：ℐᏟƊ	y（a）ğ（i）（敌人）
ꓛᐯƊ	y（i）lq（i）（马）
Ɗℐℱ	bay（富有的）

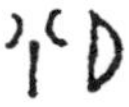

𐰖 变体有 �... , 表示软辅音 y, 只与前元音相拼。

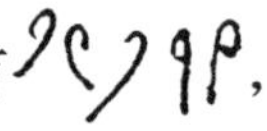

例: 𐰖𐰃　　　　　　　　y（e）1（风）

　　　𐰖𐰊𐰢𐰾　　　　　yetmis（七十）

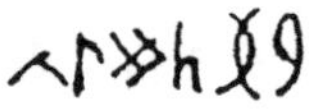

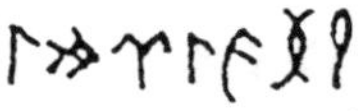

　　　𐰖𐰏𐰼𐰢𐰃　　　　　yegirmi（二十）

不分软、硬辅音的字母 10 个:

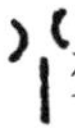

𐰍 变体有 、 , 表示 ğ, 只与后元音相拼。

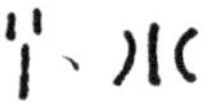

例: 𐰆𐰍𐰞　　　　　　　o ğ（u）1（儿子）

　　　𐰴𐰍𐰣　　　　　　q（a）ğ（a）n（可汗）

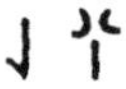

　　　𐰍𐰞　　　　　　　（a）ğ（ï）1（畜圈）

𐰸 变体有 、 , 表示 q, 只与后元音相拼。

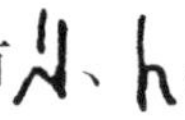

例: 𐰸　　　　　　　　　（a）q（白）

　　　𐰸𐰕　　　　　　　q（ï）z（女儿、姑娘）

　　　𐰵𐱃𐰸　　　　　　q（a）ta（次）

𐰲 变体有 、 、 、 、 𐰟 , 表示 č, 变体 𐰟 与表示软辅音 1 的字母
𐰞 相似, 不容易分辨。

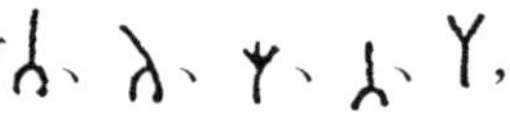

例: 𐰇𐰲𐰤　　　　　（ü）č（ü）n（为）

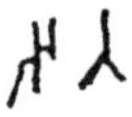

　　　𐰲𐰉𐱁𐱃𐰣𐱅𐰺𐰴𐰣　č（a）b Š（a）t（u）n T（a）r q（a）n（人名,
恰布·沙通·达干）

𐰢 变体有 、 , 表示 m, 可与前后元音相拼。

例: 𐰰𐰢𐱅　　　　　　　（a）mti（现在）

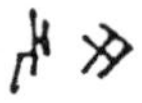

　　　𐰢𐰤　　　　　　　m（e）n（我）

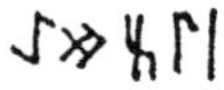

　　　𐰾𐰢𐰏　　　　　　sz（i）me（向我的你们）

𐰢 变体有 ⊖、 、 、 、 , 表示 ng, 可与前后元音相拼。

例: 𐰭𐰕　　　　　　　　（a）ng（ï）z（田地）

　　　𐰭𐰞　　　　　　　（a）ngl（a）-（懂）

　　　𐰋𐰭　　　　　　　b（i）ng（千）

　　　⊖𐰢　　　　　　　b（i）ng（千）

3变体有 **ξ**，表示 ỹ=ny，多与后元音相拼。

例：**3>↓**　　qoy（qony）（羊）

1变体有 **Γ**，表示 p，可与前后元音相拼。这一字母的变体 **Γ** 与表示元音 ï、i 的字母形式很相似，也难分辨。

例：**1**　　　　　　（a）p（a）（祖先）

　　　1↓　　　　（a）lp（勇士、英雄）

Y变体有 **∧**、**□**，可与前后元音相拼，表示 š。

例：**δY**　　　　　š（a）d（沙德——官名）

　　　Γ↑)□　　（a）šn（u）qï（方才那一个）

　　　Γ∧Γ　　　kiši（人）

Ч变体有 **Ж**、**Ƶ**，表示 z，可与前后元音相拼。

例：**∫Ч**　　　　　（A）za（人名、阿扎）

　　　)Ч　　　　（a）zu（或）

既表示一个音，又能表示一组音的固定的软、硬辅音字母有 3 个。

B变体有 **δ**、**β**、**Ȝ**，既表示软辅音 k，又表示 ök、ük、kö、kü 这四组音。

例：**ΓΓXB**　　ködik（工作）

↓变体有 **↑**，即表示硬辅音 q，又表示 oq、uq、qo、qu 这四组音。

D变体有 **Ж**、**ϯ**，既表示 q，又表示 qï、ïq 这样的语音组合。

表示相连的两个辅音的字母 3 个。

M表示 lt。

例：**)M**　　　　　（a）lt（u）n（金）

　　　∧ЖM　　（a）ltm（ï）s（六十）

ξ变体有 **ζ**、**ε**、**3**，表示 nč。

例：**ΥΥξ**（a）nč（a）ğ（那样地）

⊙变体有 **☺**、**◇**、**◈**、**⊖**，表示 nd~nt，在鄂尔浑文献中多为 **☺**、**☺** 等形式。

例：**♪⊙)δ**　　　　bunta（在这里）

ᚼᚦ☺　　　（a）ntl（ï）ğ（宣誓的）

三、个别特殊分号及分离符号2个

ᛞ表示baš，也有人认为应表示复辅音rt，我按baš释读。

例：ᛞᚼᚦᛞ Y（a）s（a）q　Baš（人名，雅沙克·巴什）。

⁚分离符号，多用在词与词或词组与词组之间。

例：ᚼᚼᛞ⁚ᛞᛟb（e）nöit（i）m（我死子）。

以上各种字母共37个，加上两个符号，共计39个。

黠戛斯叶尼塞文献书写时自右向左横写。但也有个别碑是从左往右横写的。软辅音字母大都只与前元音相拼，硬辅音只与后元音相拼，但也有混杂用的，可能是笔误。下面是图瓦Ⅲ号碑，举例如下：

叶37. 图瓦Ⅲ号碑

转写直译：

Q（a）ra q（a）n ičr（e）gi b（e）n（E）zg（e）ne

卡拉　　汗　　…里的　　我　　艾孜盖乃

（a）lt（ï）ot（u）z y（a）š（ï）ma（e）rti

六　　　三十　　　向我的年岁　　曾是

b（e）nölt（i）m Türg（i）š（e）lič（i）nd（e）

我　　我死了　突骑施　　国家　　在…内

b（e）g b（e）n bit（i）g

伯克　　　我　　　字

译文：我是卡拉汗（皇宫）里的艾孜盖乃

　　　我已是二十六岁了

　　　我死了，我是突骑施部里的

　　　伯克，我（写下了）字

黠戛斯文献语言的特点①

"黠戛斯"是qïrqïz② 的音译，是我国汉文史书中对唐代柯尔克孜族族名的称呼。7—9世纪的唐朝时期，黠戛斯人居住在叶尼塞河上游一带，先后受突厥、回鹘的管辖。公元840年，黠戛斯人推翻了回鹘汗国，其首领阿热建都于牢山（约今叶尼塞河上游萨彦岭）以南的赌蒲（今图瓦）地区。黠戛斯汗国的疆域东邻骨利干（今雅库特族，居住在贝加尔湖附近），南邻吐蕃（指势力伸张到天山北麓的藏族政权），西南邻葛逻禄（原在阿尔泰山西，8世纪中叶迁至塔拉斯一带）。黠戛斯人与唐朝一直保持着友好的关系。

黠戛斯人有自己的语言和文字。《新唐书·黠戛斯传》中记载："其文字言语，与回鹘正同。"但根据保留迄今的突厥、回鹘人的鄂尔浑文献与黠戛斯人的叶尼塞文献来看，他们虽然使用的都是古突厥文（或叫突厥鲁尼文），但其字母及其变体不尽相同。它们之间的差别很值得进一步研究。就是在突厥、回鹘和黠戛斯的语言上也不会是完全等同的。本文拟对黠戛斯的语言特点先做一概括的介绍，在另一篇文章中将专门介绍黠戛斯使用

---

① 本文原载《民族语文》1992年第6期。

② 本文采用国际上通用的突厥语标音符号，下面是这套符号有关字母与国际音标符号的对照。

突厥语音标	a	e	ï	i	o	u	ö	ü	b	p	m	d	t	n	l	r
国际音标	[a]	[e]	[ʊ]	[i]	[o]	[u]	[ø]	[y]	[b]	[p]	[m]	[d]	[t]	[n]	[l]	[r]
突厥语音标	s	z	č	j	š	y	g	k	ng	q	ğ					
国际音标	[s]	[z]	[ʧ]	[ʤ]	[ʃ]	[j]	[g]	[k]	[ŋ]	[q]	[ʁ]					

的文字。

黠戛斯人的碑铭共70多块。从碑铭上看，黠戛斯人的语言主要有以下特点。

一、语音

1. 元音

元音有8个基本元音音位：a，e，ï，i，o，u，ö，ü，尚未出现第二性的长元音（即由一些音组演变成的长元音）。

a可出现在词首、词间、语尾。如：ay月，adaq脚，ata父亲。

e可出现在词首、词间、词尾。如：er男人、英雄，bey辈（即伯克），ne什么。

ï可出现在词首、词间、词尾。如：ïduq神圣的，adïr-离开，amtï现在。

i可出现在词首、词间、词尾。如：ič里边，elig五十，kiši人。

o可出现在词首和以辅音起首的第一个音节中。如：orïz幸福，toquz九。

ö可出现在词首和以辅音起首的第一个音节中。如：öl-死，tört四。

u可出现在词首、词间、词尾。如：uz精巧的，otuz三十，bu这。

ü可出现在词首、词间、词尾。如：üč三，üčün为，edgü好。

2. 辅音

辅音有18个辅音音位：b，p，m，d，t，n，l，r，s，z，č，š，y，g，k，ng，q，ǧ。

b可出现在词首、词间、词尾。如：bay富有的、富人，balbal雕像，ab狩猎。

p可出现在词间、词尾。如：apa姑、姨，alp勇士。

m可出现在词首、词间、词尾。如mügüz角，amtï现在，yem食料。

d可出现在词间、词尾。如：budun人民，ed好。

t可出现在词首、词间、词尾。如：tab-找，qat次、回。

n 可出现在词首、词间、词尾。如：nine 祖母，ini 弟弟，ben 我。

l 可出现在词间、词尾。如：bilge 聪明的，qul 奴隶。

r 可出现在词间、词尾。如：ara 中间，art– 超出，bir 一。

s 可出现在词首、词间、词尾。如：sab 话，bisig 后代，ters 反面的。

z 可出现在词间、词尾。如：közüngü 镜子，siz 你们。

č 可出现在词首、词间、词尾。如：čerig 军队，üčün 为，küč 力量。

š 可出现在词首、词间、词尾。如：šunga 鸭，yaša–生活、生存，aš 祭典。

y 可出现在词首、词间、词尾。如：yaš 年轻的，qaymat 勇敢的，bay 富人。

g 可出现在词间、词尾。如：igirme 二十，ig–绕。

k 可出现在词首、词间、词尾。如：kit–离去，eki 二，kergek 需要。

ng 可出现在词间、词尾。如：angïz 田野，bing 千。

q 可出现在词首、词间、词尾。如：qamuǧ 全部，taqïǧu 鸡，uq–听。

ǧ 可出现在词间、词尾。如：taǧï 还、再，toǧ–出生。

3. 音节结构

词的音节结构有以下六种：

（1）元音，如 u 梦，i–ki 二

（2）元音+辅音，如 al– 拿，or-du 宫殿

（3）辅音+元音，如 kü 消息，a–na 母亲

（4）辅音+元音+辅音，如 qïz 姑娘、女儿，beng-gü 永久的

（5）元音+辅音+辅音，如 alp 勇士，art 后边

（6）辅音+元音+辅音+辅音，如 qïrq 四十，körk 美丽

4. 重音

由于叶尼塞碑铭是书面语言，当时黠戛斯人的口语中词的重音究竟落在最后一个音节，还是落在第一个音节，不易判定。根据词的附加成分中的元音要与前边词干上的元音相和谐及古代突厥语族民族的诗歌也押头韵的情况来看，早期的黠戛斯语词中可能重音落在第一个音节上。

5. 元音和谐律

有唇状和谐，但不是主要的，主要表现为部位和谐，即前元音与前元音和谐，后元音与后元音和谐。

（1）前元音与前元音和谐

如：birle 与 … 一起，öngre 前面，ölig 死亡，üčüon 为。

（2）后元音与后元音和谐

如：ataǧ 名誉，baqïr 钱，yolčï 领路人，yoluq- 会面，qatun 可敦。

二、语法

1. 名词

（1）名词　有数、领属人称及格的变化。

①数　分单、多数。多数附加成分为 -lar/-ler。

qadaš 同伴 — qadašlar 同伴们　beg 伯克 — begler 伯克们

②领属人称

数　词干尾音　人称	单　数		多　数	
	以元音结尾	以辅音结尾	以元音结尾	以辅音结尾
Ⅰ	-m	-ïm/-im	-mïz/-miz-	-ïmiz/-imiz
Ⅱ	-ng	-ïng/-ing	-ngïz/-ngiz	-ïngïz/-ingiz
Ⅲ	-sï/-si	-ï/-ï	-sï/-si	-ï/-i

如：oǧul 儿子 — oǧlïm 我的儿子、oǧlïmïz 我们的儿子；

oǧlïng 你的儿子、oǧlïngïz 你们的儿子；oǧlï 他的儿子、他们的儿子。

③格　有主格、属格、与格、宾格、位—从格、共同格。现在的位格附加成分 -da/-de/-ta/-te 在古代语言中也可用作从格。黠戛斯的碑铭中未发现鄂尔浑碑铭中出现的方向格附加成分 -ǧaru/-gerü/-qaru/-kerü/-aru/-erü，-ra/-re 等。

格 \ 词干尾音	以元音结尾	以辅音结尾	
		l，m、n、ng、z、r	除l，m、n、nq、z、r外
主　格			
属　格	–nïng/–ninng	–ïng/–ing	
与　格	–ǧa/–ge（偶见 –qa/–ke）	–qa/–ke	–ǧa/–ge
宾　格	–ǧ/–g	–ïǧ/–ig	
位，从格	–da/–de/–ta/–te		
共同格	–n	–ïn/–in	

如：主　格　　budun　　　　　人民　　　　　el　　国家

　　属　格　　budunïng　　　　人民的　　　　eling 国家的

　　与　格　　budunqa　　　　向人民　　　　elke 向国家

　　宾　格　　budunïǧ　　　　把人民　　　　elig 把国家

　　位 — 从格　budunta~budunda　在/从人民那里　elte 在/从国家那里

　　共同格　　budunïn　　　　同人民　　　　elin 同国家

带有领属人称附加成分的名词可以变格，如：eliming我的国家的，budunïn把他的人民（这一形式与budun的共同格形式相同）。

（2）形容词分性质形容词与关系形容词

①性质形容词，如：aq白，kök蓝，qara黑，teg相等的，üküš众多的，ülken巨大的，edgü好的，körk美丽的，uz精巧的。

②关系形容词

通过附加成分–qï/–ki构成的，如：ašnuqï前面提到的，yerdeki地上的，tengrideki天上的等。

通过附加成分–lï/–li构成的，如：bitigli识字的，čablï有声望的等。

通过附加成分–lïǧ/–lig构成的，如：altunlïǧ有金子的，inilig有弟弟的等。

通过附加成分–sïz/–siz构成的，如：bungsïz无悲痛的等。

（3）代词有人称代词、指示代词、疑问代词、指己代词、泛指代词。

①人称代词：ben 我，biz 我们；sen 你，siz 你们；ol 他，olar 他们。在叶尼塞河流域的不同地区发现的碑铭中，也有把 ben（我）写作 men（我）的。这证明黠戛斯语有方言或土语的差别。

②指示代词：bu 这；oš（u）就这个；ol 那。

③疑问代词：在叶尼塞碑铭中只出现了 ne 什么，但活的口语中定会有 kim 谁等的，可有格的变化。

④指己代词：öz 自己，有格及领属人称变化。

⑤泛指代词：tigme 任何的，每；qop 全部的。

（4）数词有基数词、序数词、集合数词。

①基数词

1	bir	2	eki~iki
3	üč	4	tört
5	beš	6	altï
7	yeti ~yiti	8	sekiz
9	toquz	10	on
20	yegirmi~igirme	30	otuz
40	qïrq	50	elig~ilig
60	altïmïš	70	yetmiš
100	yüz	1000	bing
10000	tümön		

碑铭中未出现 80，90，据 C.E. 马洛夫的意见，① 80 应为 sekizon~seksen，90 应为 toquzon~toqsan。

双位数字的数词与现代柯尔克孜语不同。如：

13　üčyegirmi，而不是 onüč

21　bir otuz，而不是 jïyïrma bir

35　beš qïrq，而不是 otuz beš

① 转引自 ч.A. 巴特曼诺夫：《古突厥文叶尼塞文献语言》，伏龙芝：1959年，第76页。

②序数词在基数词后加附加成分 –（ï）nč/–（i）nč 构成。如：

bir 一 —— birinč 第一；iki 二不是 ikinč，而是 ekinti 第二；altï 六 —— altïnč 第六。

③集合数词在基数数词后加附加成分 –egü 构成，如：

biregü 某一个，ikegü 两个（俩），üčegü 三个（仨）

（5）动词　有态、式、时间、人称等变化，也有副动词、形动词、助动词形式。动词否定形式通过接缀附加成分 –ma/–me 构成，如：

qal– 留 —— qalma– 不留　ölür– 杀 —— ölürme– 别杀

①态　有基本态、被动态、自反态、强制态、交互态。

基本态　如：bar– 去，kit– 离去，adïr– 分离

被动态　动词词根后接缀附加成分 –n/–ïn/–in（动词词根以 –l/–la–le 结尾），–l/–ïl/–il 构成。如：adïrïl– 被分离，etil– 被做，anglan– 被听，alïn– 被拿。

自反态　动词词根接缀附加成分 –n/–ïn/–in 构成。如：qatlan– 自排成行，adïrïn– 自己分离。

强制态　动词词根后接缀附加成分 –t/，–ïr/–ir，–ur/–ür 构成，如：ïğlat– 杀，kelir– 使之来

在叶尼塞碑铭中未见鄂尔浑碑铭中的 –dur/–dür/–tur/–tür 形式。

交互态　动词词根接缀附加成分 –š/–ïš/–iš 构成，如：tutïš– 相互握，qačïš– 共同逃跑。

②式　有陈述式、命令 —— 愿望式、条件式。

陈述式　动词和人称叶尼塞碑铭中出现的动词时态多为过去时，通过动词词根接缀附加成分 –dï/–di/–tï/–ti 构成。单、多数第三人称后不再加领属人称附加成分。现在、将来时通过动词词根接缀附加成分 –r/–ïr/–ir/–ur/–ür 再加人称代词构成，单、多数第三人称的不加。其否定形式的附加成分为 –maz/–mez。

命令 —— 愿望式　叶尼塞碑铭中表示命令 —— 愿望的附加成分如下表：

人称＼数	单　数	多　数
Ⅰ	–（a）yïn/–（e）yin	未出现鄂尔浑碑铭中的 –（a）lïm/–（a）lim
Ⅱ	1.动词词根本身 2.–ğïl/–gil 3.–ng/–ïng/–ing	–ng/–ïng/–ing
Ⅲ	–zun/–zün	

如：yoluqayïn 让我会见吧！ qatïğlanğïl 你鼓起勇气！ yür 走！

artzun 让它增多吧！ … ermezün 让它不是 …… 吧！

叶尼塞碑铭中还出现表示将来时愿望的附加成分–gey。如：… ergey 但愿将是 …… 吧！

条件式　动词词根后加附加成分–sar/–ser构成。如：bolsar 如果是……

③副动词 动词词根加下列附加成分构成：

–a/–e（以辅音接尾），y（以元音接尾）：ayta 说着　köre 看着

–（y）u/–（y）ü：bašlayu 领先　yarayu 组织起　adïrïlu 分离开

–p/–ïp/–ip/–up/–üp：qalïp 剩下　bolup 成为

–（ï）pan/–（i）pen：barïpan 一去就 ……　kelipen 一来就 ……

④形动词　有过去时形动词及现在、将来时形动词。

过去时形动词通过动词词根接缀附加成分–mïš/–miš构成。如：

qalmïš 剩下了，剩下的　bitimiš 写了，写了的　ölürmiš 杀了，杀了的

现在、将来时形动词通过动词词根接缀附加成分–r/–ïr/–ir/–ur/ür，–ar/–er构成。如：

qalar~qalïr 将要剩，将要剩的　barur 将要去，将要去的

⑤助动词　叶尼塞碑铭中常见的助动词有er– 是，bar– 去，ber– 给，qal– 剩，yür– 走，tur– 站，et– 做等，表示主要动词的动作状态。如：

budun tengin bilir erti. 　　他是已经知道了人民的力量。

adïrïlu bardïmïz. 　　我们已离去（死）了。

tike bertim. 　　我竖起来了。

alp Kögšin olturu qalïtï. 　　英雄阔格辛住下了。

（6）副词　有地点副词、时间副词和程度副词。

地点副词　如：üze 上边

时间副词　如：amtï 现在　　ašnu 早先

程度副词　如：tüketi 最终

（7）后置词

如：üčün 为，birle 同……一起。

（8）连词

如：tağï 也，还。

三、词汇

1. 与现代柯尔克孜语完全相同（语音、词义都相同）的词有很多

ay 月	aq 白
al- 拿	ata 父亲
aš 祭典	bay 富人
bar 有	bat 快
ub 这	ini 弟弟
ič 里	qan 汗
kir- 进	kiši 人
qul 奴隶	kümüš 银
kün 日	öz 自己
öl- 死	tur- 站
tut- 抓	tüš 落

uz 精巧　　　　　üčün 为

čet 边儿　　　　　esen 平安

et– 做

2. 与现代柯尔克孜语语音不同，但词义相同的词

ab "狩猎" 现为 oo　　　　　　adaq "脚" 现为 ayaq

adïr– "分离" 现为 ayïr–　　　altun "金" 现为 altïn

amtï "现在" 现为 emi　　　　batar "英雄" 现为 batïr

bašla– "开始" 现为 bašta–　　benggü "永久" 现为 menggi

böri "狼" 现为 börü　　　　　bung "悲痛" 现为 mung

yaǧï "敌人" 现为 joo　　　　yat "别的" 现为 jat

yaš "青年" 现为 jaš　　　　　qatïǧ "硬" 现为 qatuu

oǧul "儿子" 现为 uul　　　　toǧ– "生" 现为 tuu

serig "黄" 现为 sarï　　　　　ïdnq "神圣" 现为 ïyïq

3. 与现代柯尔克孜语在语音上相同或相近，但词义不同

ïy– "说" 现为名词 "哭声"

aǧïl "畜圈" 现为 ayïl "阿伊勒"（牧村）

bengiz "看法" 现为 mangïz "意义"

qatun "可敦"（贵夫人）现为 qatïn "妻子"

4. 在现代柯尔克孜语中已消失了的词

balbal 雕像　　　　biti– 写

budun 人民　　　　yont 马

yotuz 妻子　　　　qata 次、回

mar 教师　　　　　ög 母亲

sü 军队　　　　　　tegzin– 旅行

ed 好　　　　　　　qop 全部的

5. 黠戛斯苏吉碑

uyǧur　　　yirinte　　　Yaǧlaqar　　qan　　ata　　keltim.

回鹘　　在…的地方　雅格拉卡尔　汗　　阿塔　我来了

Qïrqïz　　　oğlï　　men,　boyla　qutluğ　yarğan

黠戛斯　　……的儿子　我　　裴罗　骨咄禄　法官

men·　Qutluğ　baga　tarqan　üge　quyruqï　men.

我　　骨咄禄　奠贺　达干　智慧的　传令官　我

Küm　　　　suruğïm　kün　toğušuqa　batïšïqa.

我的声誉　　　我的光荣　日　到东方　　到西方

tegdi.　Bay　bar　ertim　ağïlïm　on,　yïlqïm

达到了　富人　有　我曾是　我的畜圈　十　我的马

sansïz　erti.

无数　曾是

Inim　yiti,　urïm　üč　qïzïm　üč　erti.

我的弟弟　七　我的后辈　三　我的女儿　三　曾是

ebledim　　　oğlïmïn.

我使…成了家　把我的儿子

Qïzïmïn　　　qalïnsïz　birtim,　marïma　yüz　er

把我的女儿　没有采礼　我给了　向我的经师　百　男子

turuğ　birtim.

住房　我给了

Yegenimin　　atïmïn　körtim,　amtï　öltim.

把我的外甥　　把我的孙子　我看见了　现在　我死了

Oğlanïm　　erde　marïmïnča　bol！　qanqa　tap

我的儿子　英勇　像我的经师一样　成为　向汗　敬重

qatïğlan！

致力

Uluğ　oğlïm　süke　barđï.

大　我的儿子　向军队　他去了

Körmedim　　　　　r … m　　　　oğul.

我没看见　　　　　　　　　　儿子

译文：我 —— 罗葛（雅格拉卡尔）汗·阿塔来到了回鹘之地。

我是黠戛斯之子，裴罗·骨咄禄高级执法官。

我是骨咄禄·莫贺·达干的传令官。

我的名声远及日出的东方和日落的西方。

我是富人家，有畜圈10所，有无数的马。

我有7个弟弟，3个儿子，3个女儿，我给我儿子成了家。

我把女儿没要财礼地嫁出了，我给了我经师100个壮汉和住处。

我见到了（有）外甥和孙子。现在我死去了。

我的儿子们，你们要像我的经师那样英勇！你们要敬重汗、尽力效忠！

我的大儿子到军队去了。

我没有看到 … 儿子。

6. 参考资料

C.E.马洛夫：《诸突厥族的叶尼塞文字》（俄文），莫斯科/列宁格勒（今圣彼得堡），1952年。

H.N.鄂尔昆：《古突厥文》（土耳其文），安卡拉，1987年。

Д.Д.瓦西里耶夫：《叶尼塞流域突厥鲁尼文献全集》（俄文），列宁格勒（今圣彼得堡），1983年。

黠戛斯碑文选译^①

"黠戛斯"是我国唐代汉文史书对 Qïrqïz 这一族名的汉字音译。黠戛斯当时主要分布在叶尼塞河上游一带，曾建立过黠戛斯汗国，与我国中央王朝一直保持着友好关系。

黠戛斯汗国所属各部使用过突厥文（也叫"突厥鲁尼文""鄂尔浑·叶尼塞文"），并用这种文字保留下了一些碑铭和其他文物，这批文献对研究黠戛斯的语言、文字、历史、民俗等诸方面都很有学术价值。

在国外，著名突厥学家拉德洛夫（B.B.РАДЛОВ）、马洛夫（C.E.МАЛОВ）、鄂尔昆（H.И.ORKUH）等对其中的某些碑铭曾进行过一些研究。1983 年，苏联突厥学家瓦西里耶夫（Д.Д.ВАСИЛЬЕВ）在列宁格勒出版了一部极有学术价值的新书 ——《叶尼塞流域突厥鲁尼文献全集 》(*КОРПУС ТЮРКСКИХ РУНИЧЕСКИХ ПАМЯТНИКОВ ПАССЕЙНА ЕНИСЕЯ*)。这部新书不但包括的文献最全，而且还一一附上了文献实物的照片，并重新进行了转写。瓦西里耶夫的释读与前人的释读有许多不同之处，我觉得他释读得更为科学些。遗憾的是，他释读后未译成其他语言。黠戛斯碑文在我国尚未做系统深入的研究，我们宜逐步填补这一领域的空白。近些年来，我根据国外出版的各种有关著作中刊布的原文，并参考俄文、土耳其文译文，释读并译注了一批黠戛斯碑文，现选其中的几块

---

① 本文原载《民族语文论文集 —— 庆祝马学良先生八十寿辰文集》，中央民族学院出版社，1993 年。

碑文的译注整理成这篇题为《黠戛斯碑文选译》的文章。

一、黠戛斯之子碑

黠戛斯之子碑是芬兰学者兰司铁（G.J.RAMSTEDT）于1900年在蒙古南部苏吉达板附近的小山坡上发现的，所以也叫苏吉碑。兰司铁于1913年在芬兰·乌戈尔学会的刊物刊布时，错误地把它当作回纥人的碑铭介绍了。马洛夫、鄂尔昆都研究过这一碑文。在我国，最早是在20世纪50年代中央民族学院开办突厥语研究班时苏联突厥学家捷尼舍夫（З.Р.ТЕНИШЕВ）编的《古突厥文献》讲义中介绍了这一碑文。

1. 转写

Uyğur	yir（i）nte	Y（a）ğl（a）q（a）r
回纥	在…地方	荼罗葛
q（a）n	（A）ta	k（e）l［tim］.
汗	阿塔	我来了
Qïrq（ï）z	oğlï	m（e）n、 Boyla
黠戛斯	…之子	我 裴罗
Qutl（u）ğ	yarğ（a）n.	
骨咄禄	高级执法官	
m（e）n、	Qutl（u）ğ	B（a）ğaT（a）rq（a）n
我	骨咄禄	莫贺 达干
öge	buyr（u）qï	m（e）n.
有智慧的	…的命令官	我
Küm	suruğ（u）m	kün tuğ（u）šqa
我的名声	我所管辖的	向日出（东方）
b（a）t（ï）šqa.		
向日落（西方）		

t（e）gdi。　　　B（a）y　　　　b（a）r　　　（e）rt（i）m.
触到了　　　　　财富　　　　　有　　　　我曾是

（a）ğ（ï）l（ï）m　　　on　　　　　yïlq（ï）m
我的畜圈　　　　十　　　　　我的马

s（a）ns（ï）z　　　　（e）rti.
无数　　　　　　　曾是

In（i）m yiti,　　ur（ï）m　　　üč,
我的弟弟 七　　我的儿子　　　三

qïz（ï）m　　　　üč　　（e）rti　　Ebl（e）d（i）m
我的女儿　　　三　　曾是　　　我给成家

Oğl（ï）m（ï）n.
　把我的儿子

Qïz（ï）m（ï）n　　　q（a）l（ï）ngs（ï）z
　把我的女儿　　　　　没有聘礼

birt（i）m.　　　　M（a）r（ï）ma　　yüz　　（e）r,
我给了　　　　　　向我的经师　　百　　男人

turuǧ　　　　b（i）[r]t（i）m.
住处　　　　我给了

Y（e）g（e）n（i）m（i）n,　　　（a）t（ï）m（ï）n　kört（i）m
把我的外甥　　　　　　　把我的孙子　　我看见了

（a）mtï　　　　ölt（i）m q…
现在　　　　　我死了

Oğl（a）n（ï）m　　　　（e）rde　　m（a）r（ï）m（ï）nča
　我的儿子们　　　　英勇　　　像我的经师一样

bol,　　　q（a）nqa　　t（a）p　　q（a）t（ï）ğl（a）n.
成为　　　对汗　　　效忠　　　尽力

Ulněg	ogul（ï）m	s［ük？］e	b（a）rdï
大	我的儿子	向军队	他去了

Körm（e）d（i）m	r⋯m	ogul.
我没有看见	？	儿子

2.注释

（1）马洛夫在1951年出版的《古突厥文献》一书中把这一碑文第1行最后一个词 k（e）l⋯ 释读成 keltim，但在1952年出版的《突厥叶尼塞文》一书中又印成 k（e）l– 了，取消了他补充进去的 –t（i）m。

（2）第1行有好几种译法：

我 —— 罗葛汗·阿塔来到了回纥人地方。

我 —— 罗葛汗·阿塔来自回纥人地方。

我来自回纥之地，来自罗葛汗·阿塔。

我来到了回纥之地 —— 罗葛汗·阿塔（当地名用）。

马洛夫在《突厥叶尼塞文》一书第85页的注释中列出了上述几种译法，但他在正文中译为：我，罗葛汗·阿塔，是来过回纥之地的人。

（3）yargan，官职名，高级执法官。

（4）sük，汉语借词"肃"作军队讲。

3.译文

我来到回纥人之地，罗葛汗·阿塔（的地方）。

我是黠戛斯之子，我是裴罗·骨咄禄高级执法官。

我是骨咄禄·莫贺·达干的传令官。

我的名声远及日出的东方和日落的西方。

我有财富，我的畜圈是10个，我的马无数。

我弟弟7个，我儿子3个，我女儿3个，我给儿子成了家。

我没要聘礼地嫁出了我的女儿，我给了我的经师100个壮汉和住处。

我见到了我的外甥和孙子。现在我死了⋯

我的儿子们，你们要像我的经师那样英勇，要为汗效忠尽力！

我的长子去［军队］了。

我没有见到 … 儿子。

4. 参考资料

C.E.МАЛОВ, *ЕНИСЕЙСКАЯ ПИСьМЕННОСТь ТЮРКОВ*（《突厥叶尼塞文》），莫斯科/列宁格勒（今圣彼得堡），1952年，第84—58页。

C.E.МАЛОВ, *ПАМЯТНИКИ ДРЕВНЕ-ТЮРКСКОЙ ПИСьМЕННОСТИ*（《古突厥文文献》），莫斯科/列宁格勒（今圣彼得堡），1951年，第76—77页；H.И.ORKUИ, *ESK1 TΓRK YAZITLARI*（《古突厥文》），安卡拉1987年，第156—157页。

二、乌尤克·塔尔拉克碑

乌尤克，塔尔拉克碑位于乌尤克河支流塔尔拉克河畔2公里处，最早由芬兰考古队发现，1891年又被克列眠采夫（Д.Д.Клеменцев）再次发现，并加以介绍。拉德洛夫、马洛夫、鄂尔昆、路易·巴赞（Louis Bazin）、巴特曼诺夫（И.А.Баманв）、瓦西里耶夫都研究了这块碑文。

1. 转写

Siz	el（i）me	qunčuy（ï）ma
你们	向我的国家	向我的公主

bud（u）n（u）ma	siz（i）me	（a）lt（ï）m（ï）š
向我的百姓	向我的你们	六十

y（a）š（ï）m［da］	［adïrïltïm］.
我的岁数［在］	［我离去了］

（A）t（ï）m	El	Tuǧ（a）n	Tut（u）q,	b（e）n
我的名字	艾勒	吐干	都督	我

t（e）ngri	el（i）mke	elčisi	（e）rt（i）m,
天	向我的国家	……的使臣	我曾是

（a）ltï　　　b（a）ǧ　　bud（u）nq　　b（e）g　　（e）rt（i）m.

六　　　　　部　　　　向百姓　　　伯克　　　我曾是

2. 注释

从瓦西里耶夫根据拓片临摹抄清的碑文看来，第1行最后没有da（在），也没有adïrïltïm（我离去了），但马洛夫及鄂尔昆的著作中却都在释读时写出了–da，adïrïltïm只在马洛夫的著作中有，在鄂尔昆的著作中未见，可鄂尔昆在译文中译出了adïrl–tïm。

瓦西里耶夫转写的碑文第2行bud（u）n之后为–te（位格，在），但从碑文看来应为–qa（向），马洛夫、鄂尔昆的著作中都转写为–qa。

qunčuy，汉语借词"公主"，作"夫人"讲。

tutuq，汉语借词"都督"。

baǧ，量词"部"，指部落。

beg，伯克，官职"匐"。

3. 译文

你们——我的国家，我的夫人，我的百姓，在我60岁时，我离开了你们。

我的名字是艾勒·吐干都督，我曾是上天造化的国家的使臣，我曾是六部百姓的匐官。

4. 参考资料

瓦西里耶夫：《叶尼塞流域突厥鲁尼文献全集》第14页。

马洛夫：《突厥叶尼塞文》第11页。

马洛夫：《古突厥文文献》第78页。

鄂尔昆：《古突厥文》第441页。

三、乌尤克·阿尔汗碑

乌尤克·阿尔汗碑原位于乌尤克河左岸附近，上面除有文字外，还有鹿和野猪图像，由芬兰考古队发现，现藏米努辛斯基（Минуcnнски）博物馆。

1. 转写

（1）Eš（i）m　　　［m］（a）rïm（ï）z　　š（a）（d）（ï）m
　　　我的伴侣　　　　我们的经师　　　　　我的"设"官

（2）（E）l（i）m　　　e［či］nd（i）m.
　　　我的国家　　　　我敬奉了

（3）（E）r（e）rd（e）m（i）m　　　　（e）b（i）m　Oğ（u）z
　　　英雄我的名声　　　　　　　　我的家　　乌古孜

（4）Ačd（a）　　　　q（ ）n（e）r　　　（e）rd（e）m（i）m
　　　/？　　　　　　英雄　　　　　　我的名声

（5）（E）r　　（a）tïm　　　Y（a）š（a）q　　Baš　　b（e）n.
　　　英雄　　我的名字　　　雅沙克　　　巴什　　我

2. 注释

（1）mar，景教、摩尼教的经师。

（2）šad，设，古代突厥、黠戛斯人的官名。

（3）瓦西里耶夫的著作中，碑文第2行elim之后转写为engdim，在马洛夫的著作中转写为ečengdim（我厌倦了），在鄂尔昆的著作中转写为ečndim（我敬奉了）。

（4）Oğuz，乌古孜，突厥人的一支，又是传说中的一个英雄的名字。在马洛夫、鄂尔昆的著作中，都未出现oğuz，但在瓦西里耶夫的转写中有。我对照碑文，原件上的确有这个词。

（5）马洛夫把第5行的人名转写为Yaš Aq Baš，鄂尔昆转写为Yašaq Baš。

（6）马洛夫、鄂尔昆的著作中，在碑文第2行最后转写为adïrïl–tïm（我离去了），但对照瓦西里耶夫著作中的碑文照片，原件上是没有adïrïltïm一词的。

3. 译文

（1）我的朋友，我们的经师，我的"设"官。

（2）我的国家，我敬奉了。

（3）我的名声，我的家世是乌古孜。

（4）……我英雄的名声。

（5）我英雄的名字是雅沙克·巴什。

4. 参考资料

瓦西里耶夫:《叶尼塞流域突厥鲁尼文献全集》第14页。

马洛夫:《突厥叶尼塞文》第14页。

鄂尔昆:《古突厥文》第445页。

四、乌尤克·土兰碑

乌尤克·土兰碑位于乌尤克河左侧支流的土兰河右岸边。马洛夫、鄂尔昆、巴特曼诺夫都研究过这一碑文。

1. 转写

（1） Quyda   qunč（u）y（ï）m   s（i）zde   oğl（ï）m

在闺房里   我的公主   在你们那里   我的儿子

（a）yta   s（i）z（i）me   （a）yta   bökm（e）d（i）m,

说   向我的你们   说   我没有感到满足

（a）d（ï）r（ï）lt（ï）m.   kün（i）m   q（a）d（a）š（ï）m

我离开了   我的姜   我的朋友

（a）yta   （a）d（ï）r（ï）lt（ï）m.

说   我离开了

（2）（A）ltun　　（e）l（i）g　　keš（i）g　　bel（i）mte

　　　　金　　　　　手　　　　　腰带　　　　在我腰上

　　b（a）nt（ï）m。　　T（e）ngri　　el（i）mke

　　　我绑了　　　　　　天　　　　向我的国家

　　bökm（e）d（i）m,　　siz（i）me　　（a）yta.

　　我没有感到满足　　　向我的你们　　　说

（3）Üčin　　Kül（i）g　　　　Tir（i）g　　　　ben。

　　玉秦　库里格（骨力）　提里格（铁勒）　我

　　T（e）ngri　　　el（i）mte　　　y（e）ml（i）g　　ben。

　　　天　　　在我的国家里　　有饲料的　　　我

　　siz（i）me　　（a）yta.

　　向我的你们　　　说

（4）üč　　yetm［iš］　　y（a）š（ï）ma　　（a）d（ï）r（ï）lt（ï）m

　　三　　七十　　　向我的岁数　　我离开了

　　（E）gük　　q（a）tun　　y（e）r（i）mke　　（a）d（ï）r（ï）lt（ï）m.

　　艾古克　　可敦　　　向我的地方　　我离开了

（5）T（e）ngri　　el（i）mke　　　q（ï）zğ（a）q（ï）m

　　　天　　　向我的国家　　　我的女儿们

　　oğl（ï）m　　öuz（?）　　ogl（ï）m　　（a）ltï

　　我的儿子　　自己（?）　我的儿子　　　六

　　bing　　yont（ï）m.

　　千　　　我的马

（6）Q（a）n（ï）m　　tülb（e）ri　　q（a）ra　　bud（u）n

　　的我汗　　　礼品　　　　黑　　　百姓

　　kül［üg］　　q（a）d（a）š（ï）m　　siz（i）me

　　有名的　　　　我的朋友　　　向我的你们

( ) ls ( ) m   (e) r   ökü š   (e) r   oǧl (a) n

      ?　　　　英雄　　多　　英雄　　儿子们

(e) r   küd (e) gül (e) r (i) m

英雄　　　　　　我的女婿们

q (ï) z–k (e) l (i) nl (e) r (i) m   bökm (e) d (i) m.

我的女儿、媳妇们　　　　　　　我没有感到满足

2. 注释

（1）第1行中的ayta，在马洛夫的著作中转写为yïta，译作"悲悯"，在鄂尔昆的著作中转写为ayïta，译作"说"。第2行中的elig，在马洛夫的著作中，译作"50"，在鄂尔昆的著作中转写为–lig与Altun合成altunlig，译作"金子"。kešig在马洛夫的著作中，被译作"腰带"，在鄂尔昆的著作中，被译作"箭筒"。第4行中的yašïma，在马洛夫和鄂尔昆的著作中，转写为yašïmqa第5行öuz，在马洛夫、鄂尔昆的著作中也未译出来。第6行中的tülberi，在鄂尔昆的著作中译为"人名"，在马洛夫的著作中译作"礼品"。

（2）quy，汉语借词"闺"，闺房。

（3）ban–汉语借词"绑"，扎，系。

（4）yemlig yem饲料、食物+–lig构成形容词的附加成分，作"足食的"，"富足的"讲。

3. 译文

（1）我闺房里的夫人，在你们那里的我的儿子，我向你们诉说，我还没有活够，我就离去了。我的妾，我的朋友，我说着就离去了。

（2）我腰上系过有金签子的腰带。我在上天造化的国家里还没有活够，我向你们诉说。

（3）我是玉秦·骨力·铁勒。在上天造化的国家里我是富足的，我向你们诉说。

（4）我63岁时离去了。艾古克可敦留在了我的地方，我离去了。

（5）给上天造化的国家，[我留下了] 我的女儿们，我的儿子自己（？）的儿子，6000匹马。

（6）汗赠赐的礼物是众多的百姓、有名望的朋友。我对我的你们 ——我众多的英雄儿子、女婿和女儿、媳妇们 [说]，我还有没有活够。

4. 参考资料

瓦西里耶夫:《叶尼塞流域突厥鲁尼文献全集》第15页。

马洛夫:《突厥叶尼塞文献》第16 — 19页。

鄂尔昆:《古突厥文》第449 — 450页。

《玛纳斯》及其研究

中华人民共和国成立以来，为了学习柯尔克孜族的语言和文学，组织上曾先后多次派我到新疆，我记不清是多少次地听过柯族民间歌手的演唱，其中以《玛纳斯》给我留下的印象最深。我这篇文章拟就柯族英雄史诗《玛纳斯》作一介绍，以作为我学习《玛纳斯》的一份汇报，并答谢热情帮助过我学习柯族语言文学的柯族人民。

一、柯族人民喜爱《玛纳斯》①

《玛纳斯》是一部规模宏伟、色彩瑰丽的民间英雄史诗。千百年来，它广泛地流传在柯尔克孜族人民中间。《玛纳斯》是以第一代英雄玛纳斯的名字命名的，从广义上说，《玛纳斯》是这部英雄史诗的总名；从狭义上说，《玛纳斯》又是指该史诗的第一部。其他各部皆以该部主人公的名字命名，如第二部为《赛麦台依》，第三部为《赛依台克》。史诗的每一部都是单独的一部长诗，但这几部长诗的内容紧密连接，前后照应，组成了这部规模非常宏伟的英雄史诗。

《玛纳斯》不仅流传在我国新疆柯族地区，也流传在中亚吉尔吉斯斯坦等国和阿富汗的柯族地区。从苏联已出版的材料来看，他们的《玛纳斯》共包括一、二、三部。流传在我国新疆柯族地区的《玛纳斯》，除了有明

① 本节原载《民族研究通讯》1981年第1期。

显的地方特色外，在规模上也比较大，在阿合奇县就有几位民间歌手可以演唱第四部。朱素普·玛玛依演唱的最长，他能演唱《玛纳斯》的一、二、三、四、五、六、七、八部，共23万多行。

《玛纳斯》是一部传记性的英雄史诗，它通过动人的情节和优美的语言，生动地描绘了玛纳斯家族好几代英雄们的生活和业绩，主要反映了历史上柯族人民反抗卡勒玛克、克塔依人奴役的斗争，表现了古代柯族人民争取自由、渴望幸福生活的理想和愿望。

史诗一开始，朱素普·玛玛依是这样唱的：

……

奔流的河水，

有多少已经枯干，

绿色的河滩，

有多少已经变成戈壁滩；

多少人迹罕到的荒野，

又变成了湖泊水滩；

平坦的大地冲成了深涧，

高耸的山崖变低塌陷。

从那时候起啊！

大地经历了多少变迁，

戈壁上留下了石头，

石滩又变成了林海；

绿的原野变成河滩，

山涧的岩石已经移迁。

一切都发生了巨大的变化啊！

可是祖先留下的史诗，

仍在一代代地流传。

这是典型的史诗气魄！从一开始，它就紧紧扣住了听众们的心弦。

　　紧接着就讲述了一个神奇的柯族族名来源的传说，相传过去有一个名叫阿尔汗的汗王，为了霸占一个纯洁美丽的民间少女阿娜勒，便诬陷她与同胞哥哥满素尔发生淫乱关系而要处死她的哥哥。汗王的暴虐没有使兄妹二人屈服，哥哥虽被乱箭射死，妹妹死也不肯从命，最后也用匕首自尽了。在暴君阿尔汗的盛怒下，兄妹二人的尸体又被烧成了灰。骨灰被倾倒在皇宫的溪水之中，结成银色闪光的泡沫流入花园，公主和大臣们的40个女儿饮了溪水，全部怀孕。汗王发觉后大怒，将他们驱逐于荒野深山之中，她们生下了二十个男孩和20个女孩，互相婚娶，世代相传，繁衍成了柯尔克孜族。按柯语"柯尔克"为四十，"克孜"为姑娘，连读读作"柯尔克孜"，意即40个姑娘。《元史》里也说，"吉利吉思"是由40个汉地姑娘和乌斯人结婚后繁衍而成的，所以名为"吉利吉思"（即柯尔克孜）。由此足以证明这个传说的古老了。

　　关于这个传说，我在1953、1954年到新疆特克斯县、阿合奇县学习、调查柯语时，也听到过。不过，那些民间故事家是作为传说故事给我讲的，没有人说这是《玛纳斯》的一个组成部分。在民间歌手中，只有朱素普·玛玛依把它作为《玛纳斯》第一部的开始来演唱，我们是1961年记录朱素普·玛玛依的材料时搜集到的。有些柯族同志认为，《玛纳斯》中不包括这个族名来源的传说。

　　1978年冬，领导派我把朱素普·玛玛依接来北京。在我们重新补记他的材料时，关于柯族族名来源的传说，他又补唱了两种变体。其中一个变体说：相传过去有一个名叫阿拉什的暴君，他曾下令说：凡是麻脸的婴儿都要杀掉。但后来汗的老婆生的一个小男孩，偏偏生了天花，变成了麻脸。大臣们为阿拉什汗王献策，建议给麻脸太子带上若干男孩和女孩，一起送进深山里去。暴君舍不得杀死自己的儿子，便同意了这个建议，后来麻脸太子长大了，小伙子们跟姑娘们成婚，并游牧在深山里。他们的后代就成了柯尔克孜族。按柯语"柯尔"意为高地、山地，"凯孜"意为涉过、游历，连读便读成"柯尔克孜"，意为"游历山地"，或"在山地里游牧"。

另一种传说，是说"柯尔克孜"一名来自"柯尔克"（四十）、"居孜"（百、百户）的连读，"柯尔克"与"居孜"可解释为"四十个部落"。这与柯族历史上的部落划分的说法是吻合的。

《玛纳斯》第一部的主要内容是，奴役着柯尔克孜族人民的卡勒玛克汗王从占卜者那里获悉，柯族人民中间，将要降生一个英雄玛纳斯，他将领导柯族人民推翻卡勒玛克人的统治。残暴的卡勒玛克汗王便派人把所有怀孕的柯族妇女剖腹查看，以便杀死即将诞生的玛纳斯。但是，机智的柯族人民使玛纳斯平安地降生了。本族人民的苦难生活，使玛纳斯从小就对外来的掠夺者充满了仇恨，他立志要为本民族报仇雪耻。玛纳斯还在幼年时，已成长为一个力大无比的英雄，他同情贫穷的人民，亲自参加劳动，逐渐团结了四面八方的勇士，统一了分散的柯族部落，南征北战，为本族人民带来了欢乐的富裕的生活。他长大后，人民拥戴他为汗王，他成了当时被卡勒玛克奴役的各族人民的公认的领袖。后来，他不听爱妻卡尼凯的劝告，要对克塔依人进行一场远征。玛纳斯在这次远征中身负重伤，回到塔拉斯后去世了，柯族人民又陷于灾难之中。

其他几部，主要讲述了玛纳斯的子孙后代仍继续与卡勒玛克人进行的斗争。其中也有肃清内部叛徒，惩处鱼肉人民的污吏、消灭残害人民的妖魔和歌颂民族团结及忠贞爱情的故事。

《玛纳斯》是一部具有深刻的人民性和思想性的典型的英雄史诗。它从头至尾贯穿着这样一个主题思想：团结起来反对异族统治者的掠夺和奴役，为争取自由和幸福的生活进行不懈的斗争。它表现了被奴役的人民不可战胜的精神面貌，歌唱了柯尔克孜人民对掠夺奴役他们的异族统治者的反抗精神和斗争意志。这是《玛纳斯》的主流。

《玛纳斯》中出现了上百个人物，这些人物都被塑造得有各自的个性和特点。

《玛纳斯》不只是一部珍贵的文学遗产，而且也是研究柯族的语言，历史、民俗、宗教、音乐等方面的一部百科全书，它具有重要的学术价值。

众所周知，民间文学是通过语言创作和表达的。一篇忠实记录民间文学作品的原始材料，也同时是一份研究语言的素材。《玛纳斯》这部巨著，对研究柯语来说，当然也是非常重要的材料。柯语分作南部和北部两个方言，北部方言中又分为"Z"土语和"S"土语。各地"玛纳斯奇"演唱的材料，是很好的方言、土语调查材料。例如著名"玛纳斯奇"朱素普·玛玛依就为我们提供了柯语北部方言"S"土语的大量材料。我们可以从这些材料整理出该土语的语音、语法和词汇特点。另外，由于《玛纳斯》是千百年来代代传唱下来的一部史诗，其中保存了柯语的许多古词和某些较古的语法形式。

我们完全可以根据这部史诗的词汇材料编出一部包括几万词条的柯语《玛纳斯词典》。

《玛纳斯》是史诗，不是历史，但是历史上的某些事实却会在史诗中留下痕迹。因为对一个相当长的时期中没有文字记载自己历史的民族来说，其经历过的斗争，往往会在他的民间文学作品中用优美的形式反映出一个侧面来。这也就是为什么历史学家在注意文字史料的同时，也非常注意民间文学的原因。我们认为，《玛纳斯》对研究柯族人民的历史是有一定参考价值的。

"玛纳斯奇"朱素普·玛玛依演唱的变体中，讲到柯尔克孜族名的来源传说。他讲的柯尔克孜族名来源的三种说法，对我们研究"柯尔克孜"这一民族名称是有帮助的。

另外，史诗中还几次提到柯尔克孜人过去住在叶尼塞河一带，后来由于不堪卡勒玛克、克塔依人的奴役、侵扰，而逐渐迁移到天山地区。从史诗中还可看出古代柯尔克孜人的活动地区和迁移路线；叶尼塞→新源→巴里坤→阿勒泰→天山→阿赖山→阿特巴什→纳仁→撒马尔罕→塔拉斯。史诗里也提到"丝绸之路"，说有三条道。其中有一条是从乌鲁木齐→达坂城→焉耆→库尔勒→铁门关→库车→拜城→阿克苏→喀什→乌鲁克恰提→

斯姆卡纳→艾尔凯什塔姆→安集延→浩罕→塔拉斯。史诗中提到古代柯族人民的活动地区和迁移路线，与历史的记载基本上也是一致的，有些材料还可以补充和印证文字史料。

又如在史诗《玛纳斯》第一部中的《阔阔托依的祭奠》这一节里，曾叙述了一些民族的分布地区：

在日出的东方有克塔依人，

还有蒙古人和满洲人，

北方有名叫俄罗斯的人，

也要邀请来！

我们南面喀什噶尔那儿，

住着萨尔特人，

如果我们邀请他们，

他们会驮大布来的。

信使要沿着乌帕尔山，

穿过诺依奥特人地区，

到阿富汗去，

从南方把考孜阿克散人、巴额什人请来，

也不要漏请布哈拉人。

往卡拉卡勒帕克，土库曼那里，

也要送信去！

阿拉伯人住得很远，

如果告诉他们，

他们也会来的。

依斯潘人、印地斯坦人，

请他们也来参加我们的祭奠。

在史诗中，也多次描述了历史上一些地区和民族的情况。例如，关于吐鲁番是这么说的：

这地方多么炎热，

是多石的戈壁滩。

不论是冬还是夏，

都是从地里挖水喝。

人们一年四季不得休息，

井里也没有水啊！

他们过着艰苦的日子，

这是一个荒凉的地方。

关于克塔依人是这样描述的：他们有铜做的神像，他们相信有天堂和七层地狱，他们有吻胸的礼节，他们头戴红缨帽，他们那儿有挑担子的 …… 史诗中还有关于伊犁、玛纳斯等地名来源的传说，例如诗中这样唱道：

在宽阔的原野上将修起一座城市，

玛纳斯要以自己的名字来命名。

从那时起直到现在，

这城市的名字一直传了下来，

人们从四面八方迁移到了这儿。

卡勒玛克人的将军伊犁宾，

当他在这里称雄时，

把这个地方叫成了伊犁。

从史诗中，我们还可看出古代柯尔克孜人主要从事畜牧业生产，但也在吐鲁番一带耕种庄稼。此外，他们还掌握了炼铁的技术，已能制造刀、剑等武器。这些有关经济方面的材料也是很宝贵的。

《玛纳斯》中，关于民俗学方面的材料，更是比比皆是。例如，我们从中可以看到古代柯族人民的一些习俗：婴儿出生后，要给客人酥油吃；占卜时要用41块小石头或用羊胛骨，有相面术，会相面的人叫"散奇"；

有圆梦的习俗，盟誓时要对着天地，宰母马，把胳臂伸入马血中，嘴里衔着箭，还要吞喝咒符，向客人赠骏马，以示尊重，有十二属相，战争中要呼喊着本部落英雄的名字或部落的名字，以显威风；游戏有赛马、射元宝、劈刺比赛、摔跤、玩骆驼、下棋、打羊骨、叨羊等。这些材料对研究古代柯族人民的民俗学和柯族古今民俗的对比，都是很有价值的。

从史诗中，我们既能找到反映伊斯兰教的习俗，也能看到萨满教的痕迹。这些材料对研究柯族宗教信仰的变化，也是很有帮助的。

演唱《玛纳斯》时，伴有各种曲调，有的高亢豪放，好像万马奔腾的战歌；有的沉稳缓慢，又像行云流水般的抒情诗，非常动人。这些曲调保存了古代柯族民间音乐的特点，对我们研究柯族音乐也是重要的材料。

总之，史诗《玛纳斯》，既有文学价值，又有学术价值，我们要从各个方面全面地去研究它。

究竟《玛纳斯》是产生于什么时期呢？国外研究者们有三种不同的意见：一、产生于叶尼赛·鄂尔浑河时期（8—9世纪）；二、产生于阿勒泰时期（9—11世纪）；三、产生于准噶尔时期（16—18世纪）。我们认为，要确定其产生的年代，必须从史诗中反映的事件等各方面去研究，首先有必要回顾一下柯族人民的历史。

柯尔克孜族是一个具有悠久历史的民族。早在公元前就游牧在叶尼赛河上游。曾先后受匈奴、突厥、薛延陀的统治。隋、唐时，还有一支住在今准噶尔盆地。公元644年，黠戛斯首领失钵屈阿栈亲自入朝。根据黠戛斯的请求，唐朝中央政府以其地为坚昆都督府，任命失钵屈阿栈为左卫大将军、坚昆都督。从此，黠戛斯正式列入唐朝的版图。公元840年，黠戛斯击灭回鹘政权，有一部分柯尔克孜人进入天山北部一带。公元10世纪，柯尔克孜人臣服契丹建立的辽朝，并与辽有较密切的来往。辽在黠戛斯地区设"黠戛斯国王府"。公元1124年，辽亡。契丹宗室耶律大石率众西逃，经过柯族地区时，大肆抢劫，遭到柯族人民的强烈反抗。公元1128年，建立西辽，即所谓的"黑契丹"，柯族人民又陷于西辽统治之下。公元1207

年，蒙古兴起后柯族人民又归附蒙古。以后，柯族人民与蒙古的斡亦剌惕（明代在汉文史书中译为"瓦剌"，清代译为"卫拉特"）部不断发生战争。15—16世纪，有大批柯尔克孜人被迫从叶尼赛河上游迁至天山地区。17世纪，柯族人民又受到卫拉特部的侵扰。18世纪初，最后一支柯尔克孜人由叶尼赛河上游迁来西部天山地区。18世纪20年代，一部分柯尔克孜人又迁到中亚费尔干、帕米尔和喀喇昆仑山一带。

从《玛纳斯》所谈到的事件看来，多数是与卡勒玛克（卡尔梅克）人，即与斡亦剌惕人的斗争，《远征》部分说的是与克塔依人，即与契丹人的斗争。"克塔依"原指"契丹"，而不是指汉族，这在历史上早有定论。《远征》中讲到"北京"时，说有五个"北京"。这与辽的五个京城很吻合。因此，我认为《玛纳斯》谈的远征北京，是指远征契丹的一个京城。史诗《玛纳斯》的"北京"，不可能是指今日的北京，因今日的北京当时叫作"南京"。据研究者认为，史诗中的"北京"，很可能是"北庭"（今新疆吉木萨尔）的音转，西辽时黑契丹是占据过北庭的。当时，柯族人民与黑契丹人有过斗争。是不是历史上的这些斗争，在《玛纳斯》中留下了某些痕迹呢？至于历史上，柯尔克孜人与斡亦剌惕人的斗争，是有记载的。史诗中许多关于反抗卡勒玛克人的斗争，应当看作是历史事件在民间文学中保留下来的痕迹。看来，史诗《玛纳斯》的最早产生年代，该是在宋、辽、西辽时期，估计也快有1000年了。当然，史诗产生后，其内容随着代代流传又增加了。

要研究《玛纳斯》的产生年代，我认为，还要和北方一些民族的民间文学作品进行比较。例如，史诗《玛纳斯》中提到加克普用麦子换了成额什汗的一匹骏马，这个成额什汗是不是成吉思汗的转音呢？蒙古族中流传的《两匹骏马的故事》中的骏马与加克普换来的这匹骏马有没有什么关系？另外，在西部蒙古人，即斡亦剌惕人中流传的史诗《江格尔》里，提到的英雄孔古尔，与《玛纳斯》中出现的卡勒玛克人英雄孔古尔拜（"拜"即"巴依"，是柯尔克孜人名后常加的一个成分）是否就是一个人物呢？

在苏联阿尔泰族中，还流传着一部名为《阿勒普玛纳什》(《勇士玛纳什》)的民间文学作品。这两部民间文学作品，是不是来自一个来源呢？总之，对这些问题进行多方面的综合研究，对确定史诗《玛纳斯》的产生年代是有帮助的。

二、柯族人民喜爱《玛纳斯》的演唱者

"玛纳斯奇"是指演唱《玛纳斯》的民间歌手。柯族人民喜爱史诗《玛纳斯》，也喜爱"玛纳斯奇"。每当婚礼节庆的日子，柯族牧民总是要邀请"玛纳斯奇"来演唱，往往从夜晚一直演唱到天亮，听众一点也不觉疲倦，听得都入了迷。就是平常在田野里劳动后的片刻休息时间里，大家也常常请懂得《玛纳斯》的人讲述有关《玛纳斯》的故事，或听一段《玛纳斯》的演唱。中华人民共和国成立前，牧民们为了答谢"玛纳斯奇"的演唱，往往要向歌手赠送骏马、皮袄等，并宰羊招待。中华人民共和国成立后，柯族人民的习俗发生了不少变化，但是仍以丰盛的家宴来表达牧民对歌手的谢意。

我国新疆柯族地区有不少"玛纳斯奇"，其中演唱得最多的是阿合奇县卡拉布拉克公社，属于切力克部落的朱素普·玛玛依。朱素普·玛玛依，今年62岁，他从小就爱听老人们讲故事，喜欢学唱柯尔克孜族的民间诗歌。他的哥哥巴勒巴依是个民间文学的爱好者、搜集者，曾四处拜访民间艺人，学习和搜集民间文学作品。巴勒巴依曾跟着当地著名歌手居素普阿洪、额布拉依木等学习过英雄史诗《玛纳斯》，并用阿拉伯文字母将它记录收藏。这对朱素普·玛玛依后来成为"玛纳斯奇"起了很大作用。朱素普·玛玛依8岁的时候，进入了当地的伊斯兰教经文学校。他学会了阿拉伯文字母后，就大量地阅读和背诵他哥哥巴勒巴依收藏的民间文学作品。到16岁时为止，他已经熟读了几十部民间长诗，并且也背熟了《玛纳斯》。后来，不论他从事牧业生产，还是当小学教师，他总是一边工作，

一边演唱《玛纳斯》。坚强的毅力，使朱素普·玛玛依熟记了《玛纳斯》的20多万行。此外，他还能演唱多部别的民间长诗。朱素普·玛玛依为我国抢救《玛纳斯》做出了很大贡献。他现在是中国文联委员、中国民间文艺研究会理事、新疆文联名誉主席、新疆维吾尔自治区政协常委。

"文化大革命"中故去，属于冲巴额什部落的乌恰县著名的"玛纳斯奇"艾什玛特（去世时快90岁了）也是一位了不起的民间歌手。

1961年，我们在乌恰县记录了他演唱的第一部11070行，第二部6390行。他虽然演唱的不如朱素普·玛玛依的多，但是在他演唱的变体的内容和语言上，都有其独特的特点。艾什玛特一生中，经常在乌恰县境内演唱《玛纳斯》，颇受当地柯族人民的尊敬。

另一位著名的"玛纳斯奇"是乌恰县的铁木尔，他属于冲巴什部落，1981年时70多岁，曾住乌恰县托云。1961年，他给我们演唱了第二部《赛麦台依》的5000行，还演唱第一部、第三部的片段。他在讲述到玛纳斯诞生时，不像一般"玛纳斯奇"讲的那样，说玛纳斯是加克普的妻子奇依尔迪在树林中生下的，而是说加克普在一个山洞里的金子摇篮里捡来的。铁木尔演唱的虽然不如上述"玛纳斯奇"演唱的长，但其语言很美，艺术性强。

乌恰县的"玛纳斯奇"玛木特·木萨，也能演唱史诗《玛纳斯》一、二、三部的一些片段。此外，1961年时，乌恰县的阿布什·玛买特、阿图什县（今阿图什市）的阿瓦孜、奥斯曼·纳玛依、阿克陶县的阿勒等许多民间歌手也都演唱了史诗一、二部的某些片段。

1979年冬，在去新疆征求柯族人民对《玛纳斯》第一部柯文油印资料本的意见时，我们还了解到，现在还有约30个"玛纳斯奇"分散在各县柯族地区，据说，在乌什县加满苏，还有一位女"玛纳斯奇"。

从上述情况看来，我国新疆的"玛纳斯奇"还是比较多的，但是这些"玛纳斯奇"，多数都已年迈，需要尽快地抢救他们所演唱的材料。

三、关于《玛纳斯》的收集、整理及出版

《玛纳斯》的文学价值和学术价值，早就引起了学者们的重视。国外一些学者，不仅记录、翻译了这部史诗，而且还写了不少研究论文。了解国外的这些情况，对我们搜集、翻译、整理和研究《玛纳斯》，是有一定参考价值的。

16世纪，毛拉·赛夫丁·依本·大毛拉·沙赫，阿巴斯·阿赫色坎德在其波斯文《史集》一书中，就提到了玛纳斯。他说玛纳斯的战士多是由住在新疆叶城一带属于克普恰克部落的人组成。但这本书并没有把《玛纳斯》的诗句记录下来。

十月革命前，最早记录发表《玛纳斯》的，一个是19世纪50年代化装成商人，进入我南疆柯族地区的沙俄哈萨克斯坦贵族出身的军官乔坎·瓦利哈诺夫，另一个是俄国突厥学家拉德洛夫。

乔坎·瓦利哈诺夫在其1861年出版的《准噶尔概论》一书中，介绍了《玛纳斯》的主要情节，并第一次用柯语记录了《阔阔托依的祭奠》这一节。在他听到的变体中，说玛纳斯娶卡尼凯是因他父亲加克普去卡拉汗那儿说亲，卡拉汗不同意，而玛纳斯便把卡尼凯强娶来了；说阔阔托依的"阿依勒"（牧村）不在塔什干附近，而是在伊塞克库勒（热湖）附近；说在阔阔托依的祭奠上捣乱的孔古尔拜方面的交劳依是被玛纳斯战死的，而玛纳斯又是被涅斯卡拉打伤而后死去的。乔坎·瓦利哈诺夫没有把《玛纳斯》的这一变体记全，主要是记下了《阔阔托依的祭奠》这一节。

拉德洛夫于1862—1869年间，曾在西伯利亚及中亚一带调查北部诸突厥民族的民间文学资材、他先后在特克斯和楚河一带柯族地区，搜集了不少的《玛纳斯》材料。他在1885年出版的《北部诸突厥部落的民间文学典范》第五卷《奇石柯尔克孜人的方言》一书中，收进了下述材料：

《玛纳斯》1—368页；

玛纳斯的诞生1—6页；

阿勒玛木别特（拉德洛夫写作"阿勒江别特"）成为穆斯林、从阔克确处出走及投奔玛纳斯6 — 61页；

玛纳斯与阔克确之战，娶卡尼凯，玛纳斯死后复活61 — 140页；

包克木龙140 — 205页；

阔孜卡曼（拉德洛夫写作"阔斯卡曼"，可能这是柯语"S"土语的特点）205 — 280页；

赛麦台依的诞生280 — 312页；

赛麦台依312 — 368页；

《交劳依》（拉德洛夫写作"瑶劳依"）369 — 525页；

《艾尔·托什吐克》529 — 589页。

上述材料共12454行，其中《玛纳斯》第一部为9449行。这些材料都是用斯拉夫字母记录的柯尔克孜语。不久，拉德洛夫便用德文翻译发表了这些材料。拉德洛夫记录的这份材料不全，有遗漏，记的音也不够准。另外，材料本身在诗句上也不够优美。

1898年，在喀山，用阿拉伯文字母（语言是柯语）第一次出版了"玛纳斯奇"特尼别克演唱的史诗第二部《赛麦台依》的片段。

1911年，匈牙利人阿勒玛色在布达佩斯又用德文发表了《赛麦台依》的片段《英雄玛纳斯与其儿子赛麦台依告别》。

十月革命后，1922年，首先记录了吉尔吉斯斯坦著名的"玛纳斯奇"萨额木拜·奥劳孜巴考夫演唱的《玛纳斯》第一部。

1925年，在莫斯科用阿拉伯文字母再次出版了特尼别克演唱的《赛麦台依》的第一册。

从1931年起，苏联在吉尔吉斯斯坦有计划地进行了《玛纳斯》的搜集、记录工作。他们共记录了《玛纳斯》的第一、二、三部的13种变体。其中，第一部9种变体，第二部5种变体，第三部3种变体。据苏联出版的材料介绍说，以上各种变体材料共有100万行。

在20世纪30年代，苏联用俄语和柯尔克孜语出版了《玛纳斯》的一些片段，并发表了一些评介文章和介绍"玛纳斯奇"的文章。

1937年，法国巴黎出版的名为《欧洲》的一本杂志上，发表了《玛纳斯》第一部《远征》中的片段。

1940年，在苏联伏龙芝用柯语出版了萨额木拜·奥劳孜巴考夫演唱的《玛纳斯的童年时代》。

1941年，在伏龙芝用柯语出版了《玛纳斯》片段的小册子，如《阿劳凯汗》《卡尼凯的故事》《玛凯勒朵》《玛纳斯之死》《玛纳斯的诞生和童年时代》《玛纳斯的首次征战》《玛纳斯与都布尔汗之战》《赛麦台依从布哈拉来到塔拉斯》等，并用俄语发表了《远征》的一节。

同年，土耳其《瓦尔勒克》（《存在》）杂志用土耳其文连续发表了3篇评介《玛纳斯》的文章。

1942年，在伏龙芝用柯语出版了《玛纳斯》第一部《远征》一节的片段，还出版了《赛麦台依》的片段《角斗场》，并出版了介绍演唱《玛纳斯》的民间歌手的《玛纳斯奇们》一书。同年，在阿拉木图用哈萨克语翻译出版了《远征》一节的片段。

1944年，在伏龙芝出版了萨额木拜的《首次征战》，并在俄文的《现代吉尔吉斯斯坦》10月号上，发表了《远征》的片段。

1946年，在莫斯科用俄文出版了《玛纳斯》的《伟大的进军》（即《远征》）一书，共372页，附有精绘的插图和一个长篇序言。

同年，立陶宛文《胜利》杂志的第一期上介绍了史诗《玛纳斯》。

1950年，用立陶宛文翻译出版了利普肯写的中篇小说《慷慨的玛纳斯》。

1952年，在苏联伏龙芝召开了全苏联研究《玛纳斯》的学者参加的《玛纳斯》科学讨论会。与会者一致肯定《玛纳斯》是一部富有人民性的优秀文学作品。会上宣读的报告有：

包劳夫考夫的《柯尔克孜史诗〈玛纳斯〉的人民性问题》；

包格达诺娃的《论史诗〈玛纳斯〉的人民性》；

加克什叶夫的《论史诗〈玛纳斯〉早期的记录稿》；

克里木江诺娃的《〈玛纳斯〉的变体》；

套考木巴叶夫的《论〈赛麦台依〉的人民性问题》；

色德克别考夫的《〈玛纳斯〉三部曲之一的〈赛依台克〉》；

克利毛维赤的《史诗〈玛纳斯〉的研究情况及其任务》。

通过这次科学讨论会，总结了苏联30年来进行《玛纳斯》工作的经验教训，并提出了尽快用柯语出版史诗《玛纳斯》一、二、三部的计划。

同年，在英国伦敦，包拉根据拉德洛夫记录的材料和1946年莫斯科版的《玛纳斯》出版了《玛纳斯》的英文译本《英雄的诗》。

1958年，在伏龙芝出版了柯语《玛纳斯》第一部综合整理本（共一、二两册，前者303页，后者318页）。同年，又用俄文出版了中篇小说《慷慨的玛纳斯》。

1959年，在伏龙芝出版了柯语《玛纳斯》第二部《赛麦台依》综合整理本，共324页。

同年，土耳其的《土耳其语年鉴》上，刊载了评介《玛纳斯》的文章，哈萨克斯坦研究《玛纳斯》的作家阿乌艾佐夫，在阿拉木图用哈语和俄语发表了研究《玛纳斯》的论文。

1960年，伏龙芝出版了第三部柯语综合整理本《赛依台克》。至此，苏联柯族人民中流传的《玛纳斯》一、二、三部，已全部整理出版。同年，莫斯科又出版了俄文的《玛纳斯》，共309页，其中包括《玛纳斯的诞生》《阔阔托依的祭奠》，以及《英雄之死》等节。

1961年，苏联哈萨克作家阿乌艾佐夫在阿拉木图又出版了研究《玛纳斯》的著作《各种年代的思想》。莫斯科出版了研究论文集《柯尔克孜英雄史诗〈玛纳斯〉》，共收进论文9篇和一个目录，全书374页。

1965年，伏龙芝出版了玛木套夫和阿布德勒达叶夫用柯语合写的《史诗〈玛纳斯〉研究中的某些问题》。同年，法国巴黎用法语翻译出版了《玛纳斯》的片段《艾尔·托什吐克的惊险奇事》。

1968年，伏龙芝出版了俄文的《柯尔克孜人民的英雄史诗——〈玛纳斯〉》。

1974年，莫斯科出版了日尔孟斯基著的《选集》（突厥英雄史诗）。

1977年，英国牛津大学出版了《玛纳斯》的片段《阔阔托依的祭奠》。

近些年来，苏联还用塔吉克、乌兹别克等文字翻译出版了《玛纳斯》，发表的论文也不少。关于《赛麦台依》的研究专著也有用柯语出版的。

据法国专门研究柯尔克孜民族民间文学的岛额教授来信讲，他到阿富汗巴达赫山一带柯族地区调查过，他说阿富汗柯族地区的《玛纳斯》，与苏联出版的《玛纳斯》有不同的特点。

过去，国外研究《玛纳斯》的人，多是根据苏联出版的《玛纳斯》进行翻译或研究。1979年，日本女留学生乾寻来中央民族学院跟我学习《玛纳斯》时，我指导她，根据我国"文化大革命"前公开发表的材料，把铁木尔演唱的《赛麦台依》变体译成了日文，共8000行，在《丝绸之路》日本杂志上分两期发表了。

到现在为止，在国外，《玛纳斯》或其片段已有俄文、德文、英文、法文、土耳其文、哈萨克文、乌兹别克文、塔吉克文、日文等译本了。

我国对史诗《玛纳斯》的搜集、记录工作，在中华人民共和国成立前只限于柯族人民对手抄本的民间传抄，有计划的搜集、记录工作是中华人民共和国成立后才开始的。

在党的民族政策的指引下，中华人民共和国初期，在1955年、1956—1957年曾进行过两次大规模的柯语方言调查。在这项工作过程中，我们曾搜集、记录过《玛纳斯》的一些片段。

1960年，中央民族学院语文系柯尔克孜语班师生在柯族地区实习时，曾与新疆文联下去组稿的同志共同协作，记录、翻译了史诗《玛纳斯》的第二部《赛麦台依》，发表于《天山》（汉文）杂志1961年1月号、2月号和同年的《塔里木》（维吾尔文）杂志上，引起了有关单位和读者们的重视。这是我国第一次公开发表《玛纳斯》译文。

1961年，在中央新疆维吾尔自治区党委宣传部的领导下，由新疆文联、新疆文学研究所、中共克孜勒苏柯尔克孜自治州州委宣传部和中央民族学院等单位共同组成了《玛纳斯》工作组，深入克孜勒苏柯尔克孜自治州各县进行了搜集调查工作。在半年多的时间里，初步翻译了朱素普·玛玛依演唱的大部分材料，后来又经过校译、注释，铅印了《玛纳斯》第一部的汉文译文资料本（上、下两册）。

1961年12月14、15日的《新疆日报》（汉文）上，发表了朱素普·玛玛依演唱的《玛纳斯》第一部片段的汉文译文。

1962年5月号的《民间文学》杂志上，发表了朱素普·玛玛依演唱的《玛纳斯》第四部《凯耐尼木》片段的汉文译文。

1964年，由中国民间文艺研究会、中国作家协会新疆分会、中共克孜勒苏柯尔克孜自治州州委宣传部和中央民族学院又组成了《玛纳斯》工作组，再次深入柯族地区进行补充调查，并进行了校译、注释等工作。这次除补记了朱素普·玛玛依上次未唱完的材料外，还搜集了史诗《玛纳斯》的其他变体多种以及一些手抄本等材料，并重新校对了过去的全部译稿。前后两次大规模的搜集调查，共访问了克孜勒苏柯尔克孜自治州境内的"玛纳斯奇"70多位，搜集了史诗的各种变体共50多万行材料。

粉碎"四人帮"以后，史诗《玛纳斯》获得了新生。我向中央有关领导部门打了关于加速抢救《玛纳斯》的报告，得到了关心与支持。《玛纳斯》工作组从1978年12月又恢复了工作。组织上派我去新疆把朱素甫·玛玛依接到北京中央民族学院，重新补记了"文革"中丢失的材料，共补记了10多万行材料，并重新汉译了第一部近2万多行材料。我们还油印了史诗第一部四册柯文资料本，分发给广大柯族同志征求意见。

1979年7月号《新疆文艺》（哈文）杂志上，发表了朱素甫·玛玛依演唱的第二部《赛麦台依》片段的哈萨克文译文。

1980年1月号《新疆文艺》（维文）杂志上，发表了朱素甫·玛玛依演唱的第一部《玛纳斯》片段《玛纳斯的婚事》的维吾尔文译文。

后来,《玛纳斯》工作移到新疆进行,成绩很大,先后把八部《玛纳斯》柯文本都出版了。这是了不起的成绩,是对丰富祖国文化宝库做出的巨大贡献!

四、国内外的"玛纳斯奇"①

"民间文学是劳动人民的集体创作。在广大的群众作者里面,有一些很有见识和才能的民间艺术家。他们熟悉民间文艺,具有较高的编唱或演出水平,深受人民群众爱戴。他们被称为民间诗人、歌手和故事讲述家。"②在柯尔克孜族人民中间,有一些被称为"玛纳斯奇"的人,就是很熟悉史诗《玛纳斯》,具有较高的演唱水平,深受人民群众喜爱的民间艺人。

研究民间文学,离不开对民间诗人、民间歌手和故事讲述家的研究。研究史诗《玛纳斯》,也离不开对"玛纳斯奇"的研究。本文拟就有关"玛纳斯奇"的一些情况作一介绍,希望有助于进一步开展史诗《玛纳斯》的研究工作。

1.关于"玛纳斯奇"的概念

在谈"玛纳斯奇"这个词之前,我想先谈一谈"玛纳斯"这个词。"玛纳斯"一词,在柯语中有以下几种意义:

(1)人名,即史诗《玛纳斯》中主人公玛纳斯的名字。

(2)史诗名,即以英雄玛纳斯名字为名的《玛纳斯》史诗。从广义上说,它是《玛纳斯》(第一部)、《赛布台依》(第二部)、《赛依台克》(第三部)等各部的总称;从狭义上说,它指《玛纳斯》的第一部。

(3)歌剧名,即苏联吉尔吉斯斯坦国家歌剧芭蕾舞剧院自1966年开始

---

① 本节原载《民族文学研究》1986年第3版。

② 钟敬文主编:《民间文学概论》,上海文艺出版社,1980年,第116页。

上演的，以史诗《玛纳斯》第一部为情节内容而改编的歌剧《玛纳斯》。[①]

（4）地名，用"玛纳斯"一词作地名的有好几个，它们是：

①河名，一条是发源于我国，起自喜马拉雅山中，是不拉赫玛普特拉河的右支，流经印度东北部和不丹境内，长约400公里的玛纳斯河。[②] 一条是流经我国新疆北部玛纳斯等县，长约402公里的玛纳斯河。

②县名，我国新疆北部昌吉回族自治州管辖的一个县，因玛纳斯河流经该县而起名为玛纳斯县。

③村名，一是指距中亚哈萨克斯坦江布尔（塔拉兹）火车站20公里远的一个村庄；一是指中亚一个离叫肖包考夫火车站40公里远的一个村庄；一是指中亚吉尔吉斯斯坦塔拉斯市东25公里的一个村庄。[③]

④冰川名，即"玛纳斯芒古俗"（玛纳斯冰川），位于中亚吉尔吉斯斯坦塔拉斯境内阿拉套山的山麓，最后流入玉尔玛拉勒河。

⑤陵墓名，即"玛纳斯拱北"（玛纳斯陵墓），位于中亚吉尔吉斯坦塔拉斯河北的坎阔勒，建于公元14世纪，是为纪念死于1334年6月星期五这一天的察哈台艾米尔（国王）阿不卡的女儿克雅尼孜雅克而修建的。但迄今一直被称为"玛纳斯陵墓"。

⑥山峰名，即"玛纳斯乔库苏"（玛纳斯峰），是中亚吉尔吉斯斯坦塔拉斯境内阿拉套山的最高峰，高4487.8米。

我国著名的"玛纳斯奇"朱素甫·玛玛依演唱的变体，是这样来讲述我国新疆北部玛纳斯城的命名的：

玛纳斯在攻打乌鲁木齐的时候，

与克塔依[④] 将军同来到一个战场。

玛纳斯说：

"要修建起一座城市，

---

① 《苏联吉尔吉斯百科全书》（柯尔克孜文）第四卷，1979年，第157页。

② 《苏联吉尔吉斯百科全书》（柯尔克孜文）第四卷，1979年，第15页。

③ 《苏联吉尔吉斯百科全书》（柯尔克孜文）第四卷，1979年，第158页。

④ "克塔依"即契丹。

按上我的名字，

……"

……

在宽阔的原野上建起一座城市，

以自己的名字命名。

从那时起直到现在，

便留下了玛纳斯这座城池。

名字留下一直没有变动，

人们从四面八方搬到了这里。

其他一些以"玛纳斯"为名的地名，也都是与史诗《玛纳斯》中主人公有关的一些传说。它们虽然不尽符合历史实际，但对研究这些地名的来源提供了一方面的线索。

现在我们再回到本题上，谈一谈"玛纳斯奇"这一个词。"玛纳斯奇"［manastʃə］是由柯语名词"玛纳斯"加上表示"从事某种职业的人"的名词构词附加成分"奇"而构成的一个派生名词。

"玛纳斯奇"中的"玛纳斯"不是指人名或地名，而是指这部史诗，所以，"玛纳斯奇"的意思是"从事讲述和演唱史诗《玛纳斯》这一职业的民间艺人"。

史诗《玛纳斯》，在柯尔克孜族人民中间已流传了上千年了。当然，讲述和演唱史诗《玛纳斯》的人也是自史诗《玛纳斯》产生时起就出现了。但是，据历史文献的记载和柯族民间对讲述和演唱《玛纳斯》的人的称呼看来，"玛纳斯奇"一词的出现却是很晚的。沙俄军官，哈萨克人乔坎·瓦利哈诺夫（1856年），俄国突厥学者拉德洛夫（1862年，1869年），匈牙利学者阿勒玛什（1911年）最早记录了史诗《玛纳斯》，但他们都没有记录下演唱者的名字，也没有使用"玛纳斯奇"这一词。在拉德洛夫写的介绍中，使用的是"阿肯"（游吟诗人，歌手。今也作"诗人"讲）一词[1]。

---

① 拉德洛夫:《北部诸突厥部落民间文学范例》第五卷，圣彼得堡，1885年，第4页。

1925年在莫斯科出版的史诗第二部《赛麦台依》的序言中，使用的是"交毛克楚"（一作讲述、演唱史诗的民间艺人讲，一作民间故事讲述家讲）一词。不论是在中亚吉尔吉斯斯坦等国，或在我国及阿富汗的柯族人民中间，迄今还有许多人，把讲述、演唱《玛纳斯》的民间艺人称为"交毛克楚"，并把知道得多的叫作"冲交毛克楚"（大讲述演唱家），也有不少人把"交毛克楚"与"玛纳斯奇"并用。

据我中华人民共和国成立初期到新疆柯族地区学习、调查柯族语言文学时了解的情况看来，当时新疆的柯族人民在口语中已使用"玛纳斯奇"一词，但最早是何时开始使用的，未能弄清。在苏联吉尔吉斯斯坦出版物中，最早使用"玛纳斯奇"这个词的是赫·卡拉萨耶夫教授，他在1930年5月27日的《红色吉尔吉斯斯坦》报上发表的题为《玛纳斯》的一篇文章中，首先使用了这个词。后来，这个词成了一个专门的术语被广泛运用。[①] 1942年，伏龙芝还出版了拉赫玛图勒林编的介绍讲述、演唱《玛纳斯》的民间艺人生平的《玛纳斯奇》一书。"玛纳斯奇"这个术语，现在已成为世界上研究《玛纳斯》的一切学者共同使用的术语了。

和《玛纳斯》的含义一样，"玛纳斯奇"也有广义和狭义之分。其广义是指能讲述、演唱《玛纳斯》各部的民间艺人，其狭义只指能讲述、演唱《玛纳斯》第一部的民间艺人。对能讲述，演唱第二部《赛麦台依》的民间艺人，在书面上也称作"赛麦台依奇"，但在我国柯族民间，这样的称呼是很少听到的。

和其他民族的民间艺人一样，完全脱离生产劳动，专门从事讲述、演唱《玛纳斯》的人是很少的，多数都是同时从事生产劳动，只有极少数著名的"玛纳斯奇"是专门以讲述、演唱《玛纳斯》为其主要活动，而且有些人在旧社会里往往要依附于当地富有的人家，经常被召去演唱。

柯族人民喜爱史诗《玛纳斯》，也喜爱"玛纳斯奇"。每当婚礼节庆的日子，柯族牧民总是要邀请"玛纳斯奇"来演唱，由于演唱都伴有一定的

---

① 《苏联柯尔克孜百科全书》（柯尔克孜文）第四卷，伏龙芝，1979年。

曲调，还配合史诗的内容加有不同动作的表演，所以引人入胜，往往从夜晚一直演唱到天亮，听众一点也不疲倦。就是平时在劳动之余，大家也常请懂得《玛纳斯》的人讲述有关《玛纳斯》的故事，或演唱一段《玛纳斯》。中华人民共和国成立前，牧民们为了答谢"玛纳斯奇"的演唱，往往要向歌手赠骏马、皮袄等，并宰羊招待。中华人民共和国成立后，柯族人民的习俗发生了不少变化，但是仍以丰盛的家宴来表达牧民对"玛纳斯奇"的谢意。

"玛纳斯奇"中，有的能讲述、演唱《玛纳斯》的各部内容，有的只会讲述、演唱其中的一部、二部或某一部的片段，有的不仅会《玛纳斯》，而且还能演唱《库尔曼别克》《艾尔托什吐克》等叙事诗和讲述传说、故事等。就是同会演唱某一部《玛纳斯》的，他们由于出身、经历和师徒传承关系的不同，在演唱的内容和风格上也各有不同，这就形成了史诗不同的变体。尽可能多地搜集各种不同的异文有利于史诗的比较研究，有助于弄清史诗流传演变的情况，有助于分析不同的"玛纳斯奇"演唱的不同变体的特点及其所产生的原因。

柯族的"玛纳斯奇"生活在群众中间，与群众有着密切的关系。他们既是柯族民间文学的创作者、传播者，又是柯族民间文学的保存者、发扬者，在柯族民间文学的继承和发展中起着重要作用。因此，要研究柯族民间文学，必须对在柯族民间文学中占重要位置的"玛纳斯奇"进行深入的研究。

2. 国内外的"玛纳斯奇"

研究《玛纳斯》的学者都非常注意研究"玛纳斯奇"的生平，特别注意研究他们之间的师徒继承关系，也有人希望能从中弄清最早是谁编唱《玛纳斯》的，因为这将有助于确定史诗《玛纳斯》产生的年代等问题。但是，史诗《玛纳斯》像其他一些古代的民间文学作品一样，它是许许多多的民间艺人，经历了漫长的年代，由集体创作并流传下来的，它不可能给我们留下最初编唱《玛纳斯》的民间艺人的名字。

我国著名的"玛纳斯奇"朱素普·玛玛依说："《玛纳斯》第一部，是由一个名叫额尔奇吾勒记下来的，有700年的历史了；第二、三、四部，是由玛纳斯尊重的巴卡依老人口授，由凯里木拜记录下来的，第五部是由凯里木拜口授的……"这里所提到的名字，都是史诗中的人物名字。因此，只能认为是一种传说了。这种说法在中亚吉尔吉斯斯坦也有，例如世界闻名的"玛纳斯奇"萨额木拜·奥劳牧巴克（1867—1930），在他演唱的变体中，就提到一个加依桑的"额尔奇"（民间歌手），也有不少"玛纳斯奇"讲，玛纳斯40个勇士之一的额拉曼的儿子额尔奇在玛纳斯死后曾唱过哀歌，他后来把这些歌颂玛纳斯英勇事迹的哀歌联在一起，由后人传下来，并传说较早的"玛纳斯奇"是14—15世纪的套克套吾勒。

《苏联吉尔吉斯百科全书》在介绍"玛纳斯奇"的词条中，讲到18世纪的"玛纳斯奇"有个名叫诺奥劳孜的，19世纪的有凯勒地别克、巴勒克（别克木拉特）、乃曼拜、特尼别克和乔尤凯等，但只有特尼别克演唱的变体在十月革命后被记录了下来。活到十月革命后的"玛纳斯奇"有：萨额木拜·奥劳孜巴克、萨雅克拜·卡拉拉耶夫（1894—1971）、套奥劳克·毛勒岛（1860—1942）、毛勒岛巴散·木素勒曼库劳夫（1883—1961）、顿卡纳·考楚凯（1886—？）、玛木别特·乔克毛劳夫（1899—1973）、额不拉依木·阿不德拉赫曼（1888—1967年）、加额拜·考捷克（1896—1942）、阿克玛特·勒斯民德耶夫（1891—1966）、沙帕克·勒斯民德耶夫，依萨·朱玛别考夫和赛依德娜·毛勒岛凯耶娃等。

中亚吉尔吉斯斯坦"玛纳斯奇"中最著名的是萨额木拜·奥劳孜巴克和萨雅克拜·卡拉拉耶夫，这两位是已闻名全世界的《玛纳斯》大师。

萨额木拜·奥劳孜巴克，1867年生于吉尔吉斯斯坦伊塞克库勒（即热湖）盆地的卡不尔阿村，1930年在考奇考尔区考奇考尔村去世。他自幼喜欢学习、演唱各种抒情民歌和习俗歌，15岁起演唱《玛纳斯》。他演唱的变体，深受老一辈"玛纳斯奇"乔尤凯、特尼别克、乃曼拜、阿克勒别克、阿里舍尔的影响。克·米夫塔考夫和额不拉依木·阿不德拉赫曼曾于

1922 — 1926年记录过其第一部变体，后来又有人记录了他演唱的史诗的其他部，全部材料有180378行，萨额木拜的异文是一种比较古老的变体，思想艺术性都较高。但他的异文中也有他创作的部分，例如编进了玛纳斯去麦加朝觐当"哈吉"（伊斯兰教徒去麦加朝觐后得的一种称号）的情节。和玛纳斯与伊里雅·木劳麦茨、拿破仑的战斗等情节，而且有不少地方过多地渲染了伊斯兰教色彩。萨额木拜是萨雅克部落人，他哥哥阿里舍尔也是个著名的"玛纳斯奇"，他主要是从他哥哥那里学会《玛纳斯》的。萨额木拜识字，幼年受过宗教教育，且常被上层召去演唱，这就是他的异文中宗教色彩较浓的原因之一。

萨雅克拜·卡拉拉耶夫是全吉尔吉斯斯坦最大的"玛纳斯奇"，1894年生于伊塞克库勒（热湖）省阿克奥朗村，1971年在吉尔吉斯斯坦首都伏龙芝去世。萨雅克拜出生于贫苦家庭，自12岁起就跟父亲一起给牧主家当雇工。1916年中亚各族人民掀起反抗沙俄侵略的起义斗争时，流亡我国新疆，1917年返回家乡，并给俄罗斯富农家当雇农。1918 — 1922年，他自愿参加了属于红军系统的红色近卫军，为巩固年轻的苏维埃政权，曾在西伯利亚参加了反对杜多夫和安年科夫的斗争，又在阿拉木图、布哈拉、阿什哈巴德尔和普尔热瓦尔茨基区等地参加了消灭白匪和土匪的斗争。1922 — 1931年，先后在伊塞克库勒地区担任额尔德克和玛曼村的村苏维埃主席。1930年，他应吉尔吉斯斯坦共和国人民教育部之邀到伏龙芝，后在音乐协会（1935 — 1954）当演员，并被授予人民艺术家的光荣称号。萨雅克拜在《玛纳斯》上的才能及成就，其祖母达克什和亲戚苏然奇、拜德勒等是重要的启蒙者。他的祖母是一位非常喜欢唱歌和爱讲故事的人，他的上述亲戚都会讲《玛纳斯》。萨雅克拜从1918年起演唱《玛纳斯》的片段。1922年，他又从老一辈"玛纳斯奇"乔尤凯那儿学习过《玛纳斯》，并受过另一老前辈阿克勒别克的教益。1925年起，他开始在群众中演唱《玛纳斯》的全部。1932 — 1947年，记录了萨雅拜克演唱的《玛纳斯》的全部，即《玛纳斯》第一部84513行、第二部《赛麦台依》316157行，第三部《赛依台克》84697行，和《赛依台克》的继续《凯南》及《阿勒木萨勒克和库兰萨勒克》15186行。萨雅克拜演唱的异文共长达500553行。这是全世界演唱《玛纳斯》的"玛纳斯奇"中会得最长的一位。他的异文比荷马的《伊利亚特》和《奥德赛》多20倍、比波斯的《沙赫纳马》(《帝王传》)多5倍，比印度的《摩诃婆罗多》多2倍多。萨雅克拜的变体非常完整，思想艺术水平高。苏联吉尔吉斯斯坦在整理出版《玛纳斯》(共三部)时，充分利用了他的材料。由于他演唱的《赛麦台依》比任何"玛纳斯奇"唱得长而精彩，已单独出版了他的这一变体。萨雅拜克除《玛纳斯》外，还会演唱其他许多民间叙事长诗，他演唱的《艾尔托什吐克》，已用吉文及俄文出版了。他还创作了不少长诗，如《鹰的故事》(1953年)、《难忘的日子》(1954年)、《黛勒黛什英雄》(1955年)、《套毛尔》(1956年)、《库瓦特受的痛苦》(1958年)、《在卡拉毛勒》(1962年)等。他对吉尔吉斯文学的卓越贡献，使他获得了三次"劳动红旗"和"最高奖章"的勋章。现在世界闻名的吉尔吉斯斯坦作家成吉孜·艾依特玛套夫说："如果有人问我'谁是你们民族中最伟大的人物？'我第一个就要说萨雅克拜·卡拉拉耶夫！"

萨额木拜与萨雅克拜的不同异文形成了《玛纳斯》演唱中的两个流派，前者主要是在吉尔吉斯斯坦纳仁地区，后者主要是在普尔热瓦尔茨基一带。彼此在故事的情节、语言风格及宗教色彩的程度上都有不同。

凯勒地别克的继承人是与其同一时代的巴勒克，巴勒克演唱的变体中很少有神话色彩，巴勒克的继承人是儿子乃曼拜。与乃曼拜的同代人特尼别克、阿克勒别克都对萨额木拜有影响，但萨额木拜是跟自己的哥哥阿里舍尔学会演唱《玛纳斯》的。萨雅克拜主要是跟乔尤凯学习过，但也受到过阿克勒别克的教益与影响。

值得提出的是萨雅克拜曾于1916年流亡到新疆柯族地区，他演唱的《玛纳斯》会对我国"玛纳斯奇"产生影响。而前面提到过额不拉依木，阿不德拉赫曼曾于20世纪30年代来过我国新疆阿合奇县搜集记录过《玛纳斯》的一、二、三部，我国"玛纳斯奇"演唱的《玛纳斯》也会对吉尔吉斯斯坦产生影响。加上中吉边界两边的柯族人民，有不少人有亲戚关系，他们过去往来也较频繁。从20世纪30年代起，苏联吉尔吉斯斯坦印刷出版的各种《玛纳斯》书籍不断传入我国新疆柯族地区，在《玛纳斯》传播上的这种相互影响也是很自然的。

下面再介绍一下吉尔吉斯斯坦其他"玛纳斯奇"的情况：

套奥劳克·毛勒岛，他的真名叫巴依木别特·阿不德拉赫曼，1860年生于纳仁盆地库尔特卡村的一个贫苦家庭。他父亲是位民间歌手，他在父亲的影响下，不仅学会了编写诗歌，还学会了演奏考木孜琴（三弦琴）。他18岁时，曾向大"玛纳斯奇"特尼别克学习演唱《玛纳斯》，后来他成了一位"玛纳斯奇"，并能拿笔进行创作，又成了一位诗人。他创作的不少诗歌都出版了。他演唱的《玛纳斯》一、二、三部的一些片段和叙事诗《什尔达克伯克》《加额尔木尔扎》《民地尔曼》等都记录了下来。

毛勒岛巴散·木素勒曼库劳夫，1883年生于纳仁地区铁列克村的一个中牧家庭。毛勒岛巴散跟哥哥卡勒吾勒学会演唱《玛纳斯》，他还会编曲子弹奏考木孜琴。他演唱的《萨勒塔娜特》《加芮什与巴依什》《凯代依汗》（穷皇帝）等叙事诗和《古勒巴拉与阿散》《奥斯芒英雄》《智慧姑娘与残暴的汗》等故事，以及史诗《玛纳斯》《赛麦台依》等，都先后被记录了下来，其中有些叙事诗已经出版了。

顿卡纳·考楚凯，1886年生于纳仁地区艾奇克依巴什村。他多次听过特尼别克等大"玛纳斯奇"的演唱，并跟乔尤凯学习过。他演唱《玛纳斯》《赛麦台依》都被记录了下来，他演唱的《赛麦台依》比较精炼，且在语言艺术方面有独特的特点。

玛木别特·乔克毛劳夫，1896年生于伊塞克库勒地区，他是跟自己的表哥冬额孜拜·艾什木别克（1868—1935）学会演唱《玛纳斯》一、二、三部的。冬额孜拜曾跟特尼别克·加波学习过《玛纳斯》。1965—1972年，记录了玛木别特演唱异文共234500行，其中第一部《玛纳斯》有131000

行，第二部《赛麦台依》有62500行，第三部《赛依台克》有41000行，这是继萨雅克拜·卡拉拉耶夫的变体之后，记录的又一个较长的异文，这份异文在故事的某些情节方面也有一些不同的地方。

额不拉依木·阿不德拉赫曼是吉尔吉斯斯坦著名的"玛纳斯奇""散吉拉奇"（讲述民族、部落历史的故事家），教育家、民间文学家。1905年，他毕业于卡拉考勒的塔塔尔学校，后从事教学工作。1939年毕业于伏龙芝师范学院，后在研究吉尔吉斯族语言文学的单位工作。他将毕生精力献给了搜集本族民间文学的工作。他于1922—1926年，已记录了萨额木拜演唱的《玛纳斯》，后又记录了萨雅克拜演唱的《玛纳斯》《赛麦台依》。1936、1937年两次来我国新疆阿合奇县记录了当地"玛纳斯奇"演唱的《玛纳斯》一、二、三部。他本人也会演唱《玛纳斯》和《加额勒木尔扎》等，他还写过研究《玛纳斯》的论文。

加额拜·考捷克，其七代先世都是"玛纳斯奇"（阿依达尔别克、苏云拜、萨凯曲克、铁额尔拜、萨勒、加曼卡勒、考捷克）。他是跟父亲考捷克学会演唱《玛纳斯》各部的，此外，他还会演唱《艾尔塔不勒德》《艾尔托什吐克》《阿克莫尔》（《白色的印章》）等叙事长诗。他演唱的《赛麦台依》与萨雅克拜、套奥劳克等"玛纳斯奇"演唱的变体有不同的特色。

阿克玛特·勒斯民德耶夫，1891年生于考奇考尔地区沙木什村的一个贫苦家庭，他跟萨额木拜学习过演唱《赛麦台依》。1939—1947年，曾记录过他演唱的《赛麦台依》变体近40000行，《玛纳斯》片段9361行。吉尔吉斯斯坦在整理出版《赛麦台依》中，充分利用了他演唱的材料。

我国新疆柯族地区的"玛纳斯奇"也很多。据我们掌握的不完全资料看来，乌恰县地区较早的"玛纳斯奇"有考交木凯勒地、别克铁米尔、托略克、朱玛拜、托木什等。乌恰县著名的"玛纳斯奇"艾什玛特·玛木别特居素普（1872—1962）年轻时就跟他们学习过，或受过他们演唱的影响。阿合奇县地区较早的"玛纳斯奇"有居素普阿洪、额不拉依木及托略干等。阿合奇县著名的"玛纳斯奇"朱素普·玛玛依的哥哥巴勒拜（？—

1938）就跟居素普阿洪、额不拉依木学习过《玛纳斯》。阿图什县（今阿图什市）、阿克陶县地区过去也有一些大的"玛纳斯奇"。

根据我们20世纪60年代在新疆克孜勒苏柯尔克孜自治州柯族地区的调查，当时共有70多位"玛纳斯奇"，其中年龄最大的是乌恰县黑孜苇公社阿拉布拉克村的艾什玛特·玛木别特朱素普。1961年去乌恰调查时，他89岁。在记了他演唱的《玛纳斯》《赛麦台依》后不久，就于1962年病故。他演唱的异文究竟有多长，由于我们只记了一次，所以不敢说已记完了。我们只记下了近两万行材料。他演唱的虽不是最长的，但其异文的内容和语言都有独特的特点。

另一位年纪较高的是阿克陶县的奥斯芒·纳玛孜，1961年时，他已70岁。记下了他演唱的《赛麦台依》6543行。

再一位年岁较高的是马木特·木沙，他是乌恰县托云人，1961年时已60多岁。当时记下了他演唱的《玛纳斯》3800行、《赛麦台依》2280行、《赛依台克》1080行，合计7160行。

乌恰县托云公社的铁米尔，生于1909年。1960年我们中央民族学院柯语实习组在乌恰实习时，与《天山》编辑部来组稿的同志搜集、记录了他演唱的《赛麦台依》。1961年，组成《玛纳斯》工作组后，我和玉散阿勒同志又去乌恰，记录了他演唱的一、二、三部的片段。他的变体语言很美，艺术性强。

阿合奇县卡拉布拉克的朱素普·玛玛依在1961年时虽然只有43岁，却是全新疆所有"玛纳斯奇"中会得最多的一位。当时他演唱了《玛纳斯》的一、二、三、四、五部共11万余行。1964—1966年，他又补唱了第六部。"文革"后，把他接到北京，进行《玛纳斯》的抢救工作，他又补唱了第七、八部。他演唱的变体共22万多行，在行数上说，这是继苏联萨额木拜后演唱的最长的变体之一；在部数上说，是苏联柯尔克孜斯坦"玛纳斯奇"演唱得最全的一个变体，也是目前世界上唯一包括了八部的一个变体。

朱素普·玛玛依，1918年生于新疆阿合奇县卡拉布拉克草原孔古尔吾朗这个地方的切力克部落。他哥哥巴勒拜曾跟居素普阿洪、额不拉依木学习过史诗《玛纳斯》。额不拉依木会《玛纳斯》的全八部，巴勒拜学会了这八部，并用阿拉伯文字把它全部记录了下来。此外，他还到处搜集了许多民间长诗。朱素普·玛玛依从8岁起就进入伊斯兰教经文学校。16岁，跟哥哥学习《玛纳斯》，后来他背熟了《玛纳斯》的全八部，成了一个著名的"玛纳斯奇"。不论是他在从事牧业生产时，还是在小学里当教师时，他仍经常被人们邀去演唱《玛纳斯》，深受群众欢迎。"文革"中他受到了严重迫害。1978年，党和政府为他落实了政策，并把他接到北京继续抢救他演唱的《玛纳斯》。他在抢救《玛纳斯》的工作中做出了很大的贡献，被选为中国民间文艺研究会的理事、新疆文联的名誉主席。朱素普·玛玛依还能演唱其他民间叙事诗多部，是我国少有的民间艺人，被人们誉为"国宝"。

我国新疆柯族地区的不少"玛纳斯奇"，在"文革"中相继去世。1979年底，我们陪朱素普·玛玛依回新疆探亲休假时，又对克孜勒苏柯尔克孜自治州境内的"玛纳斯奇"做了调查。其中乌恰县有阿不什·玛买特（80岁）、萨尔特阿洪、阿不德卡德尔·索略特、卡拉什拜等人，阿合奇县有阿不达·加帕尔、朱玛·卡地尔、毛勒岛·马木别特、朱努斯·吾米尔、朱努斯·阿勒拜、朱玛阿勒、吾米尔·玛木别特等人，阿图什县（今阿图什市）有卡斯木·苏云（80岁）、加克普、阿勒玛阿洪（78岁）、阿坎别克、套考劳克、卡拉卡德什（60多岁）、奥帕孜等人，阿克陶县有居素普·阿依孜、赛依洪阿洪（59岁）、库尔班等人，在克孜勒苏柯尔克孜自治州州级机关中还有玛木什、玛依地勒达·塔拉普、阿尔孜等人。另据了解，在北疆特克斯县还有库尔曼拜（70岁）、昭苏县还有朵特拜（70多岁）等人，在新源县还有一位七八十岁的"玛纳斯奇"。1981年，中央民族学院开办柯语文进修班时；朱玛克同志带来了他与莫明·吐尔都同志了解的"玛纳斯奇"情况，说还有阿不德卡德尔·毛勒岛、玉赛因·阿不德加帕尔、玛木别特阿洪、朱玛拜·苏里唐、玻吕拜·巴克什、毛勒代克·加克普、卡德尔阿洪·额不拉依、疏库尔·长德尔等人都会演唱《玛纳斯》。

根据法国柯尔克孜语教授尔·岛尔1973年到阿富汗柯族地区调查时所搜集的材料来看，在阿富汗柯族地区也有一些"玛纳斯奇"，他就在大帕米尔东部离卓尔库勒湖不远的地方，记录了一名叫阿西木·阿费尔的"玛纳斯奇"演唱的材料。①

以上是有关各国"玛纳斯奇"的一些情况，因掌握的材料不全，肯定会有遗漏。较多地了解"玛纳斯奇"的情况或线索，有助于我们进一步搞好《玛纳斯》的抢救工作，也有助于我们进行不同异文之间的比较研究。

五、《玛纳斯》走向世界②

《玛纳斯》是柯尔克孜人民创造的伟大史诗，它千百年来广泛流传在民间，受到人民的喜爱。《玛纳斯》是柯尔克孜人民为丰富人类文化宝库所做出的巨大贡献。

《玛纳斯》流传在吉尔吉斯斯坦及中亚几个共和国的柯尔克孜人民中间，也流传在中国、阿富汗的柯尔克孜人民中间。流传在不同地区的《玛纳斯》，由不同"玛纳斯奇"（演唱《玛纳斯》的歌手）演唱的《玛纳斯》，都有不同的风格特点，形成了不同的变体（异文）。流传在中国的《玛纳斯》，特别是由朱素普·玛玛依演唱的《玛纳斯》，不论在部数上、风格上都有独特的地方。他是现今世界上唯一健在的《玛纳斯》演唱大师，我们首先应当向世界各国人民介绍他及他演唱的《玛纳斯》变体，同时，也要向世界介绍我国其他的"玛纳斯奇"及他们演唱的变体。这是我们应当向世界各国人民做的一件重要工作。

---

① 《帕米尔高原上的〈玛纳斯〉片段》一文，载《中亚杂志》（*Central Asiatic Journal*），1982年1—2期合刊。

② 本节原载《黑龙江民族丛刊》2000年第4期。

我想先介绍一下朱素普·玛玛依演唱大师。1962年我们与他一起抢救《玛纳斯》，记录他演唱的材料时，他亲自告诉我说，他1918年出生于我国新疆阿合奇县卡拉布拉克乡米尔凯奇村的一个柯尔克孜族牧民家庭。从8岁起就在他那位民间文学爱好者、搜集者和收藏家的哥哥巴勒拜的指导下阅读和背诵史诗《玛纳斯》，他还进过伊斯兰教的经文学校，使他有一定的文化基础和以惊人的记忆能力把长达20多万行的《玛纳斯》全部背诵下来。

中华人民共和国成立前，朱素普·玛玛依生活贫困，靠给牧主当雇工度日，劳动之余，仍继续搜集和阅读流传在民间的《玛纳斯》手抄本，以及当时苏联出版的《玛纳斯》的某些片段。在继承了当地《玛纳斯》歌手朱素普阿洪和额布拉依木演唱的《玛纳斯》的基础上，又博览了各种手抄本和铅印本，使他掌握的《玛纳斯》内容更加充实丰富。

1949年秋，新疆和平解放后，朱素普·玛玛依一边教学，一边为牧民演唱《玛纳斯》。1962年，他参加了中央和地方共同组成的《玛纳斯》工作组，进行《玛纳斯》的抢救工作。粉碎"四人帮"后，朱素普·玛玛依完成了《玛纳斯》的抢救工作。他为我们保留下了23万多行的史诗《玛纳斯》，为丰富祖国各族人民的文化宝库做出了重大贡献。因此，被我们誉为"国宝"，受到了党和国家的重视和各族人民的尊重。

朱素普·玛玛依除《玛纳斯》外，还会演唱《库尔曼别克》《英雄托什吐克》《英雄套勒套依》《玛玛克和绍包克》《阔班》《吐坦》《考交加什》《赛依特别克》《加芮什与巴依什》《加额尔木尔扎》等多部民间长诗，并能讲述柯尔克孜族族名传说、部落谱系、民间故事，还能即兴创作诗歌。他还撰写发表了不少有关历史、语言、文学、民俗方面的学术论文。

几年来，朱素普·玛玛依曾多次荣获国家和自治区的表彰与奖励，并三次应邀访问吉尔吉斯斯坦共和国。在1995年吉尔吉斯斯坦共和国举办的纪念《玛纳斯》1000周年国际学术讨论会上，被授予"人民演员"称号，吉尔吉斯斯坦共和国总统阿斯卡尔·阿卡耶夫向他颁发了金奖。他现在是新疆文联的名誉主席、研究员、新疆政协常委。

朱素普·玛玛依演唱的史诗《玛纳斯》柯文版本计八部18册，共23万余行，已由新疆人民出版社从1984年开始至1995年为止陆续出齐。这八部是：

第一部《玛纳斯》，共分四册，约58400行。它叙述第一代英雄玛纳斯联合分散的各部落和其他民族受奴役的人民共同反抗卡勒玛克、契丹统治的斗争业绩。第二部《赛麦台依》，共分三册，约36000行。它叙述玛纳斯死后，其子赛麦台依继承父业，继续与卡勒玛克斗争。因其被叛徒坎乔劳杀害，柯尔克孜族人民再度陷入卡勒玛克统治的悲惨境遇。第三部《赛依台克》，共分二册，约23000行。它描述第三代英雄赛麦台依之子赛依台克严惩内奸，驱逐外敌，重新振兴柯尔克孜族的英雄业绩。第四部《凯耐尼木》，共分二册，约33200行。它述说第四代英雄赛依台克之子凯耐尼木消除内患，严惩恶豪，为柯尔克孜族人民缔造了安定生活。第五部《赛依特》，共分二册，约24000行。它讲述第五代英雄凯耐尼木之子赛依特斩除妖魔，为民除害。第六部《阿斯勒巴恰与别克巴恰》，共分三册，约37200行。它讲述阿斯勒巴恰的夭折及其弟别克巴恰如何继承祖辈及其兄的事业，继续与卡勒玛克的统治进行斗争。第七部《索木碧莱克》，只有一册，约15000行。它讲述第七代英雄别克巴恰之子索木碧莱克如何战败卡勒玛克、唐古特、芒额特部诸名将，驱逐外族掠夺者。第八部《奇格台依》，也是一册，约12400行。它叙说第八代英雄索木碧莱克之子奇格台依与卷土重来的卡勒玛克掠夺者进行斗争的英雄业绩。史诗的每一部都可以独立成篇，内容又紧密相连，前后照应，共同组成了一部规模宏伟壮阔的英雄史诗。

下面简要地介绍一下第一部：

《玛纳斯》故事情节最为曲折动人，流传也最广。它从柯尔克孜族的族名传说和玛纳斯家族的先世唱起，一直唱完玛纳斯领导人民反抗卡勒玛克和契丹人黑暗统治的战斗一生。玛纳斯诞生前，统治柯尔克孜族人民的卡勒玛克汗王由占卜者处获悉：柯尔克孜族人民中将要降生一个力大无比、长大后要推翻卡勒玛克人统治的英雄玛纳斯。卡勒玛克汗王遂派人四处查找，并把所有怀孕的柯尔克孜族妇女一一剖腹查看，以便杀死即将诞生的玛纳斯。但在机智的柯尔克孜族人民的保护下，玛纳斯却在阿尔泰的布鲁勒套卡依地方平安地降生。目睹人民的苦难生活，使玛纳斯从小就对外来的掠夺者充满着仇恨，他立志要为本民族报仇雪耻。玛纳斯还在幼年时，已成长为一个力大无比的英雄。他同情贫穷的人民，把自己家的财产分赠给他们；他参加劳动，在炎热的吐鲁番耕种庄稼。他长大后敬重长者，信任贤能，团结了四面八方的勇士，统一了被分散的柯尔克孜族各部落，联合邻近被压迫的民族，南征北战，使各族人民过上了欢乐富裕的生活。他被拥戴为汗王，成为当时被卡勒玛克奴役着的各族人民公认的领袖。后来，他不听贤惠的助手——爱妻卡尼凯依的劝告。带着40位勇士和大队兵马，对契丹人的京城进行远征。玛纳斯在这次远征中身负重伤，回到塔拉斯后逝世，柯尔克孜族人民重新陷于灾难之中。

《玛纳斯》是一部具有深刻人民性和思想性的典型英雄史诗。它从头至尾贯彻着这样一个主题思想：团结一切被奴役的人民，反抗异族统治者的掠夺和奴役，为争取自由和幸福生活进行不懈的斗争。表现了被奴役的人民不可战胜的精神面貌，歌颂了古代柯尔克孜族人民对侵略者的反抗精神和斗争意志。

《玛纳斯》通过曲折动人的情节和优美的语言，反映了历史上柯尔克孜族人民反抗卡勒玛克、契丹人的奴役，以及肃清内奸、惩处豪强、斩除妖魔、为民除害的斗争，表现了古代柯尔克孜族人民争取自由、渴望幸福生活的理想和愿望。

《玛纳斯》的各部在人物塑造、故事情节的安排上颇多创见，在语言艺术方面，具有浓郁的民族特色。史诗中的丰富联想和生动比喻，均与柯尔克孜族人民独特的生活方式、自然环境相联系。史诗中常以高山、湖泊、急流、狂风、雄鹰、猛虎来象征或描绘英雄人物，并对作为英雄翅膀的战马，有着出色的描写。仅战马名称就有白斑马、枣骝马、杏黄马、黑马驹、青灰马、千里驹、银耳马、青斑马、黑花马、青鬃枣骝马、银兔马、飞马、黑儿马、银鬃青烈马、短耳犍马等。史诗中出现的各类英雄人物都配有不同名称和不同特征的战马。史诗几乎包含了柯尔克孜族所有的民间韵文体裁，既有优美的神话传说和大量的习俗歌，又有不少精练的谚语。《玛纳斯》是格律诗，它的诗段有两行、三行、四行的，也有四行以上的。每一诗段行数的多寡，依内容而定。每个诗段都押脚韵，也有部分兼押头韵、腰韵的。每一诗行多由7个或8个音节组成，亦兼有11个音节一行的。各部演唱时有其各种固定的曲调。

《玛纳斯》不只是一部珍贵的文学遗产，而且也是研究柯尔克孜族语言、历史、民俗、宗教等方面的一部百科全书，它不仅具有文学欣赏价值，而且也具有重要的学术研究价值。例如史诗中出现的古老词汇、族名传说、迁徙路线，古代中亚、新疆各民族的分布及其相互关系，大量有关古代柯尔克孜族游牧生活、家庭成员关系、生产工具、武器制造及有关服饰、饮食、居住、婚丧、祭奠、娱乐和信仰伊斯兰教前的萨满教习俗等，都是非常珍贵的资料。因此，非常值得我们把祖国的宝贵的文化遗产向世界介绍。

中华人民共和国成立以来，我国各族学者不仅在搜集、翻译、整理、研究《玛纳斯》的工作中付出了辛勤劳动，做出了贡献，而且在向世界介绍《玛纳斯》上也做了不少工作。玉赛音阿吉、沙坎·吾买尔、玉散·阿勒、帕自力·阿比凯、阿散拜·玛特里、买买提艾山·艾尔格、吾尔阿里恰·卡德尔、套勒昆·吐尔都、阿迪勒·朱玛吐尔都、阿不德卡地尔·套克套洛夫、套克套布布·依萨克、玛凯莱克·吾米尔拜、肉孜阿洪·卡斯、玛木别特·库尔班、努劳孜·玉散阿勒、玛木别特吐尔都·玛木别特阿洪、吐尔逊·朱玛阿勒、套克套尼雅孜·阿不德勒达、额尔斯别克·阿布坎、努尔萨勒别克·加额拜、朱玛拉依·朱素普、吐尔都布布·阿不德勒达、江拜·阿散阿勒、阿迪勒·玛克苏特、萨德克·达比特、套克套努尔·阿玛特等柯尔克孜族同志和参加过以上各项工作的其他民族的刘家琪、陶阳、刘发俊、郎樱、尚锡静、张彦平、侯尔瑞、赵潜德、太白、刘前斌、贺继宏、张广汉、白多明、张永海、葛世勤、刘源清、潜明滋等同志都做出了自己的贡献。郎樱、阿迪勒·朱玛吐尔都、马克莱克及阿满吐尔等同志还出版了研究《玛纳斯》的专著和具有一定学术价值的有关资料，都受到好评。

还应当提到的是，许多领导同志，如已故的全国政协副主席包尔汉同志，原人大常委会副委员长铁木尔·达瓦买提同志，全国政协副主席赛福鼎·艾则孜同志、司马义·艾买提同志及原新疆人大常委会副主任阿满吐尔·巴依扎克同志、夏尔西别克同志，原新疆政协副主席塔依尔同志、苏莱依曼同志，原新疆克孜勒苏柯尔克孜自治州州长吐尔逊同志，现任的新疆克孜勒苏柯尔克孜自治州州长买买提艾山同志，原新疆克孜勒苏柯尔克孜自治州政协副主席尼萨汗同志等，以及我国文艺界的领导人和著名的学者周阳同志、钟敬文教授、马学良教授、贾芝同志、刘霄无同志、王玉胡同志、王平凡同志、程远同志等都对《玛纳斯》工作给予了极大关心和支持，其中不少同志直接领导了《玛纳斯》的抢救工作。这一点是我们忘记不了的。

现在我向大家汇报一下我个人向国外介绍我国柯尔克孜族史诗《玛纳斯》的简况：

大家都知道，我在中央民族大学读书的时候，未曾学过柯尔克孜语，更不太了解史诗《玛纳斯》，我是在1953年大学毕业后，领导上派我到新疆柯尔克孜地区调查语言时，才在牧场上、毡房里，拜牧民为师，一个字一个字地，一句话一句话地学会柯尔克孜语的，也就在这一时间里，我才知道了柯尔克孜人民中间蕴藏着英雄史诗《玛纳斯》。从那时起，我立下誓言。要学一辈子柯尔克孜语，为柯尔克孜人民服务一辈子。60多年来，我履行了自己的诺言，一直从事着柯尔克孜语言文学的教学研究工作，除了培养了一些学生外，还做了一些研究工作。1982年为止，我一直和一些从事《玛纳斯》工作的同志们一起，或下去搜集调查，或进行翻译工作。从1981年起，我把向世界介绍中国的《玛纳斯》作为我的一项重要工作，并以此来报效祖国和感谢培养我成长的柯尔克孜人民。

1979年，领导上派我把歌手朱素普·玛玛依从新疆接到北京中央民族学院，在这里重新开始了对《玛纳斯》的抢救工作。当时正在辽宁大学留学的日本留学生乾寻（Ino Hiroi），在其导师乌丙安先生的带领下，来中央民族学院联系跟我进修《玛纳斯》的事。经学校同意后，我抽空给她上课。中国民间文艺研究会的领导人贾芝同志、马学良教授和老歌手朱素普·玛玛依都非常关心这项工作，给了很多帮助。后来乾寻同学回到日本，写了一篇她在北京中央民族学院跟我们学习《玛纳斯》情况的文章，并翻译了《玛纳斯》第二部《赛麦台依》片段（铁米尔演唱，发表于1961年1、2月号《天山》杂志），发表于日文《丝绸之路》（Silk Road）杂志的1981年2、3期合刊上，她还把朱素普·玛玛依演唱的《玛纳斯》第四部《凯耐尼木》片段（发表于1962年第5期《民间文学》上）发表在同一杂志的第4期上。该杂志1981年2、3期合刊号的封面上，还刊登了朱素普·玛玛依和我在中央民族学院大礼堂前的合影。这是中国的《玛纳斯》及中国的"玛纳斯奇"第一次向国外介绍。

后来，我又向德国波恩大学的一位研究新疆少数民族文学的教授克·雷舍勒（K. Reichel）介绍了《玛纳斯》和朱素普·玛玛依，这位教授到了乌鲁木齐后未能与朱素普·玛玛依相见，但回到德国后仍然按照我的介绍介绍了中国的《玛纳斯》和朱素普·玛玛依。以后，他又来了一次，终于实现了与朱素普·玛玛依见面的愿望。

后来，英国伦敦大学退休教授阿·哈托（A. Hatto）与我有了书信来往，我向他介绍了中国的《玛纳斯》及朱素普·玛玛依，并给他寄去了译成汉文的《玛纳斯》片段，因当时还未出版柯尔克孜文本。

中央民族学院在北京，有着与各国学者交流的方便条件。由于我当时担任中央民族学院少数民族文学艺术研究所文学研究室主任，凡是来校交流中国少数民族文学的，我都向他们介绍了中国的《玛纳斯》和朱素普·玛玛依等。改革开放以来，我究竟向多少国家、多少位学者介绍过，我也无法记清了。

我在国外通过外文报刊书籍亲自介绍中国的《玛纳斯》及中国的"玛纳斯奇"，是从1983年开始的。

1983年3月，我应当时法中友协主席、巴黎第三大学突厥学学院院长路易·巴赞（Luis Bazin）教授、艾克斯·恩·普洛旺斯大学教授格·依玛尔特（G. Imart）教授的邀请赴法国讲学，我也向法国朋友们交流了有关《玛纳斯》的研究情况，并与莱米·岛尔（Remy Dor）教授一起发表了题为《新疆柯尔克孜〈玛纳斯〉概述》（Manas Chez Leskirghiz Du Xinjiang Bref Apercu）的法文论文，刊登在法国的《突厥学》（Turcica）1984年总第X、XI期的29—50页，这是中国的《玛纳斯》及朱素普·玛玛依第一次被介绍到法国。

从1985年迄今，我已应邀赴日本讲学及学术交流8次了，并两次被岛根大学聘为客座教授。但早自1981年起，我已多次与日本西肋隆夫（Nishiwaki Takao）教授合作，翻译、研究了《玛纳斯》，并再次向日本介绍了朱素普·玛玛依。

1984年12月，西肋隆夫教授用日文翻译了我在《少数民族民间文学论集》第1集（中国少数民族文学学会编，中国民间文学出版社，1983年，第30—45页）中发表的题为《柯族英雄史诗〈玛纳斯〉及其研究》的一篇论文，刊登在日本岛根大学法文学部的《文学科纪要》第7号—1中。

1991年7月，我和西肋隆夫教授在岛根大学法文学部《文学科纪要》第15号—1号又发表了"《玛纳斯》研究之一"，其中有柯尔克孜语原文、汉语、日语的逐词对译和汉语、日语的意译以及注释等。

1992年7月，我和西肋隆夫教授在同一刊物的第17号—1中又发表了"《玛纳斯》研究之二"，是"研究之一"的连载。后来，我们又继续出了"之三"。到目前为止，我们的合作仍在继续进行着。

1989年5月，我应吉尔吉斯斯坦科学院的邀请前往伏龙芝进行学术交流，我在语言文学研究所中做了学术报告，与《玛纳斯》研究部的学者们进行了交流，并在国家电视台用吉尔吉斯语向全吉尔吉斯斯坦的电视观众介绍了中国的《玛纳斯》和朱素普·玛玛依等"玛纳斯奇"，也介绍了参加过《玛纳斯》搜集、翻译、整理、研究工作的北京和新疆的有关同志。这一篇电视讲演稿刊登在1989年8月17日的《吉尔吉斯斯坦文化》报上。

1989年美国印第安纳大学内陆亚细亚研究所以乌戈尔·芬—阿尔泰学丛书第154种为编号的《柯尔克孜语教程（英文）》（A Kirghiz Reader）一书出版了。这部著作是我与法国格·依玛尔特教授合作编著的。其中，我们也介绍了中国的《玛纳斯》和朱素普·玛玛依，并印上了朱素普·玛玛依的半身照片。该书中，除了有《玛纳斯》柯文原文、拉丁字母标音外，还有英文译文，后边还附有注释。这是我们第一次用英文向美国介绍《玛纳斯》及朱素普·玛玛依。

1991年5月，土耳其举办第四届国际突厥民间文学学术讨论上，我应邀前去参加，5月7日我在会上用土耳其语宣读了题为《〈玛纳斯〉在中国》的论文。该论文刊登在1992年出版的《第四届国际突厥民间文学学术讨论会论文集》第二集（土耳其文），论文的题目为：*In'Deki "Manas" Destani Ve Arastirma Alism Alari*。这是我们第一次用土耳其文向土耳其介绍中国的《玛纳斯》及朱素普·玛玛依。

1995年7月，吉尔吉斯斯坦共和国举行《玛纳斯》1000周年国际学术讨论会，我和演唱大师朱素普·玛玛依等同志一起应邀出席，我在会上用吉尔吉斯语宣读的论文是《中国的"玛纳斯"及艾什玛特演唱的〈赛麦台依〉（玛纳斯的第二部）变体》。会后，吉尔吉斯斯坦共和国《玛纳斯》研究者们又专门举行小型会议，向我赠送了包括有介绍我的词条的《玛纳斯百科全书》及洁白的毡帽，这对我是一个很大的鼓励！

1999年8月5日—8月11日，应邀赴吉尔吉斯斯坦共和国首都比什凯克市出席吉尔吉斯斯坦共和国国家科学院向我颁发名誉院士证书的仪式，我在接受记者采访中，再次介绍了我国的《玛纳斯》。

近二十几年来，有不少机会出国讲学、交流。每次出去，我总是尽量结合其他问题，向国外学者介绍我国的《玛纳斯》和演唱史诗的歌手们，以及我国在这方面的研究工作中所取得的成绩。这样做，不但使各国人民了解了我国的柯尔克孜人民，而且也增进了与中国各族人民的友谊。

六、《玛纳斯》研究中的几个问题[①]

1.《玛纳斯》在国外的收集整理情况

下面简要地谈一下国外在研究《玛纳斯》中对一些问题的看法，以及我个人对这些看法的看法。

（1）《玛纳斯》的部数问题

从瓦利哈诺夫、拉德洛夫最早记录《玛纳斯》开始到目前为止，国外所记录的材料都是属于该史诗的第一、二、三部的，其中主要是一、二部的，懂第三部的"玛纳斯奇"较少。在"玛纳斯奇"中，只有萨雅克拜·卡拉拉耶夫演唱的变体中，提到玛纳斯的儿子是赛麦台依，赛麦台依的儿子是赛依台克，赛依台克的儿子是凯南（我国著名"玛纳斯奇"居素普·玛玛依讲，赛依台克的儿子是凯耐尼木。"凯南"加上柯语表示"属于我的"第一人称领属附加成分"依木"时，即"凯南"加"依木"后连读为"凯耐尼木"，意即"我的凯南"）。凯南的儿子是阿勒木萨勒克、库兰萨勒克。（我国"玛纳斯奇"居素普·玛玛依讲，凯耐尼木的儿子是赛依特，赛依特的儿子是阿色勒巴恰、别克巴恰。）从苏联正式出版的材料来看，他们的《玛纳斯》只包括前三部，而我国的是八部：《玛纳斯》《赛麦台依》《赛依台克》《凯耐尼木》《赛依特》《阿斯勒巴恰与别克巴恰》《索木碧莱克》《奇格台依》。由于过去国外的《玛纳斯》研究者多根据俄国、苏联搜集的材料进行研究，所以他们在介绍《玛纳斯》时都是说包括三部。根据我

---

① 本节原载《少数民族文艺研究》1982年。

国目前掌握的大量材料来看，这种看法起码是不符合我国的《玛纳斯》情况的。

（2）《玛纳斯》中的英雄玛纳斯，是不是一个历史人物的问题

国外学者大都认为，没有足够的历史资料证明玛纳斯是一个历史人物，而是史诗中被人们加了工的一个英雄人物。在苏联柯尔克孜斯坦有一个被称作"玛纳斯陵墓"的墓，据国外学者的研究，说这是柯尔克孜族人民后来为了表达对史诗中玛纳斯的敬仰与怀念而修建的。

但是，在新疆北部有一条大河名叫"玛纳斯河"，河边有座城市也叫"玛纳斯"（现在是玛纳斯县），在印度也有一条叫"玛纳斯"的河。我认为，是不是一个历史人物，还应再进一步搜集丰富的材料，而后下结论为宜。在苏联阿尔泰族中也有一部长诗叫《勇士玛纳士》，阿尔泰族与柯尔克孜族在历史上是有密切关系的，对《玛纳斯》与《玛纳什》，应当统一起来进行研究。

（3）关于《玛纳斯》产生的年代问题

苏联阿乌艾佐夫、伯恩什坦木等人认为，史诗产生于公元7—9世纪，即柯尔克孜人的叶尼赛·鄂尔浑时期，其根据是：在鄂尔浑·叶尼赛碑文中，记载了柯尔克孜人与突厥人的战争材料。另外，柯尔克孜人曾在9世纪与回鹘人进行过战争，并打败了回鹘汗国，建立了游牧国家。

苏联柯尔克孜族学者尤努萨里耶夫等人认为，史诗产生于公元9—11世纪，即柯尔克孜人的阿尔泰时期，其根据是：史诗中讲到玛纳斯诞生于阿尔泰；当时柯族各部落是分散在各地，而未统一起来；从史诗中出现的柯族活动地区的地名来看，多是阿尔泰、瀚海等地，而历史上柯族人民正是居住在这一带，从11世纪的《突厥大辞典》中记载的柯族分布地区也是这些地方。另外，柯尔克孜在历史上是因为受到契丹人的侵扰，才迁往阿拉套一带的，这一点在史诗中有充分的反映。

苏联包劳夫考夫、克里毛维赤等人认为，史诗产生于14—18世纪，即柯尔克孜人的准噶尔时期，其根据是：史诗中大量反映的是与卡勒玛克

贵族（卡勒玛克是西部蒙古人，即准噶尔）的战争。

迄今为止，国外关于史诗的产生年代没有一个统一的意见。从我国《玛纳斯》的材料看来，我初步认为，史诗《玛纳斯》最早的雏形应当是产生在史诗反抗契丹侵扰的年代，但是在历史的发展中，它又不断增添了内容，加进了反抗卡勒玛克贵族的斗争。我们不能因史诗中有大量反映反抗卡勒玛克贵族统治的斗争，就简单地说成是史诗产生于这个时期，因为柯族人民反抗卡勒玛克贵族统治的斗争离现在还比较近，"玛纳斯奇"们自然会更多地描绘、讲述这些故事的。如果说，史诗《玛纳斯》最早产生于辽或西辽时期，那么距今也有1000年了。至于它究竟产生于哪个时期，应当综合各方面的资料进行分析，才可能有一个科学的结论。

（4）关于史诗中的"克塔依"是否是汉族的问题

史诗《玛纳斯》中反抗克塔依的斗争是占很重要位置的，《远征》一节讲的就是这个。过去苏联出版的著作中，都正确地指出，史诗中的"克塔依"即历史上的契丹。但是后来某些研究者出于政治原因，硬把史诗中的克塔依解释成为汉族，并以此来煽动苏联人民对中国人民的仇恨。法国依玛额教授在中央民族学院作有关《玛纳斯》的学术史诗中的报告时，曾公正地指出，苏联有的学者过去未把克塔依人解释为汉族，而后来在中苏关系恶化时期为了某种政治需要，才改变了原来的解释，硬把史诗中的克塔依说成是汉族。他是在伏龙芝亲耳听过有人这样向他解释的。他认为这种做法是不严肃的、不科学的，是错误的。事实是，克塔依是历史上说蒙古语语言的一个民族，现在，这个民族已不存在。汉文史料上称作契丹，曾建立过辽朝，后来西迁至中亚，又建立过西辽，即所谓卡拉克塔依（黑契丹）。契丹在古音中读作kitat。历史上，确有过契丹、黑契丹对柯尔克孜进行过侵扰、统治的事实，柯族人民曾经多次进行过反抗。契丹也好，黑契丹也好，都不是汉族。当时，俄罗斯人，不了解契丹之东、之南还有一个民族叫汉族，而把中国错误地也叫成克塔依了。后来，其他民族也同样地把汉族叫成了克塔依。现在俄语中的"克塔依"指的是中国，是作为国名来称呼的，而对汉族则另称作"汉"。根据史诗中的大量材料来看，其中的克塔依讲的是契丹。

（5）关于《远征》一节中的"北京"问题

史诗中有远征北京的一节，说的是玛纳斯率兵攻打克塔依人的京城——北京的经过。苏联研究《玛纳斯》的学者尤努撒里耶夫，在为1958年用柯语出版的《玛纳斯》第一部的第一册写的长篇序言（21页）中分析说：史诗中的北京，指的是黑契丹人占据的"北庭"（即今新疆北部的吉木萨尔，历史上叫作"别什巴勒克"）。也有的人认为，史诗中的"北京"，指的就是现在的北京所在地。我认为，《玛纳斯》中的北京，不是现在的北京所在地。因为"北京"这一名称比较晚。历史上，它曾被叫作燕京、幽州、析津等。史诗《玛纳斯》中提到了"克塔依人有五个'北京'"，看来"北京"一词在史诗中可能是当作"京城"来用的。"远征克塔依人的北京"可以理解为"远征契丹人的京城"。至于是西辽的京城，还是辽的京城，尚难确定。历史上，契丹人建立的辽朝确有5个京城：上京临潢府（今内蒙古昭乌达盟巴林左旗南，曾是辽的首都）、中京大定府（今内蒙古昭乌达盟宁城县西南）、东京辽阳府（今辽宁省辽阳市）、南京幽州府（今北京市）、西京大同府（今山西省大同市）。史诗中讲的克塔依人的"五个北京"与辽的5个京城是否有关呢？很值得进一步深入研究。这对确定史诗中的"北京"究竟是什么地方可能是有帮助的。

（6）关于史诗中伊斯兰教的色彩问题

史诗《玛纳斯》中有不少地方有着浓厚的伊斯兰教色彩。国外研究者认为，这些部分都是在柯族人民信奉了伊斯兰教后，由"玛纳斯奇"们增加进去的。因为，一是史诗中除了有表现伊斯兰教习俗的地方，也有大量反映萨满教或原始宗教习俗的段落；二是从史诗中人物的名字来看，除了阿勒玛木别特等人的名字是伊斯兰教的人名外，其他人名大都是古代柯尔克孜、突厥或蒙古名字。我认为这种分析是正确的。因为，柯尔克孜族是16、17世纪才逐渐改信伊斯兰教的，而《玛纳斯》是产生于柯族信仰伊斯兰教以前的一部史诗。另外，从史诗的各种变体来看，愈早记录的材料中，伊斯兰教的色彩就愈淡，这也是一个证明。

七、《玛纳斯》的搜集、翻译、整理工作的回顾①

粉碎了"四人帮"，各民族丰富多彩的民间文学作品也获得了解放。在党中央的亲切关怀下，那些曾一度被"四人帮"打成"毒草"的史诗、叙事诗、民歌、民间故事等，像朵朵绚丽的鲜花，又将为祖国的百花园增添光彩；那些曾被"四人帮"诬陷为"放毒""复辟"，遭受到残酷迫害的民间艺人、民间文学工作者，如今个个心花怒放、笑逐颜开，决心为繁荣我国社会主义文艺事业做出新的贡献。看到这喜人的变化，心情格外激动，不禁使我又想起了长期以来流传在新疆柯尔克孜族人民中间的英雄史诗《玛纳斯》和演唱这部史诗的民间艺人以及参加过搜集、翻译的同志们。

中华人民共和国成立初期，党和政府为了发展少数民族的语言文字，曾派出了不少同志深入到民族地区去学习、调查各民族的语言。1953年，组织上曾派我去新疆柯尔克孜族地区，学习柯族人民的生活，并学习他们的语言。在天山脚下，在帕米尔高原上，在毡房里，在草场上，我曾多次听过年迈的"玛纳斯奇"（专门演唱史诗《玛纳斯》的民间艺人）演唱过史诗《玛纳斯》，他们一唱就是几天。那时，我初学柯语，听不太懂。"玛纳斯奇"和柯族牧民们便耐心地、一遍又一遍地给我讲解，这一切都给我留下了深刻的印象。

党和政府为了解决少数民族的文字问题，1955年、1956—1957年曾先后组织了两次大规模的民族语言调查。我有幸参加了这两次调查。在调查柯语的过程中，我们曾搜集、记录了史诗《玛纳斯》的片段。当地的柯族干部和群众迫切希望能早点把这部史诗整理出来；但当时我们因忙于文字工作和教学工作，又加上人手少、水平低等原因，搜集的这些材料并未

---

① 本节原载《民间文学工作通讯》，1970年第9期。

能及时整理介绍出来。1960年，中央民族学院语文系柯尔克孜语班全体师生去帕米尔高原柯族地区实习。在实习过程中，我们和新疆文联的同志共同协作，搜集、翻译了乌恰县"玛纳斯奇"铁木尔演唱的史诗《玛纳斯》的第二部《赛麦台依》，发表于《天山》（汉文）和《塔里木》（维文）杂志上。我们师生在新疆文联同志的帮助下，学到了不少在学校里学不到的知识。

中国民间文艺研究会、新疆文联、新疆文学研究所、克孜勒苏柯尔克孜自治州州委和中央民族学院等单位的领导，都非常重视史诗《玛纳斯》的搜集、翻译和整理工作。1961年，在中共新疆维吾尔自治区党委宣传部的领导下，各单位抽人共同组成了史诗《玛纳斯》工作组。我们深入到克孜勒苏柯尔克孜自治州的各县进行了普遍调查，共记录了史诗的各种变体25万行。其中，阿合奇县的"玛纳斯奇"朱素普·玛玛依唱的最长，这一次就记录了他演唱的117000多行。在半年多的时间里，我们初步翻译了朱素普·玛玛依演唱的大部分材料。后来又经过校译、注释，铅印了朱素普·玛玛依演唱的史诗《玛纳斯》第一部（上、下两本）的资料本。在这一段时间里，《玛纳斯》工作组的各民族同志齐心协力，互相学习，相互配合，取得了一定的成绩，并积累了搜集和翻译史诗《玛纳斯》的初步经验。

1964年，由中国民间文艺研究会、中国作家协会新疆分会、中共克孜勒苏柯尔克孜自治州州委宣传部和中央民族学院等单位，再次共同组成史诗《玛纳斯》工作组，深入柯族地区进行补充调查，并进行了校译、注释等工作。在这次补充调查中，同志们做了大量工作，除补记了上次朱素普·玛玛依未演唱完的全部材料外，还搜集了史诗《玛纳斯》的变体多种以及一些手抄本等材料。据统计，这次补充调查又搜集了294200行。这样前后两次调查，共搜集了54万余行，连同20世纪50年代语言调查时搜集的材料，约计60万行。"文革"后，我们又在北京中央民族学院进行了史诗《玛纳斯》的抢救工作。但是，这一切都是多年以前的事了！

搜集、翻译和整理这部史诗，除了能够吸取其精华，起到艺术借鉴作用和加强民族间的文化交流外，还能提高我们中华民族的自豪感。我国柯族人民以史诗《玛纳斯》丰富了祖国的文化宝库，演唱大师朱素普·玛玛依用自己的智慧、劳动为祖国争了荣誉！我们感谢柯尔克孜族人民，感谢朱素普·玛玛依！

英雄史诗《玛纳斯》产生的年代问题

柯尔克孜族英雄史诗《玛纳斯》产生的年代，是《玛纳斯》研究中的重要问题之一。本文拟根据我国著名的《玛纳斯》大师朱素甫·玛玛依演唱的，未经过加工整理的变体，采用多角度的综合比较法，试对《玛纳斯》第一部——《玛纳斯》的产生年代问题，做一些探索性的分析。

一、《玛纳斯》的内容结构

《玛纳斯》第一部共5万余行，它包括的内容不仅限于历史上柯尔克孜人民反抗克塔依、蒙古、卡勒玛克掠夺、奴役的斗争，还有与满洲、俄罗斯的斗争，以及与阿富汗的关系，并且有不少地方是讲伊斯兰教习俗的，甚至连柯尔克孜族最古老的族谱、族名来源传说也融在里面。这种交织状态增加了我们判断它产生年代的困难。

世界上一切英雄史诗的形成，都有这样一个规律。它们"并不是一时一刻、一个时代或少数人就能完成的。它们最初可能是分散地流传在民间的一些叙事歌谣，经过人民世世代代、有的甚至是好几个世纪的传唱，不断加工充实与复合，才逐渐形成的。在它们的流传过程中，每个地区的人民都可能依据自己的经历、斗争和感受添加上新的材料，涂染上新的色彩。"①《玛纳斯》也是这样，它也有其初生形态、成熟形态及进一步发展后

---

① 钟敬文主编：《民间文学概论》，上海文艺出版社，1980年，第293页。

的基本定型形态；它在组成部分中也是有若干层次的，《玛纳斯》不可能在最初就具有今天流传的规模，也是在流传过程中逐渐"加上新的材料，涂染上新的色彩"的。

从《玛纳斯》第一部的组成部分看，基本上可以分作三个层次：

1. 古老的传说层

例如有关柯尔克孜族族名来源的三种不同的解释：一为"柯尔克孜"一词来自"四十个姑娘"。关于这个传说，在《元史·西北地理志》中有记载；一为"柯尔克孜"一词来自"四十个部落"。关于这种解释，在柯尔克孜族古老的部落谱系传说中也是这样讲的；一为"柯尔克孜"一词来自"山地游牧"。关于这种解释，在伊斯兰教历史文献中，也即在阿拉伯文、波斯文的史料中都有记载。另外，还有讲"柯尔克孜最早的汗是玻云汗，玻云汗之后为恰颜汗，恰颜汗之后为卡拉汗，卡拉汗之后为奥劳孜都……"都属于古老的传说层。

这一层不应当看作是《玛纳斯》的核心部分，虽然它们产生的时间很可能是《玛纳斯》作为一部英雄史诗产生以后又添加进去的，最明显的是关于柯尔克孜族族名来源的三种解释。我国演唱《玛纳斯》的民间歌手中，只有朱素甫·玛玛依才在《玛纳斯》演唱中加进族名来源的传说，其他民间歌手没有这样演唱的，都认为这是另外单独的民间传说，而不是《玛纳斯》的组成部分。但我认为，这些传说是朱素甫·玛玛依演唱的变体的特点之一，可以看作是他的演唱变体的组成部分，这也是他作为一个出色的《玛纳斯》大师对《玛纳斯》所做出的贡献。

2. 反映反抗克塔依、蒙古、卡勒玛克掠夺、奴役斗争的历史事件痕迹层

关于这些方面的痕迹或影子的章节，在《玛纳斯》中占据着主要位置。例如：玛纳斯带兵攻打别什巴勒克、呼图壁、乌鲁木齐一带时，战胜了克塔依人艾将军，并修起了以玛纳斯名字为名的"玛纳斯"城；玛纳斯收下了走投无路、由北京逃来的克塔依人阿勒玛木别特，待他为上宾，后来他俩成了亲密的战友；玛纳斯为了复仇，在阿勒玛木别特的帮助下，率领重兵

远征克塔依人京城；等等，都是反映历史上柯尔克孜人民与克塔依人关系的。至于反映柯尔克孜人民反抗蒙古、卡勒玛克掠夺、奴役斗争的，在史诗里几乎贯彻始终。例如：玛纳斯父亲加克普去蒙古大汗成额什汗献贡品，柯尔克孜人民由阿尔泰迁移到天山一带，玛纳斯与卡勒玛克勇士孔古尔拜的无数次战斗，一直到玛纳斯被砍伤去世，都反映了与蒙古、卡勒玛克的斗争。

我认为，这一层是《玛纳斯》讲述的英雄斗争故事的核心，是史诗的最主要的部分。离开了这一部分，就不存在《玛纳斯》了。英雄史诗常常是以历史事件为基础的。《玛纳斯》就是以柯尔克孜人民反抗克塔依、蒙古、卡勒玛克的斗争为基础而创作产生的。研究《玛纳斯》的产生年代，应当更加重视分析这一层次的材料。

《玛纳斯》中的这一层次的最初雏形，也即初生形态，可能最早产生于辽、西辽及成吉思汗时代，也即10至13世纪。它的成熟形态应当包括历史上柯尔克孜人民与瓦剌的斗争。所以，这一层次总的完成时间大约不会晚于16世纪。因为，"16世纪毛拉·赛夫丁·依本·大毛拉·沙赫·阿巴斯·阿赫色坎德所写的波斯文《史集》一书中，已经记载了《玛纳斯》这一核心部分的主要内容"[①]。可见当时，《玛纳斯》的这一部分已在中亚一带开始流传了。

3. 反映信仰伊斯兰教后的历史事件及所受的伊斯兰教影响层

《玛纳斯》中，反映17世纪柯尔克孜人民信仰伊斯兰教后的历史事件的也有不少，例如，史诗中讲述的反抗俄罗斯卡尔洛夫带兵侵略的斗争，以及某些讲与满洲斗争的情节等；这些情节反映了柯尔克孜人民与沙俄侵略，与清朝统治的斗争，都不是很久远的历史。另外，在许多章节中都涂染上了伊斯兰教的色彩，增添了洗礼、礼拜等习俗。信仰伊斯兰教后的影响层中，还包括《玛纳斯》受到了信仰伊斯兰教民族文学作品的影响，例如，史诗中也出现了波斯著名古典长诗《沙赫纳玛》(《帝王传》)中的英

---

① 胡振华：《国外〈玛纳斯〉研究概述》，原载王堡、雷茂奎主编：《新疆民族民间文学研究》，新疆人民出版社，1986年，第215页。

雄人物鲁斯台木的名字。

柯尔克孜人民从17世纪逐渐信仰了伊斯兰教。伊斯兰教对于柯尔克孜人民的影响是多方面的，这影响也反映在《玛纳斯》里。《玛纳斯》中，把反抗克塔依、蒙古、卡勒玛克的斗争也涂上了穆斯林与异教徒之间的斗争色彩，并在许多地方添加了伊斯兰教的习俗等。与此同时，民间歌手把中亚、新疆信仰伊斯兰教民族的民间文学作品中的某些人物、情节也融进了《玛纳斯》之中，这就使《玛纳斯》表现出较浓的伊斯兰教影响。

从19世纪记录的某些变体看来，越是早期的《玛纳斯》变体，越是较少地表现出伊斯兰教色彩。这也说明，《玛纳斯》中的伊斯兰教色彩是在《玛纳斯》的成熟形态以后增加进去的。

伊斯兰教影响层不是《玛纳斯》的核心，不是主要部分，它只是柯尔克孜人民在信仰伊斯兰教后，在流传过程中又出现的新的变异与发展。从17到19世纪是这一影响层的发展阶段。流传到19世纪的《玛纳斯》已基本定型了。

二、《玛纳斯》的核心内容

《玛纳斯》的核心部分是反映历史上柯尔克孜人民与克塔依及蒙古、卡勒玛克的斗争。因此，研究《玛纳斯》的产生年代，就要回顾一下柯尔克孜与克塔依、蒙古、卡勒玛克的关系史。

克塔依（Kitay），即汉文史料中契丹，属东胡族系，为鲜卑族的一支，其语言与蒙古语诸族语言比较接近，同属阿尔泰语系蒙古语族。契丹原居住在我国东北潢水（今西拉木伦河）及土河（今老哈河）流域一带。

916年，阿保机称帝，建立契丹国，947年改称"辽"。辽的疆域"东自大海，西至流沙，南越长城，北绝大漠"[①]。居住在叶尼塞河上游一带的

---

① 内蒙古自治区蒙古语言文学历史研究所历史研究室、内蒙古大学蒙古史研究室编：《中国古代北方各族简史》，内蒙古人民出版社，1977年，第177页。

柯尔克孜族，于931年曾遣使至辽，成为辽的属国。辽在这里设"黠戛斯（'柯尔克孜'的不同音译）国王府"，柯尔克孜要向辽朝贡，如辽遇有战争，还要派兵助战。辽当时有5个京城：上京临潢府（今内蒙古昭乌达盟巴林左旗南，曾是辽的首都）、中京大定府（今辽宁省辽阳市）、南京幽州府（今北京市）、西京大同府（今山西省大同市）。契丹建立辽后，接受汉族文化，影响很大。

1124年，辽在女真人的胁迫下濒于灭亡，其宗室耶律大石率兵西逃。据13世纪的波斯文《世界征服者史》一书中的记载说："他们抵达吉利吉思（'柯尔克孜'的不同音译）国，向该地区部落发动进攻，后者也反过来袭扰契丹人，他们从那里征进，直到他们来到叶密立，他们在这里筑了一座其基址至今尚存的城市。"① 这一段说的就是契丹人在西逃过程中，在柯尔克孜族地区大肆抢劫而遭受到反抗的情景，以及契丹人整军西进，于1128年灭掉哈拉汗王朝及建立西辽的事。阿拉伯文、波斯文的史料中，有的把这一部分西逃的契丹人称作卡拉克塔依，即所谓的"黑契丹。"

10世纪以后的几百年内，柯尔克孜族已明显地分为东西两支，东支仍居住在叶尼塞河上游一带，西支已迁移到天山地区。西辽时期，西支柯尔克孜人从原受辖于卡拉汗王朝改为受辖于西辽。西辽建立后，回头攻打过东支柯尔克孜，又受到了顽强的反击。

柯尔克孜与契丹和黑契丹之间的斗争，在《玛纳斯》中都留下了痕迹或影子。例如，史诗中讲的玛纳斯攻打别什巴勒克（今吉木萨尔）呼图壁、乌鲁木齐，战胜克塔依人艾将军，并修建了以玛纳斯名字命名的"玛纳斯"城；克塔依人阿勒玛木别特不堪卡勒玛克人的欺侮，认为在克塔依的京城——北京走投无路，西逃后投奔了玛纳斯，并成了玛纳斯的亲密战友；玛纳斯为了复仇，在阿勒玛木别特的帮助下，率众勇士远征克塔依人的京城——北京；等等，都是反映柯尔克孜与克塔依关系的。另外，在《玛

① ［伊朗］志费尼著：《世界征服者史》（上册），内蒙古人民出版社，1980年，第417页。

纳斯》有许多地方是讲述克塔依的习俗的，例如讲克塔依人有各种神像，有天堂和七层地狱之说；有吻胸的礼节；迎接客人时，铺上地毯将客人抬至屋内；头上多戴红缨帽，等等。《玛纳斯》也讲克塔依人有"五个北京"，还讲克塔依人把"猪"叫作"马很"（maïn<mah，蒙语中为"肉"，–ïn是语法上的附加成分。契丹语与蒙古语很近 —— 笔者注）。

通过史诗中的某些痕迹或影子与历史事实的对比，发现彼此之间的确是有某些联系的。这也告诉我们，《玛纳斯》中反映与克塔依人斗争的部分，其初生形态，大约产生于辽、西辽时期，也即10到12世纪。

至于玛纳斯远征北京，我们从任何史料上也找不到历史上柯尔克孜人曾攻打过北京的记载。《玛纳斯》中"远征"一节，从其路线上看，从塔拉斯经焉耆、乌鲁木齐、吐鲁番、哈密、艾舍克阿尔特达坂、考尔岛依达坂、加道赤、考布勒、鄂尔浑河、阔克确勒、渥古孜吾特莫克、塔依吾特莫克、库木萨勒阿奇、萨勒卡依克、兴安岭、沙阳、长白山、同夏（也说大同夏）到北京的路程里，主要说了天山、蒙古草原一带的地名，北京附近的地名很少。玛纳斯回去的路线，说的是由北京经阿尔泰、阿克苏、玻略特、加依朵玻、玛依旦、孔都克、恰特尔考勒、阿尔帕、玉祖克达坂、坎考勒、扎勒、楚河到塔拉斯。这里也未说出北京到阿尔泰之间的地名。《玛纳斯》"远征"一节中，提到"艾山汗"，他是不是明代瓦剌部的也先汗呢？也先于1415年即汗位，1446年曾分兵四路进攻明境，他自己率兵进攻大同，后又进围过北京。《玛纳斯》中讲的"同夏"或"大同夏"，是不是"大同"的音误呢？是不是史诗在流传过程中，把也先进攻大同，继而进围北京的事移进了《玛纳斯》，变成了玛纳斯远征北京，攻打艾山汗的京城了？另一种可能是，玛纳斯远征的北京，不是指的现在的北京，而是指的克塔依的一个京城，但它把15世纪柯尔克孜与瓦剌的斗争和反抗克塔依的斗争糅在一起了。我比较倾向于后一种可能。

下面再谈谈历史上柯尔克孜与斡亦剌惕部、蒙古部的关系。

历史上的蒙古人，分属于许多部，其中的蒙古、斡亦剌惕曾是平列的两部，斡亦剌惕居住在叶尼塞河下游一带的原始森林里，蒙古居住在蒙古草原。"斡亦剌惕"是 oyrat 的汉译，它在元代还被译写为"斡亦剌""外剌""外剌歹"；明代又被译写作"瓦剌"；清代则写作"卫拉特""厄鲁特""额鲁特"。① 斡亦剌惕在语言上与蒙古其他部有着明显不同的特点。由于他们居住在西边，也被称作西部蒙古人。我国把新疆、青海说斡亦剌惕话的人，与蒙古、甘肃、辽宁、吉林、黑龙江等地说蒙古语各种方言土语的人，都定为蒙古族。但苏联却把居住在伏尔加河流域一带的斡亦剌惕人确定为"卡勒梅克"族。

"卡尔梅克"（Qalmïq）来自突厥语"卡勒玛克"（Qalmaq）。"卡尔玛克"是突厥语族各族对斡亦剌惕人的一种称呼。在《玛纳斯》中，常常把"卡勒玛克"与"蒙古"都称作"卡勒玛克"，有时也分别称"卡勒玛克"和"蒙古"。史诗中的"卡勒玛克"多指斡亦剌惕部，但有时指的是蒙古部。由于史诗要考虑到韵脚的问题，可以常常混同。

9世纪中叶，柯尔克孜汗国（即黠戛斯汗国）灭回鹘国，斡亦剌惕、蒙古等部曾受辖于柯尔克孜汗国。10世纪，柯尔克孜、斡亦剌惕、蒙古都受辽的统治。十一二世纪期间，斡亦剌惕部与蒙古部经常发生战争，蒙古部在合不勒汗（成吉思汗的祖父）的领导下逐渐强大起来。1189年，成吉思汗被蒙古部贵族推举为蒙古部首领，他于12世纪最初的几年里，一一降服了斡亦剌惕部等大汗。1207年，成吉思汗命长子术赤带兵征讨叶尼塞河上游一带的柯尔克孜，柯尔克孜曾奋起反抗，但被镇压下去了，柯尔克孜首领多人向术赤献贡物，表示臣服。1217年，部分"林中百姓"起来反对成吉思汗派来的统治者豁儿赤，成吉思汗要柯尔克孜派兵协助，柯尔克孜人不但没有派兵，反而乘机起义，与蒙古人进行战斗。成吉思汗又派长子术赤降服了柯尔克孜。在这次镇压柯尔克孜地进军中，斡亦剌惕部首领忽都合别乞跟随术赤征伐，把斡亦剌惕部的住地向西北扩展到叶尼塞河上游一带。从此，斡亦剌惕与柯尔克孜之间的纠纷、争斗就越来越激烈

---

① 《准噶尔史略》编写组:《准噶尔史略》，人民出版社，1985年，第2页。

了。成吉思汗时期，蒙古军西征时，降服了畏兀儿，灭了西辽等国，一直打到欧洲，建立了横跨欧亚两洲的蒙古帝国。早就居住在天山一带的西支柯尔克孜和不堪斡亦剌惕排挤、掠夺而逐渐迁到阿尔泰一带的东支柯尔克孜，都受蒙古帝国的统治。14世纪中叶，建立了明朝。从此，柯尔克孜又与瓦剌展开了连年不断的战争。1414年，柯尔克孜汗乌盖赤大败瓦剌，并取得了对瓦剌的统治权。与此同时，还与中亚帖木帝国及新疆的亦力八里（即别什巴勒克）与哈密等"地面"（实为小苏丹王朝）进行了斗争。1415年，乌盖赤之子艾先虎继承汗位，与亦力入里的歪思汗又进行了长期的战争。歪思汗死后，其子也先不花继位，后又由也先不花的大哥尤努斯继位，1484年，他的部属携小儿子阿合马曾到塔拉斯、楚河流域一带投奔了柯尔克孜人。但后来，阿合马在这里建立了"蒙古里斯坦"，柯尔克孜人又受其统治。柯尔克孜人与瓦剌人之间的战争几乎就没有停止过。到15世纪时，原来游牧在叶尼塞河上游到阿尔泰一带的大部与东支柯尔克孜人被迫逐渐迁移到了中亚塔拉斯、楚河流域和新疆阿克苏一带。这时，原来被分散的柯尔克孜各部落，才在一个新的居住地区内并融合了当地的其他族居民而形成了一个新的民族共同体。

关于柯尔克孜与斡亦剌惕部、蒙古部的关系在《玛纳斯》中反映得最多。我认为，《玛纳斯》中的"卡勒玛克"，指的既包括十二三世纪的斡亦剌惕部、蒙古部，又包括十四五世纪的瓦剌人。史诗中反映柯尔克孜与斡亦剌惕、蒙古、瓦剌斗争的大量情节，其创作基础该是从12到15世纪的有关历史事件。

《玛纳斯》中的"成额什汗"，是"成吉思汗"的音转。关于讲成吉思汗的，史诗中有许多段。请看其中的一段："管理着卡勒玛克人的，是位名叫成额什的大汗；从茹木①到克里木，从那些地方到这里，都由他统治着。这位智慧的成额什，当了卡勒玛克的大汗王。在成额什汗下面还有不少的

---

① 茹木，指小亚细亚地区，今土耳其一带，因历史上受辖于罗马帝国。柯尔克孜人多以"茹木"指该地区。

汗。阔特马尔德、皮什凯克、套克毛克，有许多地方都是属于他的……"
这里的"卡勒玛克"，并不只指斡亦剌惕部，而是指蒙古各部。从这一段
里，可看出当时蒙古帝国的部分疆域情况和成吉思汗已降服蒙古各部中亚
地区的情况。

从"玛纳斯的父亲加克普驮着麦子去晋见成额思汗，换取了'别克'
官职和一匹名叫'阿克库拉骏马'"的另一段，又看出柯尔克孜受辖于成
吉思汗的情况。史诗中还有关于成额什汗找人占卜，以及搬出准噶尔等情
节的段落，也都说明，作为"一代天骄"的成吉思汗在《玛纳斯》中留下
了深深的痕迹。

《玛纳斯》中更多的章节是描述柯尔克孜与卡勒玛克（主要是指斡亦
剌惕、瓦剌）进行的斗争。其中关于玛纳斯由阿尔泰向天山迁移，以及以
后主要是在中亚和我国新疆的天山地区，团结各分散部落的众勇士，组成
四十位"乔劳"（勇士、大将），并率领他们与瓦剌等部征战的情节，都
反映了历史上柯尔克孜人民由阿尔泰逐渐迁移到中亚及我国新疆天山地区
的事实和柯尔克孜族在这一地区、在斗争中不断发展成为一个新的民族共
同体的过程。

史诗中的许多情节，与15世纪柯尔克孜首领乌盖赤及其子艾先虎与瓦
剌人的战争史实很相似。关于史诗的这一部分，我认为可能是在《玛纳斯》
原有的初生形态基础上，增添进去后，使史诗的内容更加丰富，从而发展
成了成熟形态的。因此，关于反映柯尔克孜族诸部落由分散到团结，并与
瓦剌进行了长期战争的一些部分，在史诗流传到16世纪时，都已成为其中
的主要内容了。

在《玛纳斯》中把反映成吉思汗活动和在与斡亦剌惕（瓦剌）之间的
斗争都搅在了一起，使史诗的情节显得更加复杂。但通过回顾柯尔克孜与
斡亦剌惕（后称为瓦剌）、蒙古之间的关系史，并与史诗中的有关部分对
比，就使我们更证实了《玛纳斯》在组成部分上是有前有后，是可以分作
若干层次的。通过组成层次的分析和与特定时期的历史事件相对比，可使

我们对《玛纳斯》从初生形态发展到成熟形态的过程有进一步的认识。这对我们判断《玛纳斯》的产生年代有很大帮助。

三、北方民族与《玛纳斯》的关系

要研究《玛纳斯》第一部的产生年代，我认为还要和北方一些民族的民间文学作品进行比较。例如，《玛纳斯》中提到玛纳斯的父亲加克普用麦子换了成吉思汗（史诗中作"成额什汗"）的一匹骏马。这一情节与产生在十三四世纪，广泛流传在鄂尔多斯高原及其他蒙古族聚居的叙事诗《成吉思汗的两匹骏马》是有些联系的。《玛纳斯》里讲，加克普为了讨好成吉思汗和去换成吉思汗的一匹骏马，曾献上了六峰骆驼的麦子。成吉思汗有一匹马，先生下的一匹卡拉塔依马，让孔古尔拜牵走了；后生下的一匹阿克库拉，非常瘦弱，胎毛还未退掉，送给了加克普。这匹瘦马驹见了玛纳斯后，立即变成了一匹膘肥体壮的神驹。玛纳斯就骑着这匹神驹南征北战一生。《成吉思汗的两匹骏马》里讲，成吉思汗的一匹马一胎生下了两个马驹，成吉思汗经常骑着它们去阿尔泰山、胡惠罕山打猎。小马驹性格倔强，追求自由生活，带着大马驹逃离了成吉思汗；但大马驹胆小怕事，逆来顺受，逃走后又想回去。小马驹念于手足之情，又跟大马驹回到了成吉思汗的身边。关于这两匹骏马的故事，在《玛纳斯》和《成吉思汗的两匹骏马》中的具体情节虽不尽相同，但很可能是有着共同来源的。像这样的例子在同属阿尔泰语系语言的蒙古语族、突厥语族诸民族中是会遇到不少的。如果说，《成吉思汗的两匹骏马》产生在十三四世纪[①]，那么《玛纳斯》中有关加克普去换成吉思汗的一匹骏马这一部分，也不会太晚于十三四世纪产生。

西部蒙古人中间流传的英雄史诗《江格尔》，与柯尔克孜族英雄史诗

---

① 色道尔吉、梁一孺、赵永铣编译评注:《蒙古族历代文学作品选》，内蒙古人民出版社，1980年，第181页。

《玛纳斯》也是有密切联系的。《玛纳斯》里讲，玛纳斯的主要对手是卡勒玛克英雄孔古尔拜。"拜"即"巴依""富有""富有者"之意，也是柯尔克孜男人名后常加的一个附加成分。《江格尔》里讲，孔古尔是江格尔的战友、得力助手。从《江格尔》中出现的地名来看，有阿尔泰、杭爱、也耳的石（即额尔济斯河）等，与《玛纳斯》里出现的地名也有不少相同的。《江格尔》中的某些情节，与《玛纳斯》第一部分的某些情节，也有些相似之处。请看《江格尔》第十五章"洪古尔出征西拉·蟒古斯"中的一段：西拉·蟒古斯曾立下誓言，要把英雄江格尔征服："我要摧毁江格尔的金宫，我要消灭江格尔信仰的佛陀，我要征服江格尔的人民和国土，我要掠夺江格尔的牲畜和财富。"[1] 江格尔回忆过去，叙述起记忆中的一件往事："在那遥远的黄金世纪，我周游世纪的第八年，一天来到西拉的国土。正值他的夫人生下一男儿，那婴孩哇哇啼哭使人不寒而栗，哭声诉说着险恶的心意：'我生在该生的月份，我生在吉祥的时辰，在我三十五岁之年，我要和江格尔交锋。我如败在他的手下，宁愿阎罗王夺走我的灵魂，千世万动在地狱受刑，永不再投胎做人'……"下面，江格尔回忆过去的一段，与《玛纳斯》第一部"玛纳斯的诞生"一节是相呼应的：朗古多克是个老人，他对额斯特尔拉普这部经书是非常精通的。他拿起经书，放在有光亮的地方看着说："要出一个玛纳斯，世界要毁灭，宇宙要天翻地覆。他要把卡勒玛克和蒙古人，把骑马能走到的一切地方，都要征服，一切都归顺于他。""等他长大以后，他要严惩卡勒玛克人，他要夺去别人的幸福，他要夺去皇帝的宝座，他要把百姓驱散，他要抢占土地，那个孩子名叫玛纳斯。"关于"孔古尔"，在这两部英雄史诗中都是重要的主人公，都占了相当篇幅。

《玛纳斯》中的孔古尔拜与《江格尔》中的孔古尔很可能就是一个人物。我认为，就是一位斡亦剌惕英雄人物在两部英雄史诗中留下的影子。国外

---

① 色道尔吉译：《江格尔》，人民文学出版社，1983年，第469页。

研究者认为,《江格尔》是在15世纪基本定型的。① 那么,《玛纳斯》第一
部成型形态完成的时间,也绝不会迟于15世纪。

在苏联阿尔泰族中间还流传着一部名为《阿勒普玛纳什》(勇士玛纳
什)的民间文学作品。我们知道,阿尔泰族的语言也属于阿尔泰语系突厥
语族,而且与柯尔克孜语关系非常近,都是由5到10世纪的古柯尔克孜语
分化发展成为两种语言的。这一分化过程大约在10到15世纪,② 是由于柯
尔克孜人西迁天山和部分留在阿尔泰的柯尔克孜人与当地其他居民融合而
造成的。"玛纳斯"与"玛纳什"只是一音之差,这是古代同一个英雄人物
的名字留在语言非常相近的两个民族语言中的不同发音。从柯尔克孜族中
流传《玛纳斯》和阿尔泰族中流传《勇士玛纳什》看来,我们可以肯定地
说,《玛纳斯》第一部成熟形态完成的时间,也不会迟于15世纪。

综合以上二、三节所述及相互印证,我认为《玛纳斯》的初生形态,
大约产生于10至13世纪。其成熟形态完成的时间,最晚也不迟于16世纪,
且已在部分地区流传了。柯尔克孜族信仰伊斯兰教后,史诗又有所发展、变
异,到19世纪,其基本定型形态已广泛地流传在各地柯尔克孜人民中间。

简言之,《玛纳斯》最早的雏形出现于10世纪,后来又不断流传,不
断充实,直到今日。

---

① 色道尔吉译:《江格尔》,人民文学出版社,1983年,第152页。

② N.A.巴斯卡考夫:《诸突厥语言》(俄文),东方文学出版社,1960年,第328—329页。

柯尔克孜英雄史诗《玛纳斯》研究史中的重要一页

——接朱素普·玛玛依来京抢救《玛纳斯》纪实

柯尔克孜族历史悠久，民间文学丰富多彩，特别是千百年来流传在民间的英雄史诗《玛纳斯》，它和藏族的《格萨尔传》、蒙古族的《江格尔》被称作中国的三大史诗，深受各族人民的喜爱，是人类文化宝库中的珍贵组成部分。演唱《玛纳斯》的民间歌手在柯尔克孜人民中间被称作"玛纳斯奇"，在民间也受到群众的欢迎和尊重。

1953年我提前从中央民族学院语文系维吾尔语专业毕业，这年冬天国家派我只身一人去天山南北和帕米尔高原，深入新疆柯尔克孜族地区一年学习、调查柯尔克孜语言、民俗，参加为柯尔克孜族人民创制文字的工作。1955年、1956年国家又派我前后两次带组到新疆柯尔克孜地区调查语言。在这三次调查中，在牧场上，在毡房里我参加过牧民的各种活动，勤劳勇敢、憨厚朴实、热情好客的柯尔克孜牧民和丰富多彩的民间文学深深地感染了我，都给我留下了深刻的印象。其中那些"玛纳斯奇"演唱的史诗《玛纳斯》更像吸铁石一样永远吸引着我。

1960年夏天，我和柯尔克孜族沙坎·吾买尔老师与中央民族学院语文系柯尔克孜语专业三年级的学生一起去新疆克孜勒苏柯尔克孜自治州进行语言实习，我们在乌恰县搜集、记录、翻译了"玛纳斯奇"铁木尔演唱的第二部《赛麦台依》的一部分，发表在《天山》（汉文）和《塔里木》（维吾尔文）刊物上，引起了全国民族文艺界的重视。新疆文联派三位同志下到克孜勒苏柯尔克孜自治州，在自治州的领导下从1960年底到1961年上半年与我们中央民族学院的师生和自治州的同志一起合作进行了《玛纳斯》的调查、搜集、记录、翻译工作，共记录了全自治州七八十位"玛纳斯奇"演唱的《玛纳斯》各部的不同变体。其中最著名的"玛纳斯奇"是阿合奇县的朱素普·玛玛依和乌恰县的艾什玛特·玛姆别特朱素普。1961年暑假我们的学生都回到北京上课。自治州把我和沙坎老师留下继续参加合作，限于时间和人力，我们六个人分三组只先翻译了朱素普·玛玛依演唱的一、二、三、四、五部。其中的第一部汉文译稿由新疆文联铅印成上、下两册资料本，"文革"后新疆人民出版社出版的《玛纳斯》第一部就是根据这个铅印资料本整理的。我就是在这一年与朱素普·玛玛依成了好朋友的。《玛纳斯》是人类的宝贵财富，朱素普·玛玛依是我们国家的"国宝"！

1964年中国民间文艺研究会、新疆文联、克孜勒苏柯尔克孜自治州与中央民族学院再次组成《玛纳斯》工作组，又对全自治州的"玛纳斯奇"进行了调查，并校对了1960—1961年的译稿，还记录了朱素普·玛玛依新演唱的第六部。1966年"文革"开始，《玛纳斯》工作被迫中断。除第二部译稿被新疆文联同志保存外，其他部资料，包括译稿均被中国民间文艺研究会参加《玛纳斯》工作的同志带回北京保存。

1976年"文革"结束，中国民间文艺研究会的工作逐渐开始恢复。1977年我被借调到中国民间文艺研究会筹备组办公室工作。听说乌恰县的"玛纳斯奇"艾什玛特·玛姆别特在"文革"期间故去，阿合奇县的"玛纳斯奇"朱素普·玛玛依在"文革"备受迫害，身心受到严重摧残，还没有落实政策平反，我内心非常难过和着急。我把上述情况除了向中国民间文艺研究会筹备组汇报外，还回中央民族学院向各级领导汇报，并建议把朱素普·玛玛依接来北京住在中央民族学院继续抢救《玛纳斯》。但朱素普·玛玛依来京前须先解决四个问题：第一，请当地政府尽快给朱素普·玛玛依落实政策平反的问题。第二，朱素普·玛玛依来京后的生活费用及住处问题。第三，商调新的抢救《玛纳斯》工作组成员来京及来京后的住处等问题。第四，以上三个问题都需要中国民间文艺研究会筹备组、中央民族学院与新疆克孜勒苏柯尔克孜自治州、新疆文联商量解决。

经过近半年多时间的联系和细致的工作，各合作单位同意成立一个《玛纳斯》抢救工作领导小组，组长为中国民间文艺研究会筹备组负责人贾芝、副组长为新疆文联负责人刘萧无、中央民族学院语文系主任马学良，领导小组成员有新疆克孜勒苏柯尔克孜自治州州长塔依尔、中央民族学院党委副书记、副院长宗群等。经商议决定：中国民间文艺研究会筹备组负责朱素普·玛玛依来京后的生活费用和抢救工作中的打字、印刷费用。参加合作的各单位人员的工资由各单位负责。我感到特别为难的是抢救《玛纳斯》工作组设在中央民族学院的问题。我需要逐家逐户地向学校各级有关部门的领导、工作人员去解释《玛纳斯》是"国宝"，抢救《玛纳斯》的重要意义，以及讲清这是学校对国家的贡献，等等。经过反复细致的解释，得到了校领导和各有关部门的大力支持，学校同意把原来医务所的好几间房子让《玛纳斯》工作组成员使用，学校同意朱素普·玛玛依有外出活动时给派车，学校同意《玛纳斯》工作组成员在校内食堂用餐等。

在扎实的准备工作基础上，1978年夏天我通过中国民间文艺研究会筹备组办公室主任杨亮才同志和筹备组秘书长程远同志上交了一份抢救《玛纳斯》的建议报告。中国民间文艺研究会筹备组领导贾芝、马学良同志向中央有关单位上报了我的建议。这一份建议被批准后，中国民间文艺研究会筹备组派我一人于1978年11月赴新疆把朱素普·玛玛依接来北京继续进行抢救《玛纳斯》。

到了新疆后，我了解到"文革"中给朱素普·玛玛依乱扣的好几顶"帽子"还没有摘掉，还没有落实政策平反。我便与阿合奇县的县委傅斌书记商议，请当地尽快为他落实政策平反。还与新疆文联及克孜勒苏柯尔克孜自治州联系借调几位同志前往北京参加合作抢救《玛纳斯》的问题，其中包括请自治州选派一位女同志到北京负责照顾朱素普·玛玛依老人家的生活等问题。在新疆各单位的大力支持下，这些问题都顺利地得到了解决。

1978年11月24日，我陪着当年已60岁高龄的朱素普·玛玛依从乌鲁木齐机场搭机出发，当天晚上抵达北京首都机场。中央民族学院派同志到机场迎接了我们。那天北京的气候已经很凉，比朱素普·玛玛依年龄还长的语文系主任、具体负责领导《玛纳斯》抢救工作的马学良教授和早年参加革命的延安老干部、也上了年纪的学院科研处处长王萍（女）等同志都在中央民族学院东校门旁站在寒风里迎接朱素普·玛玛依到校。新疆参加《玛纳斯》抢救工作的其他同志沙坎、肉孜阿洪、胡加什、刘发俊、尚锡静（女）、帕丽达（女）等同志都在此后坐火车先后来到北京中央民族学院，我们都去接了站。侯尔瑞同志早一些时间来到北京。

参加《玛纳斯》抢救工作的同志基本到齐后，中国民间文艺研究会原主席、我国民俗学、民间文学的泰斗，当年也已经70多岁的老人家，著名的北京师范大学钟敬文教授、中国民间文艺研究会筹备组负责人、著名民间文学专家贾芝、筹备组秘书长程远、筹备组办公室主任杨亮才及中央民族学院负责人、校党委副书记宗群、张养吾、科研处副处长朱桂元等同志都先后前来问寒问暖看望朱素普·玛玛依。中央民族学院无偿地把原来校医务所的四间房间和2号楼的两间房间让给参加抢救《玛纳斯》工作的同志使用，并安排大家在学校清真餐厅用餐，还购置了煤油炉子和炊具等，请帕丽达同志为朱素普·玛玛依煮奶、炖肉及烧茶。

人员到齐，生活安排好后，《玛纳斯》领导小组副组长、中央民族学院语文系主任马学良教授召集大家开会，代表领导小组宣布胡振华为《玛纳斯》工作组组长，在中央民族学院进行抢救工作的时间暂定为一年，要求把"文革"期间遗失的《玛纳斯》记录及翻译的材料尽快找到和尽快补记全，并让胡振华带领朱素普·玛玛依尽快去北京大学口腔医院镶上"文革"中深受迫害被打掉的好几颗牙。

当年在北京都是凭政府发给每个市民每月半斤的肉票、半斤的油票买肉买油，牛奶也是不容易订的。《玛纳斯》工作组的同志都是外地户口，无法领到肉票、油票。好在大家都吃中央民族学院的食堂。为了保证朱素普·玛玛依老人的健康，使他愉快地在京工作，我有时去我熟悉的海淀区供应清真肉食的一个单位买点带肉的腔骨来煮煮，我的夫人穆淑惠是中央民族学院附属小学的校长，她很支持我们的工作，我们家有4个孩子，有6个人的肉油供应，她在牛奶、肉票、油票方面很愿意给老人家一些关心。

围绕《玛纳斯》抢救工作，有许多问题需要妥善地解决，需要耐心和责任感。例如请朱素普·玛玛依演唱，我们要录音或记录，但他的牙要先镶好。而给朱素普·玛玛依镶牙的事也是相当麻烦的，当时中央民族学院没有几辆小车，每次去看牙都要为朱素普·玛玛依找车，我要亲自去给他当翻译，再说镶牙是要去好多次的。又如参加《玛纳斯》抢救工作的同志来京后不久就提出了一些家庭困难：有的要把孩子接来北京，有的要把夫人接来北京。沙坎同志的夫人阿勒同原来在中央民族学院打字室工作过，她来后增加了《玛纳斯》工作组的力量，我们欢迎她参加《玛纳斯》抢救工作。刘发俊、尚锡静同志都把小孩接到了工作组，孩子们都要在京上学，我的夫人安排孩子们在中央民族学院附属小学就读，"六一"儿童节时我夫人还给孩子们买了新衣服祝贺他们的节日。

在正式开始记录、翻译《玛纳斯》以前，中国民间文艺研究会筹备组的同志对我们说，为了怕在"文革"中毁掉，1966年从新疆回来的同志把在新疆克孜勒苏柯尔克孜自治州搜集、记录、翻译的除第二部以外的《玛纳斯》资料都带回北京藏起来了，让我们去一些仓库寻找，省得我们再记录，再翻译。我和侯尔瑞同志在一些仓库里翻箱倒柜数日毫无发现。最后我们《玛纳斯》工作组开会决定"一切从头开始！"从头一部一部的记录，一部一部的翻译。在记录翻译的同时，我们在中央民族学院录音室也对朱素普·玛玛依的演唱进行了录音。我们请沙坎同志主要负责记录，肉孜阿洪同志汉语很好，请他帮助不熟悉柯尔克孜语，但通维吾尔语的刘发俊同志一起翻译，尚锡静、候尔瑞和我都会柯尔克孜语，都自己翻译，不懂的地方请教沙坎同志、胡加什同志和朱素普·玛玛依老歌手，我们请阿勒同同志负责打字。我们《玛纳斯》工作组就这样工作了一年整。工作中最使我难忘的是朱素普·玛玛依在我们亲切的关照下也深深地感动了他，他对我说："过去我保留了第七、第八部没有演唱，这次把我接来首都，国家和你们这么重视和关照我，我要一点也不保留地演唱出来。"

这一年里补记了"文革"期间丢失的第一、第三、第四、第五、第六部全部资料和新记录了过去没有记录过的第七部14800行、第八部12325行资料，使朱素普·玛玛依演唱的《玛纳斯》这一变体长达232165行，成为世界上唯一包括八部的变体《玛纳斯》:《玛纳斯》《赛麦台依》《赛依台克》《凯耐尼木》《赛依特》《阿斯勒巴恰与别克巴恰》《索木碧莱克》《奇格台依》。我们还翻译了第一部的一大部分，并油印了《玛纳斯》第一部（柯尔克孜文，四册），赠送到柯尔克孜族地区征求意见。后来新疆人民出版社出版的柯尔克孜文20多万行的史诗《玛纳斯》根据的原始材料（除第二部外）都是在中央民族学院记录下来的。《玛纳斯》研究史中不应忘记和不要有意无意地忽略这一重要的一页！

1978年春天，著名民俗学家、辽宁大学乌丙安教授曾带着他指导的日本女留学生乾寻来中央民族学院学习《玛纳斯》，朱素普·玛玛依接见了她，我给她讲授了《玛纳斯》的内容及特色，她后来在日本《丝绸之路》刊物上发表了我们过去记录、翻译的铁木尔演唱的《玛纳斯》第二部《赛麦台依》片段和朱素普·玛玛依演唱的第四部《凯耐尼木》片段的日语译文。这是我国《玛纳斯》第一次在国外被介绍。这一期间，沙坎同志撰写的文章和发表的《玛纳斯》片段在新疆民族文字的刊物上发表，我写的文章也被刊登在《民族画报》和阿拉伯文的《人民画报》上，介绍了柯尔克孜族英雄史诗《玛纳斯》和演唱大师朱素普·玛玛依。从此，我国柯尔克孜族的英雄史诗《玛纳斯》和演唱大师朱素普·玛坶依的名字传向了世界！我们希望研究《玛纳斯》的专家学者一定要把朱素普·玛玛依在京抢救《玛纳斯》的这一重要一页写进《玛纳斯》研究史！

1979年夏天，北京市天气比较热，为了让朱素普·玛玛依得到休息，《玛纳斯》工作组的侯尔瑞同志陪同朱素普·玛玛依到河北省承德市避暑山庄短期休息。1979年11月份，全国文联在北京人民大会堂举行第四次代表大会，朱素普·玛玛依被选入大会主席团成员，在主席台上就座，主席台上的许多领导人、作家、诗人、艺术家都和他握手祝贺。朱素普·玛玛依的名字更响亮了国内外。我和沙坎、刘发俊都不是正式代表，但也被通知陪同出席了大会。

我国党和政府非常重视《玛纳斯》的抢救工作，国家领导人胡耀邦、赛福鼎·艾则孜、包尔汉·沙希迪及文艺界领导人周扬同志在京都先后接见了朱素普·玛玛依。民间文学界的泰斗、北京师范大学钟敬文教授、中国民间文艺研究会筹备组的领导贾芝和秘书长程远同志都多次到中央民族学院看望朱素普·玛玛依，国家民委、文化部（现文化和旅游部）的领导、新疆人大柯尔克孜族领导阿曼吐尔、夏尔西别克同志、新疆文联著名作家刘萧无、王玉胡、中央民族学院副院长宗群、我国少数民族语文专业奠基人、中央民族学院语文系主任、《玛纳斯》工作领导小组具体负责人马学良教授及克孜勒苏柯尔克孜自治州的历届领导赵子和、塔依尔、苏莱依曼、尼萨汗等同志都亲切关怀《玛纳斯》抢救工作，给予了指导与支持。朱素普·玛玛依在京抢救《玛纳斯》得到了国家从上到下各方面的关心与支持，充分体现了我国光辉的民族政策。我们能接朱素普·玛玛依来京抢救《玛纳斯》本身就是落实我国民族政策的一个范例！

在朱素普·玛玛依离京前夕，他向我提出一个愿望，作为一位虔诚的穆斯林希望有朝一日能参加中国伊斯兰教协会每年组织的赴沙特麦加朝圣团前去朝觐。我是回族，也是穆斯林，非常理解朱素普·玛玛依老人家的这一愿望。我立即带他去了国家领导人全国人大常委会副委员长赛福鼎·艾则孜和全国政协副主席、中国伊斯兰教协会会长包尔汉·沙希迪的家中汇报了他的这一愿望。他的这一愿望在他回到新疆以后不久也得到了实现。

1979年秋天，从新疆借调来京参加《玛纳斯》工作组的个别同志提出希望帮助他们解决调来北京工作的问题，当时不用说调来北京工作，就是借调来京也是比较困难和麻烦的。但是长期离家在外工作也的确有不少困难。为了解决新疆借调来的同志的困难，《玛纳斯》工作领导小组经研究决定，在京工作满一年完成《玛纳斯》各部的记录工作后，可以返回新疆各自单位，翻译工作可在今后继续进行。此后，《玛纳斯》工作改在了新疆进行，中央民族学院把在京抢救的全部资料都送交了新疆文联。我也较圆满的完成了在京抢救《玛纳斯》担任工作组组长的任务。

1979年冬天，我、肉孜阿洪同志陪同朱素普·玛玛依乘飞机送他老人家回新疆。我们在乌鲁木齐市、克孜勒苏柯尔克孜自治州的阿图什、乌恰、阿克陶、阿合奇各县都向当地政府和柯尔克孜族人民汇报了在北京被称为"国宝"的朱素普·玛玛依为抢救《玛纳斯》所做出的重大贡献，并分赠了在北京油印出的柯尔克孜文《玛纳斯》（第一部，四册）征求意见，获得了广泛的好评。我和肉孜阿洪同志一直把朱素普·玛玛依送回他的家乡 —— 阿合奇县。

《玛纳斯》演唱大师朱素普·玛玛依在北京参加抢救工作的一年就这样圆满的结束了。当年关心《玛纳斯》抢救工作的不少领导同志、专家学者和演唱大师朱素普·玛玛依、沙坎、刘发俊、尚锡静等同志已经故去，我满怀悲痛的心情怀念他们。现在我还健在，有义务把当年在京抢救《玛纳斯》的情况告诉后人。我深信他们的奉献在《玛纳斯》研究史中将占有永远不被遗忘和不该有意或无意地忽略的重要一页！

在此，我要向过去关心和支持《玛纳斯》抢救工作的领导及有关单位表示诚挚的谢意！多年来中央民族学院一直关心和支持《玛纳斯》的调查、翻译、研究工作，而且善于同有关单位合作。为此曾荣获中华人民共和国国家民族事务委员会和文化部（现文化和旅游部）颁发的抢救《玛纳斯》做出突出贡献的"先进单位"奖，我也荣获中华人民共和国国家民族事务委员会和文化部（现文化和旅游部）颁发的"先进个人"奖。我还荣获过新疆文联颁发的《玛纳斯》翻译工作二等奖和吉尔吉斯斯坦总统亲自颁发的《玛纳斯》三级勋章奖。

此后，我在中央民族学院还接待了来自日本研究《玛纳斯》的学者西胁隆夫、来自法国研究《玛纳斯》的学者格·依玛尔特、来自德国研究《玛纳斯》的学者卡·莱舍尔及德国著名突厥学家冯·加班等，大家在中央民族学院进行了交流。我在国内也发表了一批有关《玛纳斯》及"玛纳斯奇"的论文。并应邀为《中国大百科全书》（中国文学卷）撰写了介绍《玛纳斯》和《玛纳斯》演唱大师朱素普·玛玛依的词条。1983年、1985年、1986年、1989年我先后应邀赴法国、日本、土耳其、苏联讲学和出席国际学术研讨会期间，都向国外介绍了流传在我国的《玛纳斯》和演唱大师朱素普·玛玛依，并在法国、日本、土耳其和吉尔吉斯斯坦的报刊上发表了关于我国《玛纳斯》的论文。这是我国学者首次在这些国家介绍我国的《玛纳斯》和"玛纳斯奇"及我国研究《玛纳斯》的专家学者情况。

我为自己在多年的《玛纳斯》记录、翻译、研究工作中做的一切感到尽了自己应尽的责任和没有辜负柯尔克孜人民对我的培养和期望！

回族与汉语①

回回民族简称回族，人口为9816802人（2000年），在中国少数民族中，是除壮族、满族以外人口最多的一个民族。回族散居全国，分布很广，主要聚居在宁夏回族自治区，在甘肃、青海、云南、河南、新疆、河北、北京等省、市、自治区分布也较多。多数从事农业生产，也有不少是经营商业的。回族信仰伊斯兰教，属逊尼派。除海南省三亚市回辉、回新两乡的回族，在内部尚使用一种"回话"②外，全国各地的回族都使用汉语，长期居住在边疆其他民族地区中的还兼通当地民族的语言。

中亚居住着回族的后裔 —— 东干族十几万人。居住在吉尔吉斯（即柯尔克孜）共和国的有6万人，居住在哈萨克斯坦共和国的有5万多人，居住在乌兹别克斯坦共和国的有3千人。1989年我应邀去访问时，苏联东干族朋友介绍说当时人口已达8万人。他们有94.3%的人说本族语言，即"东干"（ДУНГАН）语③。中亚的回族被称作"东干"，他们自称"老回回""中原人"。东干语是在汉语陕西话和甘肃话的基础上发展起来的。中亚的回族多是19世纪下半叶中国西北回民起义失败后迁入俄境的，他们除内部使用汉语的陕西话、甘肃话外，兼通俄语和当地的民族语言。

不久前，从沙特阿拉伯回到中国探亲的一位回族老人介绍说，那里住

---

① 本文原载《民族语文》1989年第5期，此次出版时将其中的人口数字按2000年的统计又做了改动。

② 倪大白：《海南岛三亚回族语言的系属》，载《民族语文》1988年第2期。

③ М.Сущанло，*ДУНГАНЕ*（东干人）*издател ь ствоИЛИМ*，ФРУНЗЕ，1971.

有华人回族约4000人，在内部仍使用汉语，兼通阿拉伯语。他们多是中华人民共和国成立前迁移去的。泰国北部住有一部分被称作"中国回"（Cin Ho）的回族，是清末杜文秀起义失败后迁移去的。另外，在缅甸、马来西亚、新加坡、美国、澳大利亚等国华人中，也住有少数回族。这些移居国外的回族，除使用当地通用的语言外，多数在内部仍使用汉语。

不论是国内的回族，还是国外的回族，其共同语言都是汉语。研究回族，也要研究回族与汉语的关系。为此，我拟在本文中，从探讨回族先民的民族成分及其语言情况入手，进而探讨回族是怎样使用了汉语的，以及回族使用的汉语中还有哪些特点。

一、回族的先民

回族"是由中国国内及国外的多民族成分在长期历史发展中形成的民族"[1]。参加回族形成的这些多民族成分就是回族的先民。在回族形成一个民族后，仍有其他族成分的人陆续融合进来，这一部分不宜称作回族的先民。

关于回族的先民包括哪些民族成分的问题，在史料中有大量的记载。我不准备在这里再引用这些众所周知的材料，想从有关回族的称谓和回族的民间传说方面再提供一些线索，以证明回族先民的主要部分是来自信仰伊斯兰教的西域各族人民。

唐、宋时期东来中国泉州、杭州、扬州、广州的阿拉伯商人等，还不被称作"回回"。元代，有大量的西域各族穆斯林移来中国内地，他们统统被称作"回回"。但这时回族尚未形成。到了明初，回回开始形成一个民族，便把本来是他称的"回回"变为自称了。迄今为止，回族人家在对子女讲述本族来源时，仍说是来自"西域回回"。不少清真饮食店的牌子

---

[1]　中国大百科全书出版社编辑部编：《中国大百科全书·民族卷》，中国大百科全书出版社，1986年，第182页。

上，还写有"西域回回"的标志。我认为，这里的"西域"是一个广义的地理概念，它不仅包括现在的新疆、中亚，还包括西亚、中东，以及克什米尔等地区。

关于回族的称谓，在不同地区，不同民族中间还有其他叫法。这些不同的叫法，多少反映了他们对回族先民的民族成分的看法，有助于我们证实回族的主要来源是信仰伊斯兰教的西域各族人民。云南的傣族、佤族等在民间仍习惯把当地的回族称作"帕西"（Pasi），"帕西"一词来自"法尔西"（Farsi），"法尔西"是"波斯"的原音。这就说明云南的一些回族先民很可能来自波斯。蒙古族常把回族称作"和屯"（Hotun），有人认为"和屯"一词是由"和田"（Hotän）变来的，是由于蒙古语元音和谐的关系而变读的。这也说明回族中有一部分住在蒙古族地区的人，其先民来自新疆和田，来自维吾尔族。西藏的藏族也把回族称作"卡切"（Kače），西藏的穆斯林中有一部分来自克什米尔，因而得名"卡切"。新疆说突厥语族语言的民族把从内地迁到新疆的回族称作"通干"（Tun'gan），并解释说Tun'gan＜Turǧan（站下来的，住下来的）[①]。如按突厥语族乌古斯语组语言发音，t→d，即称作"东干"dön'gen~dönen（返回的）、有迁去又返回之意。这与回族的"回"字的汉义巧合。从中也可间接地看出回族的先民是从西域移往中国内地的。另外，河南开封有一部分来自西亚地区的犹太人，他们被称作"蓝帽回"，还有信仰了伊斯兰教的蒙古人，唐古特人等，也参加了回族的形成过程，他们亦是回族的先民，但不是重要的组成部分。

回族先民的主要部分来自信仰伊斯兰教的西域各族人民，有不少流传在回族中间的民族传说也证实了这一点。这些回族民间传说是：

1.《回回原来》，原文见张星琅编注的《中西交通史料汇编》第二册

[①] 关于"东干"一词的解释有好几种，有人认为"东干"即"东甘"（东部甘肃）；有人认为"东干"来自"东岸"，是指这一部分回族来自黄河东岸；有人认为东干是"敦煌"或"潼关"的变音，是指这一部分回族来自敦煌或潼关；还有的人认为"东干"来自"吐谷浑"；等等，众说不一。

第185页。《回回原来》一书是清康熙三十六年亲征蒙古噶尔丹回来时赐给一个姓马的回族总兵的。《回回原来》已收入1988年宁夏大学回族文学研究所编辑出版的《回族民间故事集》一书中。

2.《灵州回回的传说》，流传于宁夏吴忠、吴金龙（回族）口述，纳建国（回族）搜集整理，收入1988年宁夏大学回族文学研究所编辑出版的《回族民间故事集》一书中。

3.《回回的来历》，流传于甘肃临夏，马全福（回族）口述，周梦诗（回族）搜集整理，收入1982年甘肃省临夏回族自治州群众艺术馆编辑印刷的《临夏民间故事集》一书中。

4.《回族结婚时追马的来历》，收入1982年甘肃省临夏回族自治州群众艺术馆编辑印刷的《临夏民间故事集》一书中。

5.《宛尕斯的故事》，流传于宁夏西吉、海原、固原，马元清（回族）、拜文海（回族）口述，贺吉德（回族）搜集整理，收入1988年宁夏大学回族文学研究所编辑出版的《回族民间故事集》一书中。

6.《"回回的话甭听"是怎样来的》，流传于青海回族地区，伊斯玛尔勒（回族）搜集，收入1985年朱刚（回族）编辑出版的《青海回族民间故事》一书。

7.《回汉自古是亲戚》，流传于新疆回族地区，武玉亮（回族）讲述，董彦搜集整理，收入1988年宁夏大学回族文学研究所编辑出版的《回族民间故事集》一书中。

8.《缠河的传说》，流传于河南洛阳回族人民中间，马用（回族）口述，姚欣刚（回族）搜集，李树江整理，收入1988年宁夏大学回族文学研究所编辑出版的《回族民间故事集》一书中。

9.《回回来源传说一种》，流传于云南昭通回族地区，保明东搜集整理，发表于《中央民族学院周报》1988年3月1日第4版。

其中多数传说都是《回回原来》的异文，有的长，有的短，有的具体地说回族先民来自阿拉伯麦加，有的笼统地讲来自西域，有的则说来自回纥（维吾尔），但都提到这些东来的回族先民是男的，他们在长安娶了当地女子定居中国内地。《缠河的传说》讲的是另一种内容，但也讲到主人公的名字叫阿不都，他也与当地女子结婚而留居中国内地。

回族的称谓和关于回族来源的传说，可与史料相互印证，证明信仰伊斯兰教的西域各族人民确是形成回族的主要来源。白寿彝、韩道仁、丁毅民等编著的《回回民族的历史和现状》一书这样写道："回回民族的第一个来源，也就是主要的来源，是十三世纪初开始东来的中亚细亚各族人、波斯人和阿拉伯人。""回回民族的第二个来源，是曾经久居在中国对外贸易港口的阿拉伯商人。他们远在七世纪中叶就开始到中国来，先是在广州和扬州，后来是在广州、泉州和杭州 …… 到了十三世纪，由于大量回回的东来和东南各地进入元的统治，他们成为后来形成回回民族的另一部分来源，这是很小的一部分来源。""回回民族中，还有汉人的成分，这有的是因为通婚的原因，有的是因社会的、经济的和接受伊斯兰教信仰的原因，此外，回回民族中，还有蒙古人成分、维吾尔人成分、犹太人成分及别的成分。"[①] 我认为上面提到的中亚细亚各族人民（指居住在中亚地区，操伊朗语族和突厥语族语言的各族人民）、波斯人、阿拉伯人、维吾尔人等都是"西域回回"，都是回族先民的主要组成部分。

回族形成一个民族的过程中，来自占城（今越南境内）的海南三亚穆斯林和来自苏禄国（今菲律宾境内）留居山东德州北营的部分穆斯林，也成为回族的一部分，但人数不多。

二、回族先民的语言

回族先民的主要部分是东来的信仰伊斯兰教的西域各族人民，他们初到中国内地时仍使用过自己的母语。我们可以从元末人陶宗仪所著的《辍

---

① 白寿彝、韩道仁、丁毅民等：《回回民族的历史和现状》，民族出版社，1957年，第5—6页。

耕录》里的"嘲回回"一条看出，当时居住在杭州的回回还保留着阿拉伯语。现将有关的段落摘录于下："杭州荐桥侧首，有高楼八间，俗谓八间楼，皆富贵回回所居。一日娶妇，其婚礼绝与中国殊。街巷之人摩肩接踵，咸来窥视，至有攀阁窗牖者。踏翻楼层，宾主婚妇咸死。此亦一大怪事也。郡人王梅谷戏作下火文云：'……呜呼！守白头未及一朝，赏黄花却在半晌。移厨聚景园中，歇马飞来峰上，阿剌一声绝无闻，哀哉树倒胡孙散。'阿老瓦、倒剌沙、别都丁、木非，皆回回小名，故借言及之。象鼻、猫眼，其貌。丝、头袖，其服色民。阿剌，其语也。聚景园，回回丛在焉。飞来峰，猿猴往来之处。"① 这写的是嘲笑住在杭州的回回家发生的惨事。一方面反映了当时对回回的歧视，另一方面也记载了回回使用语言的情况。"阿剌"（Alla），现又译为"安拉"，阿拉伯语，"真主"之意。"阿老丁"（Alay al-din）等都是阿拉伯语人名。

另外，我们从《回汉自古是亲戚》这篇民间传说中，也可看到来自阿拉伯麦加的"三百多贤客，语言不通，穿戴习俗也不同"以及他们在长安娶了当地女子后，这些女子对亲戚们讲回回"人也好，茶饭也好，就是话听不懂"（《回族民间故事集》，宁夏人民出版社，1988年，第58页）。的讲述。在《"回回的话甭听"是怎样来的》这篇民间传说中也有"西域回回人也好，单有一件，他们的话一点儿听不懂"（《青海回族民间故事》，青海人民出版社，1985年版，第243页）的讲述。这两篇民间传说都告诉我们，回族的一部分先民初到中国内地时，曾使用过阿拉伯语或西域其他族的语言。在《灵州回回的传说》这篇传说中，讲的是回族来自回纥（即维吾尔）②，那他们初来中国内地时，当然也就使用维吾尔语了。

唐、宋时期已定居中国内地的阿拉伯商人，在与当地汉族人民长期密切交往的过程中已使用汉语，但元代东来的一大批西域回回在初来时仍分别使用过阿拉伯语、波斯语或维吾尔语等。下面是其中一部分人使用过阿

---

① 转引自白寿彝：《中国伊斯兰史存稿》，宁夏人民出版社，1982年，第25—26页。
② 《回族民间故事集》，宁夏人民出版社，1988年，第579—580页。

拉伯语的例子：

1.元代许多西域回回的名字使用的是阿拉伯语词。例如赛典赤·赡思丁（Sayid Ajal Šams al-din）、阿合木马（Ahmud）、阿里（Ali）、合散（Hasan）、马合谋（Mahmud）、纳速剌丁（Nasir al-din）、忽辛（Husayin）、乌马尔（Umar）、亦不剌金（Ibrahim）、马忽思（Mas'ud）、你咱马丁（Nizm al-din）、别都鲁丁（Badr al-din）等。应当指出的是，信仰伊斯兰教的其他族人也多起阿拉伯语名字。所以用上述人名的人中也有其他族人，但结合史料来看，其中有不少人确是阿拉伯人。

2.元代输入的回回天文学、数学、医学等方面的有关名词术语使用的是阿拉伯语词。例如1267年来自波斯的回回人扎马鲁丁（Jamal al-din）在北京建立观象台，并制造了"咱秃·哈剌吉"（d·atu halag 即多环仪）、"咱秃·朔八台"（d·atu Sumut 即方位仪）、"鲁哈麻·亦·渺凹只"（Luhma-i-mu'waji 即斜纬仪）、"鲁哈麻·亦·木思塔馀"（Luhma-i-mustawi 即平纬仪）、"苦来·亦·阿儿子"（Kura-i-ard 即地球仪）、"苦来·亦·撒马"（Kura-i-Samā 即天球仪）、"兀速都儿剌不定"（usturlab 即观象仪）、"阿剌的杀密剌"（*lati Samila 兼容并包仪）等仪器和编出了"积尺"（zidj 即天文历表）、"速瓦里可瓦气必"（Suwali Kawākib 即星辰答问）等。传入的回回数学中有《撒维那罕答昔牙诸般算法段目并仪式》17部和《呵些必牙诸般算法》8部等，其中的"撒维那罕答昔牙"（Safina handasiga 即几何学）、"呵些必牙"（hisabiyā 即算数）都是阿拉伯语词。在回回医学方面，《回回药方》原书有36卷，现仅存有卷十二、三十和三十四残本四册，药物名称亦多为阿拉伯语音译。

3.1328年以前设置的"回回掌教哈的司"是专管东来的回回诉讼事务的法院。"哈的"（qadi），阿拉伯语，即伊斯兰教法官。虽然这个机构掌管的不只是东来的阿拉伯人的诉讼事务，而是所有东来的西域回回的事务，但其法律是阿拉伯文的伊斯兰法。

4.迄今为止，在泉州等地仍保留着回族先民用阿拉伯文刻写的墓碑，在回族人家的门头和清真饭馆的字号上多贴挂着阿拉伯文写的"都瓦"（duwa祈祷），在回族使用的汉语中仍保留着不少阿拉伯语词汇。这是回族先民中的一部分人在历史上曾使用过阿拉伯语的遗迹。

阿拉伯语属闪——含语系，波斯语属印欧语系伊朗语族，这是两种不同语系的语言。由于波斯人信仰了伊斯兰教的关系，采用了阿拉伯文字母，并在这套字母的基础上补充了几个字母，便成了波斯文。波斯语中有大量阿拉伯语借词。中亚一些信仰伊斯兰教的民族，语言中的阿拉伯语词，不少是通过波斯语吸收进来的。因为波斯语在历史上曾经是中亚各族人民兼通的书面语言。波斯语的使用在元代也是比较广泛的。回族先民中就有不少人在初来中国内地时使用波斯语。以下的事实可以作为证明：

1.1289年，元朝曾在北京设置回回国子学，1314年改为回回国子监，学习亦思替非文，培养译员。亦思替非文是波斯文的一种书写体。学习亦思替非文就是学习波斯文。

2.《回回药方》中的药名，除有阿拉伯语音译外，还用波斯语加注。这说明当时还是有一部分回族的先民使用波斯语的。

3.明洪武十五年（1382年）设立的四夷馆，后改为四译馆，其中便有回回馆，专门培养译员，并从事编译等工作。当时编出的《回回馆杂字》，是一部汉语、波斯语分类词汇，分为天文、地理、时令、人物、人事、身体、宫殿、鸟兽、花木、器用、衣服、饮食、珠宝、声色、文史、方隅、数目、通用18类，有波斯文、汉字音译及汉义。下面是几个例字：

asman	阿思麻尼	天
aftab	阿卜塔伯	日
mah	麻黑	月
bad	巴得	风
baran	巴兰	雨

我认为，当时的回回馆不完全是为了国外的波斯人而设立的，也是为已东来定居中国内地的一部分回回学习波斯语而设立的。

4.迄今为止，在回族的经堂教育中，在主要学习阿拉伯文课文、经典之外，也学习波斯文的著作，例如"虎托布"（Hutubu，即《圣谕译解》）、"古力斯坦"（Gülstan，即波斯著名诗人萨迪的《蔷薇园》）等。

5.在我的故乡山东省淄博市金岭镇回族使用的汉语中，迄今仍保存着"郭西儿"（göš，波斯语"肉"，后边加了汉语的儿化音，变成为göšir＞göxir）、"捏斯"（nest，波斯语"没有"。因汉语中没有ne和–st形式，便变成了niesi）等词。这些词都是残留在当地回族中的波斯语。

回族先民除了早来中国内地的一部分人已使用了汉语以外，还有更多的人分别使用着阿拉伯语、波斯语，以及由于有一些是来自维吾尔族的，所以也有部分人使用维吾尔语。这就是元代居住在中国内地的西域回回使用语言的大致情况。

三、汉语成为回族的共同语言

元代东来中国内地的西域回回，经过上百年的发展，已在陕西、甘肃、宁夏、云南，以及从杭州到通县（通州区）沿运河两岸的一些地带有了一片片大小不等的聚居区域。在一些城镇中也有了围着清真寺而居住的小聚居区。其中有些是唐宋时期已定居中国沿海外贸城市的那些阿拉伯波斯商人，经过长期的发展而经营起来的。由于回族的先民原不是中国内地的居民，是从边疆和国外迁移来的，因此它不可能在中国内地有一块很大聚居区，从而形成了"大分散、小聚居"的分布特点。

西域回回东来以后，主要从事农业和商业生产。商业上主要从事宰牲、皮革、饮食、珠宝、制香、制瓷、制药、运输及海外贸易，并逐渐形成了自己的民族经济特点。

由于西域回回是"外来户"，又加上大家都信仰伊斯兰教，就在心理素质、生活习俗上表现出不同于当地汉族的民族自我感，表现在民族内部团结上特别显著，这都是共同心理的表现。

不同来源成分的西域回回定居中国内地以后，共同的宗教信仰把他们密切地联系在一起。在每个地方，他们不但居住在一起，并且从事相同的生产劳动，过着习俗相同的生活，他们之间的联系与交际，迫切需要一种共同的语言。而分别属于四个语系的阿拉伯语、波斯语、维吾尔语、汉语之中，只可能使用一种语言为大家相互交际的工具。根据中国内地的条件，他们必须逐渐学会汉语作为共同的语言，才有利于内部的团结和交际，这是东来的西域回回使用汉语为共同语言的内部原因。至于西域回回中男子来到中国内地后与汉族女子通婚及与当地汉族人民多方面的密切联系，还有明太祖朱元璋的大汉族主义政策的影响，都使他们必须逐渐学会使用汉语。这是东来的西域回回使用汉语的外部原因。

从14世纪中叶到16世纪中叶，回回的经济条件、地域条件和心理条件都已达到可以形成一个民族的程度。并且在同一时期，回回逐渐习惯于以汉语作为本民族的共同语言。

中国回族是在特殊的历史条件下形成的一个新民族。西域回回是回族先民的主要组成部分，但西域回回并不等于后来形成的回族。前者是回族的主要来源，是多民族成分，后者才是一个新的民族共同体。回族的形成经历了一个漫长的历史过程，汉语作为回族的共同语言被这个民族普遍使用，也是经历了一个漫长的历史过程。有的同志在研究回族形成的问题时，强调了伊斯兰教在回族形成中的重要纽带作用是对的。我认为，汉语在回族形成中也起了非常重要的作用。是否可以这么说，回族形成的过程也是他们逐渐普遍使用汉语的过程，回族把汉语作为共同语言了，也就意味着回族的形成。如果没有汉语作为回族的共同的语言，回族是形成不了一个民族的。在对待回族的语言问题上，我认为汉语是汉、回两个民族的共同语言。我们不能因汉、回两个民族都使用汉语，就不承认回族是一个民族，也不能因回族使用了汉语，就不承认回族的先民曾使用过多种语言的历史事实。民族是一个历史范畴，民族使用语言的情况也是有发展变化的。

西域回回在来中国内地后，在语言上可能也经历过双重语言制的过渡时期，即在家庭中或在同一来源的人们内部讲自己原来的母语，而在家庭外边或与另一种来源的人们及与当地汉族人交际时又讲汉语。久而久之，汉语也进入了家庭，最后完全遗忘了原来的母语，而普遍地使用了汉语。

各地区、各阶层的西域回回在使用汉语上，时间不可能是一致的，有的先，有的后。早在元代，已经出现了精通汉语文的回回文学家赛典赤·赡思丁、萨都剌和画家高克恭等人。但当时仍有不少西域回回是讲各自的母语的。否则，明代朱元璋决不会一当皇帝就下令禁胡服、胡语、胡姓了。[①] 因此，不能说在元末汉语已成为回族的共同语言。我们根据一些史料来看，大概是在14世纪下半叶到15世纪回族才较普遍地使用汉语，也只有在这时，回族才开始形成一个新的民族。

白寿彝、马寿千两位先生撰写的《几种回回家谱中所反映的历史问题》一文中在论述语言问题时，同意《回回民族的历史和现状》一书的推断："说十六世纪中叶已经以汉语为回回共同语言，也许会失之较晚，而决不会失之过早的。"[②] 这一推断是符合历史实际的。

元末明初，不少回回改用汉姓，如明初大将常遇春、胡大海、沐英、蓝玉、冯胜、丁德兴等都是回回，用的却是汉姓。明代文学家丁鹤年（1335—1424）、航海家郑和（1371—1435）等人也是回回，都使用了汉姓。自明以后，虽然仍在政府中没有回回历科，但已不专设回回司天监，而是把它合并到钦天监中去了。回回医药的专设机构也不单独设立了。这些事实都说明14世纪下半叶到15世纪，回族已较普遍地使用了汉语。到了16世纪，陕西回族宗教学者胡登洲（1522—1597）提倡经常教育，南京回族宗教学者王岱舆更是用汉文著书解释伊斯兰教的教义，著作有《正教真诠》《清真大学》和《希真正答》。这更说明从16世纪起回族

---

① 转引自林干：《试论回回民族的来源及其形式》，该文载《回族史论集》（1949—1979），宁夏人民出版社，1983年，第73页。

② 转引自林干：《试论回回民族的来源及其形式》，该文载《回族史论集》（1949—1979），宁夏人民出版社，1983年，第88页。

不但习惯了汉语的口语，而且连宣传宗教也用汉文了。普遍使用汉语的结果，促进了回族的形成。从历史的发展来看，回族以汉语为共同语言，客观上起到了有利于回族人民向汉族人民学习较先进的生产技术和丰富的文化知识，有利于本民族在各方面的发展，也有益于加强民族团结的作用。如果从今天回族的发展来回顾这一问题时就会看得更加清楚。

四、回族的语言特点

汉语是回族的共同语言，但回族使用的汉语中仍有一些不同于汉族使用的汉语的地方。我把这些不同点称作回族的语言特点。这些特点是：

1.回族使用的汉语中有大量的非汉语词

例如：阿訇（ahun，本义为有学识的人，现作"教长"讲）

尔林（alim，本义为有学识的人，现作"有宗教知识的人"讲）

海里凡（halifa，哈里发，本义为弟子，现作"阿訇的助手、学生"讲）。

依麻木（imam，掌教）

古兰（qur'an，本义为诵读，现作"古兰经"讲）

伊斯兰（Islam，原为和平之意，现作"伊斯兰教"讲）

邦答（bamdat，晨礼）

撇申（pešim，晌礼）

底盖尔（diger，晡礼）

沙母（šam，昏礼）

胡夫坦（huftan，宵礼）

乃玛孜（namaz，礼拜）

依玛尼（iman，信仰）

多灾海（dozah，火地狱）

顿亚（dunya，世界、世上）

　　赛俩目（salam，问安、敬礼）

　　鲁海尔（ruh，灵魂）

　　台格底尔（teqdir，命运、前定）

　　古那赫（gunah，罪恶）

　　赛瓦布（säwäb，原为原因之意，现作"祈求、乞讨"讲）

　　多斯提（dost，原指朋友，现与"穆斯林"并用）

　　卡菲尔（kafir，异教徒）

　　都士蛮（dušman，敌人）

有的同志把这一类的阿拉伯、波斯语词归入"经堂语"，我认为对一些有关伊斯兰教的词汇也可这样看，但回族人民口语中还有不少非汉语的词是与伊斯兰教关系不大的。我看这一些词语也应当看作是汉语与回族先民的几种语言在融合过程中残留在回族使用的汉语里原来语言的"底层"。例如下面有这样一段话：

　　我去打"郭西儿"，遇上了个叫"赛瓦布"的孩子，那孩子长得可有"发依代"啦！

　　其中的"打郭西儿"是说"买肉"（指牛肉、羊肉），"赛瓦布"是指"要饭、乞讨"，"发依代"是指"长得很有出息"。这里的"郭西儿""发依代"都和宗教活动没有什么关系。

　　2. 回族使用的汉语中，有些虽是汉语词，但意思或与汉族使用的不同，或只为回族使用

　　例如：拿散（施舍）、很教门（很虔诚）、口唤（遗嘱、嘱托之语）、开学（阿訇就职）、油香（回族节日食用的一种圆形油炸饼）、汤瓶（穆斯林礼拜前沐浴用的水壶）、口到（尝）、穿衣（为念经的学生举行的毕业仪式）、无常（死）等。

　　回族使用了汉语为自己的共同语言，同时又用残留在汉语中的原母语的某些"底层"和使用汉语材料又创造的不少新的词语来丰富汉语，这对汉语词汇的发展无疑也是一个贡献。

　　这里，我还想顺便提一下"小儿锦"（小经）的问题。由于回族的宗教人士过去掌握汉文掌握得很好的人较少，所以，他们常常用阿拉伯文或波斯文字母来拼写自己讲的汉语，这种格式的拼音字母叫"小儿锦"。有的人把它看作是"回文"，这是一种误解。应当说它是一种早期的汉语拼音字母，很有学术价值，这是回族人民对汉语拼音的一个贡献。研究汉语拼音史，也应搜集这方面的资料来进行研究。

五、结束语

　　回族的先民来到中国内地，在长期的历史发展中，逐渐接受了汉语为自己的共同语言，促进了回族的形成。回族是在中国这块土地上形成的，中国是回族的祖国。回族是以汉语为共同的交际工具的，汉语是回族的母语。回族由于使用汉语，使它在政治、经济、文化诸方面都得到了很大的发展。回族人民有学习阿拉伯文的悠久传统，这对在中国介绍伊斯兰文化起了重要作用，但这应当是作为一种外语来学习的。作为回族的一名语文工作者，要科学地阐明阿拉伯语与汉语的关系，讲清回族儿童从小首先就要学好汉语文的重要性。只有先努力学好汉语文，才能学好科学文化知识，才能造就更多的有用人才，使回族在新的历史条件下发展更快捷。

明代文献《回回馆译语》①

近几年来，全国各地的回族古籍工作者在搜集、整理和出版回族古籍方面，取得了显著的成绩，推动了回族历史文化诸方面研究工作的深入发展。遗憾的是，对珍贵的明代文献《回回馆译语》却长期以来未给予注意。值得高兴的是，不久前在《中国回族研究》第二辑中发表了刘迎胜同志对此有关的论文，邱树森教授主编的《中国回族词典》也有"回回馆译语""回回馆杂字"两词条的注释。

早在"文化大革命"期间，我在"五七"农场时，便经常利用返京休息的时间去北京图书馆善本部查阅和抄录《华夷译语》方面的一些材料。数年后，我仍抽空去北图查阅资料，后与黄润华同志合作校勘、转写、注释，并出版了《高昌馆课》②（明代哈密、吐鲁番、别失把里等地面的"苏丹""国主"等给大明皇帝上书的奏折集）和《高昌馆杂字》③（明代汉语维吾尔语对照的分类词汇集）这两本珍贵的明代文献。在此过程中，由于自己是回族，又自学过一点波斯语，便对《华夷译语》中的《回回馆译语》也饶有兴趣，便搜集一些资料，为日后研究做些准备。

1985年，我应邀赴日本进行学术交流，专程到京都大学文学部拜访了研究《回回馆译语》的知名专家、学识渊博的著名文史学家本田实信教授。

---

① 本文原载《中央民族大学学报》1995（双月刊）第2期。

② 胡振华、黄润华整理：《高昌馆课》，新疆人民出版社，1981年。

③ 胡振华、黄润华整理：《高昌馆杂字》，民族出版社，1984年。

使我受益匪浅。1990年，我再次应邀赴日本访问，在大阪外国语大学参观了图书馆，在京都大学文学部参观了资料室。并复制了五种版本的《回回馆译语》材料。这些材料，有的与我国北京图书馆馆藏的材料不同，有的是我们所没有的。因此，也非常宝贵。

不久前，我再次在北京图书馆善本部进行了核对、比较。在这里只据日本学者田坂兴道、本田实信等教授的研究成果和本人对《回回馆译语》的粗浅了解，作个一般性介绍，希望引起有关方面的关注，以便尽快在我国出版《回回馆译语》这一珍贵回族文献。

一、"回回字"及"回回馆"

我国史书中最早介绍回回字的是元末陶宗仪的《书史会要》。在其卷之八"域外"中写道："回回字其母凡二十有九，横行而写，自前至后，复归于前。"

这里所说的"回回字"即阿拉伯文字母。波斯文便是根据这一套阿拉伯文字母为基础，又增加了[p][tʃ][ʒ][g]4个音素的字母而创制成的。

众所周知，西亚、中亚及我国新疆一带的不少操伊朗语族语言和突厥语族语言的民族在信仰伊斯兰教后都逐渐采用了阿拉伯文字母来书写本族语言。由于政治、经济、文化的关系，到十五六世纪为止，这一地区的各族人民长期地把以阿拉伯文字母为基础的波斯文作为他们的书面语言。我国史书中则把这种波斯文称为"回回字"或"蒲速蛮字"。

在元代，这种回回字与汉字、蒙古字一样，是当时官方通用的文字之一。它不仅用于西亚、中亚和新疆一带。也用于自西亚、中亚移居到我国内地散居于汉族地区里的回回人（即来自中亚、西亚的穆斯林）之中。元政府中设有"回回椽史""回回译史"等职，还设置了培养译员的学校——"回回国子学"（1298年），后改名为"回回国子监"，这可以说是明代四夷馆中"回回馆"的前身。

　　明代中央政府亦派专人，设专门机构，负责国内少数民族和邻国语言文字的翻译工作。明洪武十五年（1382年），翰林院侍讲火源洁（蒙古人）与编修马沙亦黑（回回人）奉皇帝命编纂《华夷译语》。他们首先参照《元朝秘史》的编纂方法，用汉字标蒙古语音，对照汉义，编了一部无蒙古文的汉蒙语分类词汇集。永乐五年（1407年），在翰林院下设四夷馆，分鞑靼（蒙古）、女直（女真）、西番（藏）、西天（印度）、回回、百夷（傣）、高昌（维吾尔）、缅甸8个馆。正统六年（1441年），增设八百馆，万历七年（1579年）增设暹罗馆。四夷馆有少卿一人主事，另置译字生、通事等。四夷馆各馆编出的这些民族语言与汉语对照的分类词汇叫作"杂字"，把上述地区、国家给大明皇帝上书的奏折写成汉文再附上民族文字译文的文书叫"来文"，合称为"译语"，由各馆自行保管。回回馆则保管《回回馆译语》，其中有"杂字"及"来文"。清顺治元年（1644年），四夷馆改名为四译馆，又为《华夷译语》增补了几种民族语言。这样，《华夷译语》除前述国家、地区语言之外，又增加了朝鲜、日本、安南、占城、满剌加等语言的"译语"。乾隆十三年（1748年），四译馆又并入会同馆，更名为会同四译馆，属礼部管辖。

　　根据国内外学者对《华夷译语》的全面研究，一般把《华夷译语》分为三种：

　　1.甲种本：明洪武十五年（1382年）火源洁与马沙亦黑编纂的汉字标注蒙古语音，而无蒙古文字的那一部汉蒙语对照的分类词汇集——《华夷译语》。

　　2.乙种本：明永乐五年（1407年）设置四夷馆后各馆编纂的既有本民族文字，又用汉字注音的两种语言对照的分类词汇集——《杂字》（有的也写作"××馆泽语"）及右汉文、民族文字译文对照的奏折文书集——《来文》。

　　3.内种本：指明末茅瑞徵（伯任）只用汉字标注民族语语音、无本民族文字的两种语言对照分类词汇集，多称《译语》，没有《来文》，只有

《杂字》。

据清代江蘩撰写的《四译馆馆则考》卷一"回回馆"中的记述看来，"存馆来文一部十七页，存馆杂字九百一十四"，《回回馆译语》中是有《杂字》及《来文》的。但其数目与我们现在所搜集到的材料数目是不同的。明代四夷馆中的回回馆为编纂、翻译和保存《回回馆译语》做出了贡献。

二、《回回馆译语》简介

《回回馆译语》，即有乙种本，也有属于丙种本的，属于乙种本的有以下几种版本：

1.《回回馆译语》，一卷，清初刻本，一册，二行字不等白口周单边，现藏北京图书馆善本部，书号为02142，有缩微胶卷，内中只有《杂字》，无《来文》。

2.《回回馆杂字》，一卷，清初同文堂抄本，一册，白口无格四周双边、现藏北京图书馆善本部，书号为5675，有缩微胶卷供使用，也是无《来文》。

3.德国柏林国家图书馆所藏明抄本一部，有《杂字》及《来文》，来文汉回文对照的有16篇，有1篇与各种抄本的不同。

4.日本东洋文库所藏明抄本一部，有《杂字》及《来文》。来文有汉、回文对照的30篇，但其中有不少是重复的，实际上，有21篇。

5.法国巴黎国家图书馆所藏清抄本一部，有《杂字》，也有《来文》，来文中汉文17篇，回文16篇，内有12篇与东洋文库所藏来文相同，有4篇是不同的。

6.英国剑桥大学图书馆所藏的抄本一部，只有《杂字》。

7.法国亚洲协会所藏清代抄本一部，只有《杂字》。

8.英国伦敦大英博物馆所藏明代刻本一部，有《杂字》。

9.内阁文库所藏清代抄本一部，有《来文》。

10.意大利《回回馆译语》研究者罗斯（Giusseppe Ros）所藏的《华夷译语》一部。

据说北京雍和宫所藏的一部《回回馆杂字》也属于乙种本的《回回馆译语》。

属于丙种本有以下的几种版本。

1.北京图书馆善本部所藏的《译语》一书中有回回馆杂字，不分卷，系清供袁氏贞节堂抄本，周星诒作跋，一册，9行20字白口蓝格四周单边。书号为15161，有缩微胶卷可供使用。

2.英国伦敦大学东方学非洲学学院图书馆所藏的一部明代抄本。

3.阿波国文库本，抄本。

4.静嘉堂文库本，抄本。

5.越南河内原法国远东学院图书馆所藏的一部《回回馆译语》。

6.日本已故学者稻叶博士所藏的一部《回回馆译语》。

丙种本中都不包括《回回馆来文》。

《回回馆译语》拟分《杂字》《来文》介绍：

1.《杂字》

《杂字》有两种，一是乙种本《杂字》，一是丙种本《杂字》。前者均分为18类，即18门，收词最多的为巴黎国家图书馆本、东洋文库本、巴黎亚洲协会本和我国北京图书馆所藏《回回馆杂字》，均777条。柏林为773条，北京图书馆《回回馆译语》为775条，伦敦大英博物馆本为749条，柏林本另有续篇，增补词语233条。这样，乙种本可整理出其最高数为1010条。现将《杂字》的门类名称及各门词语数目列表如下。

1.天文门	1 — 40	共40条
2.地理门	41 — 96	共56条
3.时令门	97 — 137	共41条
4.人物门	138 — 202	共65条
5.人事门	203 — 300	共98条

6. 身体门	301 — 350	共50条
7. 宫室门	351 — 375	共25条
8. 鸟兽门	376 — 424	共49条
9. 花木门	425 — 466	共42条
10. 器用门	467 — 516	共50条
11. 衣服门	517 — 542	共26条
12. 饮食门	543 — 575	共33条
13. 珍宝门	576 — 593	共18条
14. 声色门	594 — 610	共17条
15. 文史门	611 — 627	共17条
16. 文隅门	628 — 651	共24条
17. 数目门	652 — 669	共18条
18. 通用门	670 — 777	共108条

续篇中增补了15门：

1. 天文门	1 — 7	增补了7条
2. 地理门	8 — 21	增补了14条
3. 时令门	22 — 28	增补了7条
4. 人物门	29 — 36	增补了8条
5. 人事门	37 — 46	增补了10条
6. 身体门	47 — 55	增补了9条
7. 宫室门	56 — 61	增补了6条
8. 鸟兽门	62 — 73	增补了12条
9. 花木门	74 — 84	增补了11条
10. 器用门	85 — 95	增补了11条
11. 衣服门	96 — 104	增补了9条
12. 饮食门	105 — 110	增补了6条
13. 珍宝门	111 — 120	增补了10条

14.数目门　　　　121 — 132　　　　增补了12条

15.通用门　　　　133 — 233　　　　增补了101条

乙种本《杂字》的抄定格式是每半页4个单词，分上下两排，每个回回字单词在上，汉意在中，汉字注音在下，由右向左横写，即上中下三行。

丙种本《杂字》多分为17门，一般版本收词674条，静嘉堂文库本收词语656条。现将丙种本《杂字》的门类名称及各门词语数目列表如下：

1.天文门　　　　1 — 27　　　　共27条

2.地理门　　　　28 — 81　　　　共54条

3.节令门　　　　82 — 121　　　　共40条

4.花木门　　　　122 — 196　　　　共75条

5.鸟兽门　　　　197 — 256　　　　共60条

6.宫室门　　　　257 — 272　　　　共16条

7.器用门　　　　273 — 353　　　　共81条

8.人物门　　　　354 — 395　　　　共42条

9.人事门　　　　396 — 455　　　　共60条

10.身体门　　　　456 — 479　　　　共24条

11.衣服门　　　　480 — 509　　　　共30条

12.饮食门　　　　510 — 542　　　　共33条

13.珍宝门　　　　543 — 560　　　　共18条

14.文史门　　　　561 — 570　　　　共10条

15.声色门　　　　571 — 583　　　　共13条

16.数目门　　　　584 — 611　　　　共28条

17.通用门　　　　612 — 674　　　　共63条

丙种本的《杂字》没有回回字，只使用汉字注音，上为汉意，下为汉字注音竖写。所用的汉字也与乙种本的《杂字》不同。例如，北京图书馆所藏的《译语》中的《回回馆杂字》里是这样写的：

天　阿思忙（注：竖写）

但在日本阿波国文库本的《回回馆译语》中则写：

天　阿思妈（注：竖写）

所用的汉字都与乙种本《杂字》中的不同。像这样的情况还很多。因此，不能认为丙种本《杂字》是乙种本《杂字》的简化本或转抄本，而应看作是单成系统的另一种《译语》。

2.《来文》

迄今，我在国内尚未发现何处藏有《回回馆来文》。这里主要是介绍国外藏有《来文》的情况。

东洋文库共有来文30篇，均为汉文、回回字对照，但其中第10篇与第20篇、第27篇重复，第11篇与第21篇重复，第12篇与第19篇、第29篇重复，第16篇与第25篇、第30篇重复，第18篇与第26篇重复，所以实有22篇。

柏林国家图书馆本共有来文16篇，均为汉文、回回字对照，但其中的第5篇与第16篇重复，其4、6、7、8、9、10、11、12、13、14、15各篇也与东洋文库文本的12（及19、29）、17、14、15、10（及20、27）、18（及26）、22、23、24诸篇相同，只有1、2、3篇为东洋文库本所没有。其中第1篇为其独有。

内阁文库本共有来文17篇，其中第16篇与第9篇重复，有15篇与东洋文库本、柏林国家图书馆本的某些来文相同。其第2篇、第17篇是东洋文库本及柏林本中所没有的。

法国巴黎国家图书馆本中有来文17篇，但我从日本复制的复印件中，发现其回回字译文只有16篇。其第8篇缺回回字译文，其第9篇与第16篇重复，其2、17两篇也是东洋文库本中所没有的。其他各篇与上述版本相应来文相同，仅顺序的排列不同。

来文的汉文在前，回回字译文另页在后。汉文来文每篇5行、6行、7行、8行不等，行12字至14字，凡遇"皇帝""恩赐""圣旨""圣恩""敕""上位"等字，均顶格书写，凡遇"金门""朝廷"等字，均需提高一格书写，汉文来文皆自右向左竖写，回回字译文每篇6行、7行、8行、9行、10行不等。皆自右向左横写，遇上述"皇帝"等字也不顶格或提高一格书写。下面是一篇来文：

撒马尔罕使臣哈非子

皇帝前进贡西马六匹小刀一百把

望筷收受求讨织金缎子茶叶

望乞

恩赐奏得

圣旨知道

来文的回回字译文语言生硬，许多地方不符合波斯语语法，而是一些波斯语词按照汉文来文次序堆积起来的，错误很多。看来当时波斯语翻译的波斯语水平是不高的，若译者是回回人，还说明到了明代还有人能懂这么多波斯语，这也是不容易的。

三、《回回馆译语》的价值

《回回馆译语》在研究回回（来自中亚、西亚的各族穆斯林）人的语言、文字、历史诸方面都是有重要学术价值的。

过去，我们一提到历史上的回回字、回回语，大家都认为指的阿拉伯文、阿拉伯语，但当我们了解了《回回馆译语》的情况后，就会弄清楚元、明两代汉文史书中讲的回回字主要是指一段历史时期里西亚、中亚和新疆一带信仰伊斯兰教的各族人民共同使用的书面语——波斯文。这一点，对我们研究回族人民的来源及形成也是有帮助的。

在回回馆的《杂字》中，有"回回"一词，其波斯语的汉字注音是"母苏里妈恩"，回回字可标作［musulman］，意即"穆斯林"（信仰伊斯兰教的人）。这说明，到明代为止，"回回"依然是指西亚、中亚和新疆一带信仰伊斯兰教的人。云南的回族迄今仍被傣族、佤族等人民称为"帕西"（来自"法尔西"，即"波斯"），以及在回族口语中仍使用着的经堂语里有大量波斯语等情况看：波斯成分，或更确切地说是操伊朗语族语言的各族成分，或虽操突厥语族语言，但使用波斯语文作为书面语的各族成分，应是回族来源的主要成分，而非过去某些回族史专家所认为的，阿拉伯成分是形成回族来源的主要成分。

《四译馆馆考》一书，在"回回馆"下写有以下文字："附吐鲁番、天方、撒马儿罕、占城、日本、真腊、爪哇、满剌加诸本皆习回回教遇本馆代译焉。"意思是说，吐鲁番、天方、撒马儿罕及东南亚一带都信仰伊斯兰教，凡有上书奏折者都要用回回字，由回回馆代译。又写道："西域称王者，唯吐鲁番、天方、撒马儿罕三国。"又说"回回与天方国邻"，这里的回回即指西亚、中亚和新疆一带的各族穆斯林地区。该书卷四又道："哈密，地近高昌，故表文属高昌馆译审，且其中多回回人，入贡时亦有用回回字者。故前代又属回回馆翻译焉"。还说，"哈密有回回、畏兀儿、哈剌灰。"这里讲的是新疆哈密地区有回回人，并用回回字书写奏折。我认为，此处的"回回指的是已经信仰了伊斯兰教的维吾尔人"，那些仍信佛教的仍被称为"畏兀儿""哈剌灰"，可能是指突厥语化了的，并已信仰伊斯兰教的蒙古血统后裔。

从《来文》中看，有哈密、吐鲁番、撒马儿罕、天方（即麦加一带）、白勒黑（即阿富汗的巴里赫），敌米石（即叙利亚的大马士革）、密思儿（即埃及）、白思勒（即伊拉克南部的巴什拉）等地区、国家的，这一大片都是信仰伊斯兰教的国家、地区。这一广大地区的穆斯林到明代仍被我国的汉文史书统称"回回"。从此也可看出，新疆信仰了伊斯兰教的维吾尔族也是被称作"回回"的，而且吐鲁番、哈密的"回回"又与内地来往甚密，因此，在回族的形成中，维吾尔成分也占有相当比重。这一点，我认为在今后研究回族形成的问题时，应当予以充分注意。

《回回馆译语》不仅对研究回族形成的多元成分有很大的帮助，而且可以为研究明代中央政府与新疆哈密、吐鲁番等地区以及与撒马儿罕等中亚、西亚地区之间的密切联系提供可靠的科学资料，从26篇《来文》来看，新疆与中亚、西亚一带的贡品多为马、驼、玉石等，要求交换的主要是丝缎、茶叶、瓷器等。这对研究明代的经济交流，以及研究我国内地与边疆少数民族之间和与我国周边国家里信仰伊斯兰教各族人民之间的传统友谊也提供了不少旁证材料。

像这样重要的一部明代文献，的确值得我们重视。我希望，在不久的将来，能看到《回回馆译语》在我国国内出版。

从俄文Кнтай一词说起

汉文中的"中国"在俄文中用Кнтай一词翻译，在中亚的吉尔吉斯文中用Кытай一词翻译，在哈萨克文、乌兹别克文、土库曼文、塔吉克文等文字中也都用不同的文字字母来音译Кнтай。其实，俄语中的Кнтай还是来自北方和中亚的一些民族语言。

Кнтай（克塔依）即汉文史料中的契丹，属东胡族系，为鲜卑族的一支，其语言与蒙古语诸族语言比较接近，同属阿尔泰语系蒙古语族。"契丹"一词在古代北方民族的语言中原来的语音是Kitany，后来演变为Kitay。"契丹"一词在古代汉语中的语音是Kidan，在现代汉语中的语音演变为Qidan。

契丹原居住在我国东北潢水（今西拉木伦河）及土河（今老哈河）流域一带。916年，耶律阿保机称帝，建立契丹国，947年改称"辽"。辽的疆域"东自大海，西至流沙，南越长城，北绝大漠"。居住在叶尼塞河上游一带的吉尔吉斯（柯尔克孜）族，于931年曾遣使至辽，成为辽的属国。辽在这里设"黠戛斯（"吉尔吉斯""柯尔克孜"的不同音译）国王府"，吉尔吉斯（柯尔克孜）要向辽朝贡，如辽遇有战争，还要派兵助战。

辽朝（契丹王朝）设置了5个都城：上京临潢府、中京大定府、东京辽阳府（先称南京，后改称东京）、南京析津府、西京大同府。辽上京，位于内蒙古自治区赤峰市巴林左旗林东镇南，初名皇都，后改称上京，并设立临潢府，为辽代五京之首。辽中京，位于内蒙古自治区赤峰市宁城县天义镇以西，铁匠营子乡和大明镇之间的老哈河北岸，是辽代最大的陪都。辽东京，位于辽宁省辽阳市，先在辽阳设东平郡。后升东平为南京，府名辽阳，后改名东京。辽南京，位于北京市西南，将幽州(今北京广安门一带)定为南京幽都府。辽西京，位于山西大同，设立大同府。契丹建立辽后，接受汉族文化，影响很大。

1124年，辽在女真人的胁迫下濒于灭亡，其宗室耶律大石率兵西逃。据13世纪的波斯文《世界征服者史》一书中的记载说："他们抵达吉利吉思('吉尔吉斯''柯尔克孜'的不同音译)国，向该地区部落发动进攻，后者也反过来袭扰契丹人。他们从那里征进，直到他们来到叶密立，他们在这里筑了一座其基址至今尚存的城市。"这一段说的就是契丹人在西逃过程中，在吉尔吉斯（柯尔克孜）族地区大肆抢劫而遭受到反抗的情景，以及契丹人整军西进，于1128年灭掉卡拉汗王朝及建立西辽的事。阿拉伯文、波斯文的史料中，有的把这一部分西逃的契丹人称作卡拉克塔依，即所谓的"黑契丹。"

10世纪以后的几百年内，吉尔吉斯（柯尔克孜）族已明显地分为东西两支，东支仍居住在叶尼塞河上游一带，西支已迁移到天山地区。西辽时期，西支吉尔吉斯（柯尔克孜）人从原受辖于卡拉汗王朝改为受辖于西辽。西辽建立后，回头攻打过东支吉尔吉斯（柯尔克孜），又受到了顽强的反击。

北方的一些民族和中亚的一些民族对契丹的称呼，后来也影响到古代俄罗斯人，但俄罗斯人和北方的一些民族和中亚的一些民族并没有弄清契丹并不是中国或汉族，而千百年来张冠李戴地把Китай（克塔依）这一名称错加在中国或汉族的头上。

吉尔吉斯（柯尔克孜）与契丹和黑契丹之间的斗争，在《玛纳斯》中都留下了痕迹或影子。例如，史诗中讲的玛纳斯攻打别什巴勒克（今吉木萨尔）、呼图壁、乌鲁木齐，战胜克塔依人艾将军，并修建了以玛纳斯名字命名的"玛纳克"城；克塔依人阿勒玛木别特不堪卡勒玛克人的欺侮，认为在克塔依的京城走投无路，西逃后投奔了玛纳斯，并成了玛纳斯的亲密战友；玛纳斯为了复仇，在阿勒玛木别特的帮助下，率众勇士远征克塔依人的京城，等等，都是反映吉尔吉斯（柯尔克孜）与克塔依关系的。另外，在《玛纳斯》有许多地方是讲述克塔依的习俗的，例如讲克塔依人有各种神像，有天堂和七层地狱之说；有吻胸的礼节；迎接客人时，铺上地毯将客人抬至屋内；头上多戴红缨帽；等等。《玛纳斯》也讲克塔依人有"五个京城"，还讲克塔依人把"猪"叫作"马很"（mahïn<mah，蒙古语中为"肉"，-ïn 是语法上的附加成分。契丹语与蒙古语很近 —— 作者注）。

《玛纳斯》中讲述"克塔依"（契丹）对吉尔吉斯（柯尔克孜）人的抢掠和吉尔吉斯人的反抗斗争，往往由于错误地把克塔依看作中国或汉族，就会严重地误解，有损彼此间源远流长的传统友谊！所以，一定要讲清《玛纳斯》中的克塔依不是中国或汉族，而是契丹！

回忆在柯尔克孜族地区进行的四次语言调查

　　各地的民族大学和民族地区的高校教师差不多都多次深入边疆民族地区和国外进行过田野调查，积累了不少关于民族调查研究的经验。这些经验对从事民族教学研究工作的年轻教师来说都是宝贵的财富，值得参考和继承。我今年已经86岁，在我青年、中年时期多次到过民族地区进行各种调查，其中有柯尔克孜族语言调查、柯尔克孜族社会历史调查、史诗《玛纳斯》调查、柯尔克孜民俗学调查、民族教育方面的调查。我也到国外进行过一些调查，其中有中亚东干族调查、国外图书馆、博物馆中有关我国文献馆藏情况的调查等。这些调查使我对我为之服务和研究的对象能有深刻的了解，能掌握丰富、真实的研究资料，提高认识水平，也使我更加坚定为民族工作献身的决心。

　　下面我想着重谈谈我在柯尔克孜族地区的四次语言调查：

第一次　1953年12月 — 1954年12月

　　为了解决我国柯尔克孜族的文字问题，国家派我深入天山南北和帕米尔高原柯尔克孜族地区学习、调查柯尔克孜语，征求柯尔克孜族人民对文字的意见，并根据柯尔克孜族人民的意见创制柯尔克孜族文字。我首先在新疆伊犁市阿合买提江专科学校边教汉语课，边跟柯尔克孜族克扎依老师学习柯尔克孜语。同时，抽时间去伊犁中苏友好协会图书馆，利用馆中的吉尔吉斯语报刊资料学习。后去特克斯县柯尔克孜族聚居的阔克台莱克区进行语言调查，记录基本词汇，整理出柯尔克孜语的音系，并根据大纲要求记录一些句子，整理出柯尔克孜语的语法规律。这一阶段的初步体会是：首先，研究一个民族的语言必须要从说话学起，一定要能听懂和会说他们的话，直接交流才能深入调查研究。有人通过翻译进行民族语言调查不可能是高水平的调查研究。其次，学一种民族语言，要先熟悉它的语音系统和语法规律，并记熟一批基本词汇和一些日常用语。再次，学习民族语言，要从读、说、听、写、译5个方面要求，但一定要"听说领先"。最后，研究一个民族的语言要注意与研究其民族历史民俗及社会发展情况相结合。在当地我高兴地记录了一个关于柯尔克孜族族名来源的传说，对我以后的柯尔克孜族部落研究很有帮助。

在北疆的半年柯尔克孜语调查告一段落后，于1954年6月我应邀来到了南疆的阿图什县（今阿图什市）。当地正在筹建克孜勒苏柯尔克孜自治区（建成后改称自治州），请我与阿布都卡德尔同志一起研究，并在克孜勒苏柯尔克孜自治区成立后提出柯尔克孜族文字方案，以便解决柯尔克孜族法定的文字问题。柯尔克孜族人民迫切要求有自己本民族的文字，但意见不统一，有的人说要用1924年阿拉巴耶夫为吉尔吉斯斯斯坦人民制定的一套以察哈台文字母为基础的文字，有的人说要直接采用吉尔吉斯斯坦以俄文字母为基础的吉尔吉斯文。前一种文字的字母不能很准确地代表柯尔克孜语的音位，在当时新疆维吾尔族、哈萨克族都使用以阿拉伯文字母为基础的情况下，若采用以俄文字母为基础的吉尔吉斯文，不利于各民族相互间的交流，不利于增进各民族间的团结。我便根据在北疆进行柯尔克孜语调查的结果和我了解到的吉尔吉斯斯坦的情况，提出：首先，要采用与维吾尔文、哈萨克文一致的阿拉伯文字母。其次，要一个音位一个字母。最后，元音o和ö，u和ü要用不同字母分开，当时在维吾尔文中是不分的。阿布都卡德尔同志同意了我的建议，我们制定了一个柯尔克孜族文字方案，在克孜勒苏柯尔克孜自治区成立后提交给领导和各县来开会的代表进行了讨论，最后获得通过，上报给了新疆省（现新疆维吾尔自治区）人民政府。这一阶段的体会是：第一，一个民族的文字必须是科学的，其字母要能准确地表达其语言的音位。第二，在一个多民族国家中，一个民族的文字制定或改革都要考虑到国情，考虑到民族间的团结和交流。

1954年8月到12月，我又在乌恰县、阿合奇县、乌什县等地进行柯尔克孜语的学习和调查研究，并较多地了解了柯尔克孜族的民俗风情和社会发展情况，勤劳朴实、热情好客的柯尔克孜族人民的优秀品质深深地感染了我，使我立下决心愿意终生从事柯尔克孜族语言文化教学研究工作。我认为这是我第一次进疆学习、调查柯尔克孜语的最大收获！

第二次　1955年6月—8月

新疆柯尔克孜族的文字方案上报新疆省（现新疆维吾尔自治区）人民政府后很快得到批复，同意在学校及政府机关里使用。文字解决之后遇到的一个问题是新词术语问题。为此，我和北京及新疆的汉族、柯尔克孜族几位同志（李进、阿满、塔阿依、何力西、阿帕斯）组成了一个以调查新词术语问题为主要任务的语言调查组，我被任命为组长。在这次调查中我们在阿图什、乌恰、阿克陶县及喀什市按照在北京拟定的调查大纲，先在一些调查点进行了基本词汇和语法特点的调查，然后我们进行了新词术语的调查。调查的对象包括机关中的柯尔克孜族干部、柯尔克孜族农牧民群众和正在喀什师范学校里学习的柯尔克孜族中学生。我们挑选了一些吉尔吉斯斯坦用吉尔吉斯文字母发行的报纸朗读给他们听，询问他们对其中新词术语的理解情况，我们也请能阅读吉尔吉斯文报刊的人自己阅读吉尔吉斯文字母发行的报纸，让他们指出我国新疆柯尔克孜语与吉尔吉斯斯坦的吉尔吉斯语在新词术语方面的异同。与此同时，我们还注意记录和收集我国柯尔克孜族人民使用新词术语的情况。经过调查，我们发现我国新疆柯尔克孜族与苏联吉尔吉斯斯坦吉尔吉斯族虽然是一个民族，但在新词术语的使用上的确有不少差别。吉尔吉斯语的新词术语中有一些是俄语借词，我国柯尔克孜语的新词术语中有些是汉语借词或使用和维吾尔语相同的词。

这一次调查时间较短，但也是有收获的。我的体会是：一个民族的人生活在不同的国家里，虽然他们语言的基本词汇和语法结构是一样的，但往往在新词术语的使用上是不完全相同的。吉尔吉斯族生活在多民族的苏联，俄罗斯语是苏联各民族人民之间的交际语，吉尔吉斯语必然要受到俄罗斯语的影响。我国的柯尔克孜族生活在多民族的中国，与人数众多的维吾尔族人民共同生活在新疆，汉语是我国各民族人民之间的交际语，汉语和维吾尔语都会对柯尔克孜族的语言产生影响，这些影响首先就表现在新词术语的使用上。这一体会有助于加深我们对在民族地区进行双语教育的认识，有助于我们在进行新词术语规范化中要充分考虑到多民族的国情和具体的地区情况，不能一定要与国外同一民族的新词术语取得一致。

第三次　1956年7月 — 1957年6月

中华人民共和国后，党和政府非常重视民族语文工作，选派了一些专家深入民族地区为没有文字要求创制文字的民族创制文字，为要求改革文字的民族改革文字。当时社会科学和自然科学的研究所都集中在中国科学院里，还没有建立中国社会科学院，国家把中国科学院民族研究所里的民族语言研究室分出来单独成立了少数民族语言研究所，包尔汗同志兼任所长，傅懋勣同志任副所长。政府为发展我国民族语文工作还从苏联邀请来了语言学专家谢尔久琴柯担任中国科学院语言研究所、少数民族语言研究所和中央民族学院的语言学顾问，并在中央民族学院开办语言学研究班进行讲学，政府还为中央民族学院邀请来了突厥语专家捷尼舍夫和蒙古语专家托达耶娃，开设了突厥语研究班和蒙古语研究班，我有幸在上述3个研究班里都认真听了课。中央民族学院语文系也专为新疆开设了语言学专修班，我为这个班的学员讲授语言学及语言调查的课程。

政府决定1956年组织北京和地方的民族语文工作人员共同组成7个民族语言调查队，对全国民族语言进行大规模的调查。1956年5月份的一天下午，北京各单位要出发到民族地区进行民族语言调查的人员在中央民族学院大礼堂聆听中国文字改革委员会吴玉章主任的报告，突然周恩来总理出现在主席台上，他不让打断吴玉章主任的报告，只向大家频频招手致意，他在大家长时间的热烈掌声中离开了会场。看来吴老和周总理都是来为大家送行的！

突厥语族语言与新疆塔吉克语的调查都属于第六调查队。为了培训新疆参加民族语言调查的人员，第六调查队领导派我和米尔苏里唐老师先到乌鲁木齐，给培训班人员进行了短期授课。第六调查队下按语言分为若干分队，我们是柯尔克孜语分队，我被任命为分队长，成员共8位（朱志宁、袁宗良、白恩荣、朱马洪、胡加西、艾力亚孜、努斯莱特和我）。我们根据在北京拟定的柯尔克孜语词汇表和语法调查大纲对新疆柯尔克孜语进行了一年的调查。

我们先到北疆柯尔克孜族比较聚居的特克斯县阔克铁热克区、昭苏县沙特乡、额敏县达楞土尔更乡3个地区进行了语言调查。我们了解到：

第一，特克斯县阔克铁热克区、昭苏县沙特乡居住的柯尔克孜族多属于布务部落，他们的语言与吉尔吉斯斯坦吉尔吉斯语的北部方言相近，只是部分人的发音多少受到同住一个地区哈萨克族语言的影响。

第二，额敏县达楞土尔更乡居住的柯尔克孜族信仰喇嘛教，服饰与蒙古族相近，他们说他们的先辈是从中亚阿拉套迁来的，也有部分人的先辈是汉族人，他们的语言中虽然还保留一些柯尔克孜语现象，但基本上是哈萨克语，因为周围居住的多是哈萨克族。

我们接着便到南疆柯尔克孜族比较聚居的乌恰县乌鲁恰特、克孜劳依、托尔呷特、波斯坦铁莱克区、阿克陶县乃曼麦莱、卡拉克其克、朱鲁克巴什、奥依塔克、毛吉、布隆阔勒等乡、阿图什哈拉峻区、阿合奇县卡拉奇、阿合奇、乌奇等乡进行了语言调查。我们了解到：

第一，各地柯尔克孜族语言的异同与其部落的划分有关。新疆克孜勒苏河以南多为依奇克里克部落群，其中包括克普恰克、乃曼、开赛克、铁依特。这些部落的语言与吉尔吉斯斯坦南部方言相近，属于我国柯尔克孜语的南部方言。新疆克孜勒苏河以北多为特什克里克（奥吐孜—乌勒）部落群，其中包括冲巴额什、萨鲁、萨勒巴额什、布务、克塔依、蒙古什、蒙都孜、库曲、切力克、交奥什等。这些部落的语言与吉尔吉斯斯坦北部方言相近，属于我国柯尔克孜语的北部方言。其中交奥什部落多数人居住在克孜勒苏河以北，少数人居住在克孜勒苏河以南，他们的语言属于北部方言，但也有南部方言的某些特点。

第二，阿克陶县城附近的柯尔克孜族村，由于与维吾尔族人民长期居住在一起，基本上已经不说柯尔克孜语了。阿克陶县其他柯尔克孜族聚居区和乌恰县波斯坦铁莱克区的柯尔克孜语都属于南部方言，其特点是语言中比北部方言多一个元音ə和一个长元音əə，还多一个辅音h。元音和谐律也不像北部方言中那样严格。阿克陶县奥依塔克乡居民的民族成分多年来经过多次变动，中华人民共和国前说过他们是维吾尔族，中华人民共和国后划定他们是柯尔克孜族，但他们一直传说是来自中亚的另外民族的一个部落。他们的语言基本上已经变成与附近的塔什米力克村的维吾尔语近似，也不是柯尔克孜语。阿合奇县、乌恰县多数地区、阿图什县（阿图什市）哈拉峻等地的柯尔克孜语都属于北部方言，其中阿合奇县的柯尔克孜语还分作Z土语和S土语。卡拉奇乡一带的柯尔克孜人说的是S土语。

我们在调查中不是骑马，就是骑骆驼，有时还步行。在乌恰县调查期间曾躲过泥石流，在阿克陶县调查期间正是寒冷的冬天，特别是从毛吉乡到布隆库阔勒区的山路上是步行爬上去的，山路很窄又滑，一不小心就掉进冰河之中，不时还看到有居石从山顶滚下。我们曾夜宿玉奇开派山洞，化雪烧水喝。白天，我们费力喘着气走在山路上还唱歌呢！这第三次的语言调查给我的教育是多方面的。南疆的柯尔克孜族、维吾尔族、塔吉克族人民祖祖辈辈在这样艰苦的自然条件下辛勤劳动，为祖国守护着边疆，从内地志愿前来边疆工作的无数汉族干部在这里扎根献身，他们的精神是何等的高尚啊！我从他们身上都学到了一些不忘初心，激励自己永远前进的动力。这一年的语言调查也使我对我国的柯尔克孜语有了深入的了解，这也是我所以能在此调查基础上撰写出版《柯尔克孜族语言简志》的保证！

第四次　1980年7月—8月

1957年秋天中央民族学院语文系增设了柯尔克孜语专业，开办了柯尔克孜语班，招收了非柯尔克孜族学员学习柯尔克孜语，培养国家需要的教学、翻译和研究人才。在中央民族学院政治系学习的一位来自黑龙江省富裕县的柯尔克孜族大学生常昆与我们柯尔克孜语教师有联系，我从他那里得知他们还保存有自己的语言，便请他发音我记录，我记录了一批日常生活常用词汇。我发现他们的语言与吉尔吉斯斯坦的吉尔吉斯语和我国新疆的柯尔克孜语都有些差别，但又很相近，便请给我们上课的苏联专家捷尼舍夫先生看看我记录的材料。捷尼舍夫先生说这种语言中保留的是古代柯尔克孜语的特点，很有研究价值，让我认真研究。

捷尼舍夫先生回国后在苏联《语言学问题》刊物上发表了我记录的黑龙江省富裕县柯尔克孜族的语言材料。后来由于1979年我忙于接歌手朱素普·玛玛依来北京组织《玛纳斯》的抢救工作及受文革耽误的影响，一直拖到1980年暑假才有机会深入到黑龙江省富裕县调查那里的柯尔克孜语。

那时，黑龙江省富裕县共有柯尔克孜族116户，614人，主要分布在五家子村和七家子村。关于他们的历史传说是过去从新疆迁移来的，关于他们的宗教据说是原先信奉伊斯兰教，后来受蒙古族的影响改信喇嘛教了。我住在那里经过一段时间的语言调查，发现他们是从叶尼塞河上游一带迁来的，他们从来没有信仰过伊斯兰教，他们原信奉的萨满教，后也改信喇嘛教了。他们的语言与苏联俄罗斯联邦中的哈卡斯族的语言很接近。他们的汉姓常、吴、韩、郎、蔡、司，都是部落名称中一个音节的汉语音译。1980年以后，我又多次去黑龙江省富裕县做过补充调查。我撰写的黑龙江省富裕县柯尔克孜语调查报告和民俗调查报告公开发表后引起了国际突厥学界的重视，法国突厥语学家格·依马尔特邀请我去讲学，并合作编写了《吉尔吉斯语教程》，在美国印第安纳大学内陆亚细亚研究所出版，还发表了我撰写的黑龙江省富裕县柯尔克孜语调查报告。接着我还先后陪同吉尔吉斯共和国吉尔吉斯语言学家卡德尔·阿勒及俄罗斯联邦哈卡斯共和国民俗学家布塔纳耶夫在黑龙江省富裕县进行了语言及民俗的调查研究，并为保存这一濒危语言的资料协助黑龙江省民族事务委员会录制了富裕县柯尔克孜语光碟。

　　以上是我参加四次柯尔克孜语调查的简况，一条重要的体会是搞语言调查研究，不仅要具备扎实的语言学知识及技能，还要了解与语言有着密切关系的历史民俗和社会发展情况。

追忆我国柯尔克孜文字方案的诞生

柯尔克孜族是历史悠久，拥有丰富文化遗产的民族，是我们团结友爱的祖国大家庭中的一员。历史上使用过突厥鲁尼（或鄂尔浑 — 叶尼塞）文字，信仰了伊斯兰教以后和生活在新疆及中亚操突厥语族语言的民族一样使用"察哈台"文字母拼写自己的语言。中华人民共和国前生活在新疆的柯尔克孜族，如果是在南疆维吾尔族学校上学就学习以"察哈台"文字母为基础加以规范化的维吾尔文，如果是在北疆哈萨克族学校上学就学习以"察哈台"文字母为基础加以规范化的哈萨克文，我国柯尔克孜族没有单独的一种柯尔克孜文。十月革命后，部分语言学者根据吉尔吉斯语（柯尔克孜语）和哈萨克语的特点用25个字母和一个软元音（或前元音）符号整理出了一套以"察哈台"文字母为基础加以规范化的文字，从1923年到1927年一直在吉尔吉斯斯坦和哈萨克斯坦使用。1925年在吉尔吉斯斯坦用这种文字印刷发行了报纸《自由的山》（Erkin Too）。吉尔吉斯斯坦使用过的这一套字母也传到了我国新疆柯尔克孜族中间。20世纪40年代，柯尔克孜族学者阿布都卡德尔·套克套劳夫从苏联中亚大学留学回来，曾用吉尔吉斯斯坦使用过的这套字母编写油印过一本柯尔克孜语的《识字》（Alippe）课本，在喀什、乌恰一带的柯尔克孜族小学中使用过。这一套字母见本文的附表（1）。除此之外，中华人民共和国成立以前新疆柯尔克孜族没有用本族语言印刷出版过书籍或报刊。

中国共产党历来就主张民族平等、民族团结，反对民族压迫，民族歧视。在对待少数民族的语言文字上，也是主张各民族都有使用和发展自己民族语言文字的自由。1949年中国人民政治协商会议通过的《共同纲领》中就规定了"各少数民族均有发展其语言文字、保持或改革其风俗习惯及宗教信仰的自由"。中华人民共和国诞生后，1954年经第一次全国人民代表大会通过的《中华人民共和国宪法》的总纲中也再次规定"各民族都有使用和发展自己的语言文字的自由"。中华人民共和国成立初期，为了解决我国少数民族的语言文字问题，1951年在政务院文化教育委员会内设立了民族语言文字指导委员会，但实际上具体工作是由中央民族事务委员会来做。该委员会负责指导和组织关于少数民族语言文字的研究工作，帮助尚无文字的民族创造文字，帮助文字不完备的民族逐渐充实其文字。委员会的主任是邵力子，副主任是陶孟和、刘格平，委员中有李维汉、罗常培、费孝通、夏康农、季羡林、翁独健、马学良、傅懋绩等。

1951年，为了培养少数民族干部和从事民族工作的专业人才，在北京成立了中央民族学院，受中央民族事务委员会领导。这一年秋天，我被山东大学从文学院外语系俄罗斯语专业二年级推荐到中央民族学院语文系学习维吾尔语。1953年，由于学校工作的需要我提前毕业留校工作。当时，国家需要派人去新疆调查柯尔克孜语和塔吉克语，并征求柯尔克孜族、塔吉克族人民对于文字问题的意见，领导上考虑到我有些维吾尔语基础便派我到新疆学习、调查柯尔克孜语，并征求柯尔克孜族人民对文字问题的意见。离京前，中央民族学院费孝通副院长、语文系马学良副主任与我谈过话，交代了一些注意事项。1953年12月8日，我由北京出发踏上了新疆之行的长途旅程。一路上，与我同行的新疆党委统战部翻译何力西同志（柯尔克孜族）和《新疆日报》社的剧同志先后向我介绍了新疆的不少情况，都对我帮助很大。

到达乌鲁木齐市后，我被安排住在新疆学院的窑洞式的宿舍中。张东岳副院长还亲自来我住的房子里教我如何生炉子。我带着介绍信先到了新疆省（现新疆维吾尔自治区）人民政府办公厅，主任是扎克洛夫同志（维吾尔族），副主任是玛依努尔同志（女，维吾尔族），他们热情接待了我。我向他们汇报了领导上派我来新疆柯尔克孜族地区的目的与要求，他们一方面与在阿克苏军分区工作的阿满吐尔（柯尔克孜族）同志联系，请阿满吐尔同志尽快来乌鲁木齐市向我介绍新疆柯尔克孜族的分布和语言情况，一方面让我也去党委宣传部汇报一下自己被领导上派来新疆学习、调查柯尔克孜语的目的与要求。宣传部的一位姓赵的部长和副部长艾斯哈提（塔塔尔族）同志也热情接待了我。过了几天，阿满吐尔同志从阿克苏赶来乌鲁木齐市，他向我详细地介绍了新疆柯尔克孜族的分布、语言、习俗情况及本民族对文字的意见，并表示热烈欢迎我来新疆学习、调查柯尔克孜族语言。经阿满吐尔同志、宣传部和办公厅的领导与伊犁地区党委宣传部联系，决定先让我去伊宁市，由伊犁地区党委宣传部副部长阿不都萨拉木（维吾尔族，诗人）同志和秘书宋彦明同志负责组织安排我的住宿及学习、调查。我到达伊宁市后，住在一所以阿合买提江名字命名的学校里，跟那个学校里一位教语文课的柯尔克孜族老师克再依同志学习柯尔克孜语，到开春后再去北疆的特克斯县柯尔克孜族比较集中的阔克铁热克区学习、调查柯尔克孜语。在那所学校里我除了跟克再依老师学习柯尔克孜语外，还担任了一段汉语教学工作。这所学校的附近有一座不大的中苏友协图书馆，我充分利用这个图书馆阅读了所有馆藏的吉尔吉斯文书籍和报刊。我还经常应邀去伊宁市的柯尔克孜族同志家做客，练习会话，熟悉柯尔克孜族人民的风俗习惯和征求他们对文字的意见。

在伊宁市我住了4个多月，由于有维吾尔语的基础，经过努力学习和钻研，我基本上能用柯尔克孜语进行一般的日常会话，也掌握了柯尔克孜语语法的基本特点。1954年的5月初，在伊犁地区党委宣传部的组织安排下，我一人到了特克斯县阔克铁热克柯尔克孜自治区（当时的名称，现在的民族乡）。我住在区的办公室，白天和区里的干部一起出去参加各种活动，也抽时间到牧民家里按拟定的提纲进行柯尔克孜语言调查，晚上我再整理记录的材料。经过近半年的学习和调查，通过掌握柯尔克孜语的一些基本词汇，我弄清了北疆特克斯县柯尔克孜语的语音系统，弄清了它的元音和辅音音位以及在个别语法点上受到当地哈萨克语的影响。通过调查，我也听到了不少柯尔克孜族同志对文字的意见，特别是一些知识分子迫切要求有柯尔克孜族本民族的法定文字。

1954年6月中旬我接到了阿满吐尔同志从南疆阿图什县（今阿图什市）发来的电报，他当时已经调往阿图什县（今阿图什市）负责筹备成立南疆的克孜勒苏柯尔克孜自治区（当时的名称，后改为自治州），他让我出席7月中旬在阿图什县（今阿图什市）举行的克孜勒苏柯尔克孜自治区成立大会。我按照阿满吐尔同志的意见从北疆特克斯县阔克铁热克柯尔克孜自治区（今民族乡）赶快回到伊宁市，又乘长途汽车走了三天到乌鲁木齐市，再转车走了一个多星期才到喀什，从喀什再到阿图什县城。一路上费了十几天。那时的阿图什县城里只有一条公路，一些党政机关的土房子、贸易公司的几家门市部和一所中学、一处医院。这是戈壁滩上的一个小县城！

我6月底到达阿图什县城后，受到当时负责筹备成立克孜勒苏柯尔克孜自治区的领导人赵子和书记、后来当选为自治州长的买买提艾沙（柯尔克孜族）、阿满吐尔副书记（柯尔克孜族）等同志的接见。他们在我到达之前已经做了安排，由于当地没有招待所，又考虑到让我参加制定柯尔克孜文字方案的工作，便让我住在当过柯尔克孜族语文教师的阿布都卡德尔·套克套劳夫先生家里。他的夫人是塔塔尔族，在医院工作，家里收拾得非常干净，我和阿布都卡德尔·套克套劳夫先生天天就在家里研究克孜勒苏柯尔克孜自治区（后改称自治州）成立后将要提出的柯尔克孜文字方案。

当时在阿图什还没有建立柯尔克孜语言文字研究会，只是请了一些柯尔克孜族领导干部、知识分子开座谈会和征求大家的意见。参加座谈和被征求意见的同志中除了筹备区域自治的一些领导外，还有后来当州委宣传部部长的阿帕尔（柯尔克孜族）、在苏联留过学，当时的乌恰县公安局局长吐尔干（柯尔克孜族）、后来当州民政科科长的霍加木凯耳地（柯尔克孜族）、阿图什县（今阿图什市）哈拉峻区区长卡德尔（柯尔克孜族）、阿满吐尔副书记的秘书塔依尔（柯尔克孜族）及颇有翻译工作经验的马翻译（回族）和范翻译等。有个别柯尔克孜族同志建议直接采用吉尔吉斯文，有的柯尔克孜族同志主张沿用中华人民共和国前在个别柯尔克孜族小学曾使用过的那套字母，阿布都卡德尔·套克套劳夫先生和我都主张能新创制一套符合我国实际，与新疆维吾尔文字、哈萨克文字体系尽量一致，有利于民族团结的，又能科学地表达柯尔克孜语独特语音特点的文字。

1954年7月14日上午在阿图什县（今阿图什市）土坯礼堂里隆重举行了克孜勒苏柯尔克孜自治区（1955年2月改称自治州）成立大会，会场里坐满了来自各县的各族农牧民代表，我有幸应邀出席了大会，大会给我留下了终生难忘的印象！记得是会后第二天，在阿图什县（今阿图什市）的一所中学的一间教室里举行了一次讨论柯尔克孜文字方案的座谈会，地上铺着柯尔克孜族花毡，大家席地而坐。出席会议的有买买提艾沙、阿满吐尔等领导及来自各县的部分代表。阿布都卡德尔·套克套劳夫老师宣读了我们在征求大家意见的基础上拟定的柯尔克孜文字方案，我们的这一文字方案中包括30个字母，其中f、h、v是专为书写借词使用的，其他的27个字母是一个字母表示一个音位。这是我们创制柯尔克孜文字方案的原则！他在会上也介绍了我是专为柯尔克孜族文字问题来新疆学习和调查柯尔克孜语的。当时的维吾尔文中4个元音音位O、Ö、U、Ü，只用2个字母表达。我们提出的这一方案比当时的维吾尔文能鲜明地区别元音O与Ö，元音U与Ü，我们采用了4个字母。这套方案也比中华人民共和国前曾在个别柯尔克孜族学校中使用过的那套字母（25个字母加一个软元音或叫前元音符号）容易掌握，使用起来很方便。经过讨论，大家都同意了我们提出的这一文字方案。会后，我们用钢板刻写了字母表及简明的写法规则上报了新成立的克孜勒苏柯尔克孜自治区人民政府，并附上了用拓蓝纸复写的汉文译稿。此后，我深入到乌恰、阿合奇县柯尔克孜牧区继续学习、调查语言、民间文学和民俗直到1954年年底。

克孜勒苏柯尔克孜自治州人民政府将新创制的柯尔克孜文字方案及时上报了新疆省（新疆维吾尔自治区）人民政府。我于1954年底返回北京后也将我在新疆柯尔克孜族地区学习、调查柯尔克孜语和参加创制柯尔克孜文字方案工作的情况向领导做了书面汇报。1955年5月新疆省（新疆维吾尔自治区）人民政府发布了《关于柯尔克孜族文字写法规则具体实施办法决议的命令》。其全文如下：

为了统一柯尔克孜族文字的写法，减少柯尔克孜族教学上的困难，便于群众学习，经新疆民族语言研究指导委员会讨论通过。现予批准。

一、柯尔克孜族文字写法简明规则应于1955年5月1日开始在克孜勒苏自治州统一实行。

二、为了逐步贯彻新柯尔克孜族文字规则。应根据下列日期：（1）克孜勒苏自治州机关、团体的公文应于6月1日开始采用新写法；各专区县和县以下机关、团体的行文于7月1日开始采用新写法。（2）自治州所有学校从现在开始根据新写法进行学习。并从1955—1956学年开始（1955年9月1日）统一采用。（3）柯尔克孜族干部较多的机关、团体和学校应组织有关干部、教员进行新文字写法的学习。

关于印发柯尔克孜族新文字写法规则等问题，应由文委会负责。文字指导委员会协助出版社负责根据新文字规则编印课本，首先编印字母课本。

新疆省人民政府

主席鲍尔汉

副主席高锦纯

赛福鼎

公元1955年5月

1955年12月6—15日，中国科学院和中央民族事务委员会在北京联合召开民族语文科学讨论会（后称"第一次民族语文科学讨论会"）。我和阿布都卡德尔·套克套劳夫应邀出席了这次科学讨论会，我俩联合发言，汇报了创制柯尔克孜文字方案的经过及推行的情况，中央民族事务委员会领导肯定了我们所做的工作，同意作为正式文字继续推行。从1955年起柯尔克孜族文字方案成为柯尔克孜族正式的法定文字。

我们的工作也促进了新疆其他民族的文字工作。维吾尔语言学家穆提义、吐尔逊先生见了我时夸赞我们拟定的柯尔克孜文字方案能充分表达柯尔克孜语的音位，他们很快建议新疆民族语言研究指导委员会也在维吾尔文字母中加了2个字母来区别4个元音音位。

柯尔克孜文字的使用经历过曲曲折折，曾经一度停止使用，1979年恢复使用。1983年新疆民族语言文字工作指导委员会又对柯尔克孜文字母表的次序做了调整，并重新制定了更详细的书写规则 —— 正字法，还编辑出版了柯尔克孜文正字词典。

今年是新疆克孜勒苏柯尔克孜自治州成立60周年，也是柯尔克孜文字方案创制60周年，我作为当年在新疆广大柯尔克孜族地区学习、调查柯尔克孜语，并在柯尔克孜族人民的热情欢迎、周到关心和谆谆教导下参与过创制柯尔克孜文字方案工作的一个成员，有义务把自己经历过但又能记住的一些情况介绍给各族青年学者，使大家都从中更进一步认识我国的民族语文政策及党和人民政府对少数民族人民各方面无微不至的关怀。

附录一

胡振华学术简历

　　胡振华，回族，回回名穆哈买德，笔名"爱柯"，1931年正月初九出生于山东省青岛市的一个贫穷的铁路工人家庭，原籍山东省淄博市张店区金岭镇。中央民族大学少数民族语言文学学院教授、博士生导师，2002年申办离休（2004年1月7日领取离休证），中央民族大学以"特聘教授"名义续聘，在哈萨克语言文学系继续招收、指导博士生。2015年底经学校评选被批准为"荣誉资深教授"，一直继续工作，曾兼任东干（中亚回族）学研究所所长、中国中亚友好协会顾问。现为国务院发展研究中心欧亚社会发展研究所特约研究员、中国少数民族双语教学研究会顾问、中国回族学会顾问、中国《玛纳斯》研究会顾问、内蒙古大学兼职教授、宁夏大学兼职教授、新疆医科大学语言文化学院客座教授、聊城大学兼职教授、邮电大学民族教育学院名誉教授及日本岛根大学、土耳其安卡拉大学客座教授，吉尔吉斯共和国比什凯克人文大学和吉尔吉斯国立民族大学名誉教授、被选举为吉尔吉斯共和国国家科学院荣誉院士、吉尔吉斯共和国钦吉斯·艾特玛托夫研究院院士、被中国少数民族双语教学研究会先后评选为"做出突出贡献的双语专家"和"双语教育终身成就专家"奖，被新疆民族语言文字工作委员会及新疆克孜勒苏柯尔克孜自治州人民政府评选为民族语文先进工作者，被选为中国伊斯兰教协会委员、北京市伊斯兰教协会副会长、北京市民族教育研究会副理事长，曾被聘为中国民族图书评审委员会委员、教育部聘请的民族语文信息专家，被评选为《中国民间歌曲集成》优秀编审，被聘为中国人民大学"一带一路"经济研究院首席顾问、北京外国语大学"一带一路"语言教学研究中心顾问、河北大学伊斯兰教国家社会发展研究中心特聘顾问、河南大学回族研究所顾问、陕西师范大学边疆研究院特聘顾问，曾被推荐为北京市第八届政协委员，首届社科基金项目优秀成果评审专家，以特邀代表身份出席过北京市民族团结先进单位及先进个人大会，在中央民族大学校内被聘为多届的职称评审委员会委员及学术委员会委员、民族博物馆顾问、外事处顾问等，还被聘为吉尔吉斯共和国《东干人（回族）》刊物、俄罗斯联邦哈卡斯共和国人文科学研究所学术刊物和《语言与翻译》刊物的编委、第38届国际亚洲学北非学大会顾问等，曾荣获过多项国内省部级奖及国外的重要奖赏。其中有荣获国庆70周年纪念章和中共中央组织部颁布的"全国离退休干部先进个人"称号证书等。

1943年夏从青岛市扶轮小学毕业。

1943—1945年在青岛市市立第一中学学习（转校时从初二跳班进高一）。

1945—1948年在青岛市扶轮中学学习、毕业。

1948年秋入南京国立东方语文专科学校学习阿拉伯语。

1949年6月27日参加革命，经进步同学介绍进入中华人民共和国前培养革命干部的大学——华东大学学习政治及俄语。中华人民共和国建立后国家进行高校院系调整时华东大学从济南迁到青岛与山东大学合并。

1949—1951年在山东大学外文系俄语专业学习。

1951年11月2日被山东大学推荐到北京中央民族学院学习维吾尔语专业。

1953年提前毕业并留校任教，先在语文系从事佤语教学工作。

1953—1954年被国家派往新疆柯尔克孜族地区学习、调查柯尔克孜族语言、民间文学及历史民俗，参加创制柯尔克孜文字工作，出席了1954

年7月14日克孜勒苏柯尔克孜自治州成立盛典。返校后把柯尔克孜族牧民赠送给自己的民间自制的古老乐器"克依雅克"捐赠给学院文物室。

1954 — 1958年期间：边工作，边在语言学、突厥语言学、蒙古语3个研究班跟苏联专家进修《语言学及苏联创制文字的经验》《突厥语言学》《突厥古文献》《土耳其语语法》及《喀尔喀蒙古语语法》等，并每周一次到苏联语言学专家谢尔久琴柯通讯院士住处接受个别授课，还给应届毕业生作为一门课程传达苏联语言学专家教授讲授的《语言学及苏联创制文字的经验》一学期。

1955年暑期在新疆进行柯尔克孜语调查，调查中国柯尔克孜语与吉尔吉斯斯坦吉尔吉斯语在新词术语使用方面的差异。

1955 — 1956年为新疆语言专修班维吾尔族、哈萨克族、柯尔克孜族、蒙古族、塔吉克族在职学员讲授语言学课，为1956 — 1957年进行的民族语言调查培训调查人员。期间曾带领学生去中国文字改革委员会聆听周有光先生的讲座，去中国科学院语言研究所参观语音实验室及聆听周殿福先生的讲解，还到天津南开大学中文系语言学教研室参观学习。

1956 — 1957年在新疆各地柯尔克孜族地区进行方言调查一年，记录了大量柯尔克孜语及柯尔克孜族民间文学资料，为后来撰写《柯尔克孜语言简志》打下了基础。回校后把新疆克孜勒苏柯尔克孜自治州赠送给自己的民族服装捐赠给学院文物室。

1957年在中央民族学院语文系开设柯尔克孜语专业，担任柯尔克孜语组组长及教学工作。同年6月28日与全民院师生一起受到毛主席等中央领导人的接见及合影。

1960 — 1961年带柯尔克孜语专业学生在新疆克孜勒苏柯尔克孜自治州实习，在我国首次组织《玛纳斯》收集、记录和翻译工作。在《民间文学》刊物上发表介绍《玛纳斯》的论文，在《天山》刊物上刊登《玛纳斯》部分史诗的汉文译文，这是我国首次向国内外介绍史诗《玛纳斯》。

1962 — 1964年协助维吾尔族教师讲授《维吾尔文学》课程，做辅导工作，翻译出版《柯尔克孜族谚语》及《伊犁维吾尔民歌》。

1964—1965年在四川省凉山地区参加"四清"运动一年。学习了彝语，搜集了老彝文文献《诺乌特日》，返校后捐赠给了中央民族学院文物室。

1965—1966年先在北京外国语学院接受短期培训，后在中央民族学院留学生办公室担任教学组长，给越南留学生授课一年。发表了有关双语教学的文章。

1966—1976年"文革"初期，受到迫害，后在河北省固原参加中央民族学院"五七"农场劳动一年。每月休假期间骑自行车到城立国家图书馆抄录馆藏回鹘文《高昌馆课》及《高昌馆杂字》，"文革"后整理出版了。"文革"期间又赴内蒙古地区进行教育革命调查半年，学习了蒙古语。中央民族学院复课后在中央民族学院民族研究所民族语文研究室从事民族语言文学教学研究工作，并在语文系先后开设的突厥语班教《语言学基础》课，指导学生记录撒拉语，作为语言调查实习及在柯尔克孜语班教《语言学基础》、柯尔克孜语语法等课程，兼在汉语系教《少数民族文学》课程中的西北少数民族文学部分。

1977年在中央民族学院民族研究所民族语文研究室继续从事民族语言文学教学研究工作，期间还被中国民间文艺研究会筹备组借调，参加了少数民族民间文艺多次会议的秘书工作。

1978年在中央民族学院少数民族文学艺术研究所少数民族文学研究室任主任，组织编辑出版《少数民族文艺研究》《中国少数民族民间文学》（上、下卷）、《少数民族诗词格律》等。编辑了《中国柯尔克孜族民间文学作品选》（上下两册，打印本）。向国家领导部门打报告建议尽快抢救柯尔克孜族史诗《玛纳斯》，经领导批准后于冬天被派往新疆把演唱大师朱素普·玛玛依接来北京在中央民族学院进行了一整年的抢救工作，被任命为《玛纳斯》工作组组长。

1979年与从新疆克孜勒苏柯尔克孜自治州和乌鲁木齐邀请来的柯尔克

孜族、汉族同志一起抢救《玛纳斯》一年，重新补记了听说是"文革"期间"丢失"的《玛纳斯》第一、三、四、五、六部全部材料，还新记录了过去未曾演唱过的第七、八部，使《玛纳斯》八部长达23万多行。把记录后初步整理油印出的《玛纳斯》（柯尔克孜文）第一部四册赠送给新疆各地柯尔克孜族同志征求意见。同时在语文系柯尔克孜语班授课，还指导日本进修生乾寻（女）学习《玛纳斯》，并帮助她翻译了铁木尔演唱的第二部片段，在日本《丝绸之路》刊物上发表。这是国外首次刊登我国的《玛纳斯》。

演唱大师朱素普·玛玛依在京期间，多次陪同受到国家领导人的接见，还陪同朱素普·玛玛依出席了"文革"后的全国文联代表大会。

1980年被评为副教授。年初陪朱素普·玛玛依老歌手回新疆家乡，在乌鲁木齐、阿图什、阿克陶、乌恰、阿克奇等地向柯尔克孜族同志汇报在京抢救《玛纳斯》工作的情况，并征求大家的意见。

推荐新疆两位柯尔克孜族女歌唱演员到陕西省西安市铁道部铁道歌舞团免费进修深造。

暑假赴黑龙江省富裕县调查柯尔克孜族语言、历史及民俗。后发表两篇调查报告，引起国内外突厥学界关注。其中一篇关于富裕柯语的被翻译成英文在美国印第安纳大学内陆亚细亚研究所作为单行本发表，日文的译文在《日本岛根大学学报》上发表。

1981—1982年根据新疆领导的意见和国家民委及中国民间文艺研究会、中央民族学院的同意，《玛纳斯》工作改在新疆进行。《玛纳斯》工作组中的新疆文联同志把在京记录、翻译的全部资料都带回新疆文联。

为应邀赴法国讲学，被学校送到北京外国语学院法语系进修法语一学期。

中央民族学院少数民族文学艺术研究所少数民族文学研究室又从克孜勒苏柯尔克孜自治州聘请柯族同志在校整理油印了乌恰县著名"玛纳斯奇"艾什玛特演唱的第二部变体，并赠送给新疆各地柯尔克孜族同志征求意见。还邀请了柯尔克孜族著名的考姆孜琴演奏家托略米什来学校记录了考姆孜琴曲，并先后向国家有关部门推荐了托略米什和克州文工团柯尔克孜族歌唱演员杜莎汗参加出国演出团的演出。

1983年5—7月应法中友好协会主席路易·巴赞教授和埃克斯·普罗旺斯大学格·依玛尔特教授邀请去法国讲学，介绍中国的《玛纳斯》，与格·依玛尔特教授合作编辑出版了《柯尔克孜语教程》（美国印第安纳大学出版，英文本），与突厥语言学学者莱米·岛尔合作在法国《突厥学》学刊上发表论文，介绍了中国的《玛纳斯》流传及研究情况。这是首次在西方国家介绍我国的《玛纳斯》。在巴黎国家图书馆了解了我国回鹘文文献的馆藏情况。

1984年在少数民族文学艺术研究所少数民族文学研究室继续研究《玛纳斯》。

同年在新疆克孜勒苏柯尔克孜自治州及乌鲁木齐市、喀什、哈密、吐鲁番等地工作3个多月，拍摄10部《柯尔克孜族民俗片》和5部《维吾尔族名胜古迹》录像片。这些珍贵资料被载入《中国影视史》。

1985年赴日本讲学期间被日本岛根大学聘为客座教授，与西胁隆夫教授合作翻译了《玛纳斯》第一部的部分片段，后在日本出版了柯尔克孜语、汉语、日语对译本。在日期间，访问了东京东洋文库、东京都立大学、日本穆斯林协会，在京都、神户、大阪访问了京都大学、神户外国语大学、神户伊斯兰教协会、大阪民族学博物馆等，与日本学者进行了广泛交流，了解了存藏我国民族古文献情况。

向日本伊斯兰教社团介绍了中国的宗教政策及中国穆斯林情况。

交流期间向日本岛根县、岛根县浜田市、岛根大学、岛根县大学、日本山阴放松介绍了宁夏回族自治区、石嘴山市、宁夏大学、宁夏电视台，为以后两国有关单位缔结友好交流协议做了大量细致的牵线搭桥工作。

同年年底在中央民族学院被评为教授。其后，先后向富裕县和富裕牧场两个柯尔克孜族民俗馆分别捐赠了电脑、花毡、毡帽等民族文物多件。

1986—1987年在中土恢复邦交后，作为第一位教授被国家教委派往土耳其安卡拉大学长期讲学，介绍了中国的民族宗教政策和《玛纳斯》，出席了"阿凡提国际研讨会"，介绍了我国阿凡提故事的流传及研究情况。此外，做了不少友好交流工作。

1987—2013年曾多次应邀赴日本、印尼、马来西亚、中亚各国（吉尔吉斯斯坦、哈萨克斯坦、塔吉克斯坦、乌兹别克斯坦、土库曼斯坦）、俄罗斯、阿塞拜疆、泰国、沙特等国及香港地区讲学、参加国际会议和友好交流。在上述地区交流时主要是介绍中国的柯尔克孜族、《玛纳斯》、回族（包括中亚东干族）和中国的民族宗教政策及发展情况。

1988年荣获土耳其驻华大使代表安卡拉大学颁发的功勋证书。

1989年应邀赴苏联、哈萨克斯坦、吉尔吉斯斯坦交流，在吉尔吉斯苏维埃加盟共和国国家电视台做了《〈玛纳斯〉在中国》的讲演，讲清了《玛纳斯》中杀掉柯尔克孜族的"克塔依"是契丹，不是中国或汉族。这一澄清对国内的民族团结和对外的友好都有重要作用！在一些大学及科研机构介绍了中国柯尔克孜族及回族情况。在中亚进行了东干族的田野调查，为以后在中央民族大学培养博士、硕士研究生做了准备。在莫斯科期间还为国家民委拟在莫斯科和阿拉木图举办民族服装展览进行了联系工作。为宁夏回族自治区牵线搭桥，促成银川与伏龙芝（比什凯克）缔结友好城市协议。

同年经校领导批准被外事处聘为顾问组成员。

1990—1991年编写《中亚概况》讲义，给维吾尔语、哈萨克语班讲授《中亚五国概况》课，在我国大学中首开这门课程。在此基础上主编的《中亚五国志》成为北京市高校精品教材，后荣获国家民委二等奖。

1992年被国务院批准为享受政府特殊津贴的有贡献专家，评为博士生导师。同年三次访问中亚，先后两次作为国家民委考察团顾问和北京市民族工作者代表团顾问赴中亚各国访问。在土库曼斯坦科学院做了《中国撒拉族》讲座，为青海省与土库曼斯坦的交流起了桥梁作用。被国务院发展研究中心欧亚社会发展研究所聘为研究员，在中亚室从事中亚研究及咨询工作。

1993 — 2002年在维哈柯语系指导博士研究生、硕士研究生。先后被新疆维吾尔自治区民族语言文字工作委员会和新疆克孜勒苏柯尔克孜自治州评选为在民族语文工作中做出突出贡献的先进工作者，克州州长亲自来京颁发了奖状及奖金5000元。次日我把全部奖金捐赠给了帕米尔高原上乌恰县的一所希望小学。

1999年被吉尔吉斯国家科学院选举为名誉院士。

2001年参加沙特国王邀请的中国朝觐团赴麦加朝觐，成为"哈吉"。

2002年5月6日受到吉尔吉斯共和国总统阿斯卡尔·阿卡耶夫接见，荣获吉尔吉斯总统亲自颁发的"玛纳斯"三级勋章。同年申办离休手续。

2003年学校让继续担任维哈柯语系教学研究工作，并指导外交部欧亚司三位在职研究生。

2004 — 2008年继续担任教学研究工作。2004年1月7日领取离休证，被中央民族大学以"特聘教授"名义聘请在校继续招收指导博士生。2011年为止共指导培养博士研究生10名、硕士研究生8名、外国留学生3名。

2009年被北京教工委评为"首都教育60年人物"，集体受到北京市市长的接见。

2009 — 2010年在哈萨克语言文学系继续从事教学科研工作。

2011年中央民族大学少数民族语言文学学院为祝贺中央民族大学60周年校庆和胡振华教授80华诞举行了"中亚民族语言文化研讨会"。吉尔吉斯共和国总统罗扎·奥通巴耶娃和总理阿勒玛别克·阿塔姆巴耶夫发来贺信，赠送了贺礼。上海合作组织秘书处秘书长伊马纳利耶夫及吉尔吉斯共和国驻华大使杰恩巴耶夫都出席了祝贺活动。同年编辑出版了三卷本的《胡振华文集》。被吉尔吉斯国立民族大学聘为名誉教授。同年被中国少数民族双语教学研究会评选为全国少数民族双语教育突出贡献专家。9月应邀出席在比什凯克举办的东干学国际研讨会，被选为大会主席，并荣获吉尔吉斯斯坦东干协会会长颁发的荣誉奖章。因在吉尔吉斯语文中做出贡献受到吉尔吉斯共和国比什凯克人文大学表彰，聘为名誉教授，奖给金质奖章。10月1日和夫人穆淑惠一起受到吉尔吉斯共和国罗扎·奥通巴耶娃总统在总统官邸接见和宴请，共同祝贺我国国庆。

在多年的对外友好交流中，在国外的研讨会上介绍《玛纳斯》的同时，也多次介绍了我国对《福乐智慧》《突厥语词典》《十二木卡姆》等的研究情况。

2012年被选为尔吉斯共和国钦吉斯·艾特玛托夫研究院院士。被评选为"丝绸之路人文合作奖"中国获奖人，6月6日下午在人大会堂荣获上海合作组织"丝绸之路人文合作"金奖（六个国家六位，每个国家一位），由塔吉克总统拉赫蒙及我国国务委员戴秉国颁发。

2012—2013年应邀继续为本科大学生讲授《中亚概况》课。两次应邀赴巴库出席阿塞拜疆外交部、文化部（现文化和旅游部）组织的国际研讨会，并先后在巴库大学历史系和孔子学院做讲座。为中央民族大学组团访问巴库大学做了联系和准备工作。

2014年应邀给柯尔克孜族硕士研究生及柯尔克孜青年教师讲授《国外柯尔克孜学研究》，应邀赴吉尔吉斯共和国出席东干学国际研讨会。

2015年应邀在校内外做讲座。近年来仍继续参加一些国内外的学术活动及友好交流活动。被聘请为中国人民大学"一带一路"经济研究院首席顾问和外国语大学"一带一路"沿线国家语言教学研究中心顾问。年底被评选批准为"荣誉资深教授"。应邀去土库曼斯坦出席丝路文化国际研讨会，介绍了我国与丝绸之路上国家源远流长的传统友谊。

2016年3月9日荣获土库曼斯坦驻华大使代表土库曼斯坦外交部颁发的"中土友谊杰出贡献奖"。继续在校招收、指导博士研究生。

2016年5月26日吉尔吉斯共和国总统府下属的遗产文化基金会、教育科学部、国家科学院、高等学校、东干协会等单位及来自中国、哈萨克斯坦等国的学者在比什凯克国家图书馆举行国际研讨会，与会人士纷纷讲话，介绍胡振华在学术上的成就及对中吉友好事业做出的贡献，总统府办公厅的官员代表吉尔吉斯总统阿勒玛别克·阿塔木巴耶夫宣读了祝贺胡振华诞辰85周年的贺信，并颁发给胡振华有总统字样的金表作为奖品及贺礼。与会人士还赠送了其他祝贺纪念品。胡振华因年纪偏高未出席。

同年，被聘请为河南大学回族研究所顾问、河北大学伊斯兰教国家社会发展研究中心特聘顾问。

2017年应邀赴西安出席在陕西师范大学举行的东干学研讨会，并在陕西师大讲学，被聘为陕西师范大学边疆研究院特邀顾问。应邀出席在兰州西北师范大学举行的第四届东干语国际研讨会，并给在校留学的东干学生做讲座。荣获北京市教工委颁发的"五老代表"称号证书。两次赴香港讲学、出席国际研讨会，继续在校招收、指导博士研究生。

2018年为招收的博士研究生讲授《中亚民族语言文化研究方法论》《中亚伊斯兰教研究》《中亚民俗学研究》《吉尔吉斯语研究》《东干学研究》等课程，应邀在校内外做多次讲座。应邀出席中央民族大学举办的少数民族语言文化大数据国际论坛，并宣读了关于东干语研究的论文。多次应邀出席中亚国家及上合组织秘书处在京举行的各种外事活动。出席国务院发展研究中心欧亚社会发展研究所2018年年会。荣获北京市东方老年研修学院颁发的"做出贡献的老年教育专家"证书。在人民大会堂荣获中国伊斯兰教协会颁发的《中国穆斯林》优秀作者证书。继续在校招收、指导博士研究生。

2019年继续为招收的博士研究生讲授《中亚民族语言文化研究方法论》等课程，应邀在校内外做多次讲座。应邀出席西北师范大学在京举行的《吉尔吉斯斯坦常用法律》首发式及中亚文化论坛，并宣读了论文。被北京市东方老年研修学院授予"老年教育专家"荣誉称号。国庆节前被推荐为中央民族大学离退休干部代表，上报北京市教委、国家民委，并被中共中央组织部评选为荣获"全国离退休干部先进个人"的称号。荣获国庆70周年纪念章。还被中国民族语言学会和中国少数民族双语教学研究会分别授予"终身成就奖"证书。在国务院发展研究中心欧亚社会发展研究所两次接待乌兹别克斯坦共和国新闻官员的采访。继续在校招收、指导博士研究生。

研究方向：柯尔克孜（吉尔吉斯）学、中亚学、东干学、突厥语言学和中国伊斯兰文化。

研究成果：

专著、译著及主编的著作主要有：主编《中亚五国志》（国家民委二等奖）、《中国回族》（文化部和国家民委颁发的二等奖）、《当代回族文艺人物辞典》《中亚东干学研究》等多部，编著《柯尔克孜（吉尔吉斯）语言文化研究》《民族语言文化研究文集》《柯尔克孜语言简志》（中国社科院优秀著作奖）、《柯尔克孜（吉尔吉斯）语教程》（美国出版）、《柯尔克孜（吉尔吉斯）语读本》《汉柯简明词典》、审校《汉语吉尔吉斯语词典》（吉尔吉斯出版）、翻译《〈玛纳斯〉第一部片段》（日本出版）、《柯尔克孜谚语》《伊犁维吾尔民歌》、校勘整理明代回鹘（维吾尔）文献《高昌馆课》《高昌馆杂字》、校勘整理明代文献《回回馆译语》、参编《中国少数民族民间文学》（上、下卷）、《少数民族诗歌格律》《中国突厥语族语言概况》《突厥语研究论文集》。出版《胡振华文集》（上、中、下三集），国内外发表的论文300多篇，编辑拍摄录像片《中国柯尔克孜族民俗资料片》《新疆名胜古迹》及教学课件多部，在国内外曾多次获奖。

（2019年11月30日整理）

附录二

胡振华教授著作目录

（至2019年9月30日）

著作（校勘、专著、译著、主编、参编、编审、审订）：

1.《高昌馆课》（明代文献，校勘转写，与黄润华合作），新疆人民出版社，1982年。

2.《高昌馆杂字》（明代文献，校勘转写，与黄润华合作），民族出版社，1984年。

3.《柯尔克孜语言简志》，民族出版社，1986年。

4.《富裕县柯尔克孜族》（英文，与Cuy Lmart合著），美国印第安纳大学内陆亚细亚研究所，1987年。

5.《柯尔克孜语教程》（英文，与Cuy Lmart合著），美国印第安纳大学内陆亚细亚研究所，1989年。

6.《柯尔克孜语（吉尔吉斯语）教程》，中央民族大学出版社，1995年。

7.《简明汉柯小词典》（与阿满吐尔合著），新疆克孜勒苏柯尔克孜文出版社，1986年。

8.《柯尔克孜语言文学研究》（中央民族大学"十五""211工程"建设项目），中央民族大学出版社，2006年。

9.《民族文化研究文集》（中央民族大学"十五""211工程"建设项

目），中央民族大学出版社，2006年。

10.《中亚五国志》（主编），中央民族大学出版社，2006年。

11.《中亚东干学研究》，中央民族大学出版社，2009年。

12.《当代回族文艺人物词典》（主编），宁夏人民出版社，1989年。

13.《中国回族》（主编），宁夏人民出版社，1993年。

14.《少数民族短篇小说选》（参编），四川民族出版社，1979年。

15.《少数民族文艺研究》（第一集，参编），文化艺术出版社，1986年。

16.《少数民族诗人作品选》（1949—1979，参编），四川民族出版社，1980年。

17.《中国少数民族民间文学》（参编），中央民族学院出版社，1987年。

18.《少数民族诗词格律》（参编），西藏人民出版社，1987年。

19.《中国突厥语研究论文集》（参编），民族出版社，1991年。

20.《突厥语言与文化研究》（第一辑，参编），中央民族大学出版社，1996年。

21.《突厥语言与文化研究》（第二辑，参编），中央民族大学出版社，1997年。

22.《北京市民族教育50年》（参编），北京市民族教育研究会出版，1999年。

23.《刘格平文集》（编审），中央民族大学出版社，1999年。

24.《维吾尔语喀什话研究》（审订），中央民族大学出版社，1998年。

25.《东北亚地区中国少数民族研究论著目录》（审订），中央民族大学出版社，1998年。

26.《中国民间歌曲集成·新疆卷》（上、下卷，编审），人民音乐出版社，2000年。

27.《田野语音学》（审订），中央民族大学出版社，2000年。

28.《回回馆译语》（校勘），中央民族大学东干学研究所刊布，

2000年。

29. *КЫРГЫЗДАРДЫНЖАНАКЫРГЫЗСТАНДЫНТАРЫХЫЙБУЛАКТ АРЫ*，БИШКЕК，2002.（《吉尔吉斯和吉尔吉斯斯坦史料汇编》（参编），吉士"玛纳斯"大学出版社，2002年。

30.《胡振华文集》（上、中、下三卷，200多万字），中央民族大学出版社，2011年。

31.《柯尔克孜语谚语》（译自柯尔克孜语），新疆人民出版社，1962年。

32.《伊犁维吾尔民歌》（译自维吾尔语，与哈米提·铁木尔合作），人民音乐出版社，1976年。

论文、文章（国内发表部分）

1.《发展中的克孜勒苏文教事业》，载《克孜勒苏报》（柯文），1957年3月。

2.《生活在新疆的柯尔克孜人民》，载《新疆日报》，1957年5月29日。

3.《柯尔克孜人民的婚礼》，载《新疆日报》，1957年6月25日。

4.《中国柯尔克孜语言文字》，载《少数民族论文集》[1]，中国语文杂志社，1958年。

5.《苏联境内的东干族人民》，载《中国穆斯林》，1958年第4期。

6.《柯尔克孜人民的幸福生活》，载《中国穆斯林》，1958年第1期。

7.《柯尔克孜族二三事》，载《旅行家》，1960年第2期。

8.《介绍柯尔克孜民间诗歌》，载《天山》，1961年第1期。

9.《民间史诗〈玛纳斯〉》，载《民间文学》，1962年第5期。

10.《维吾尔古典长诗（福乐之慧）》（与耿世民合作），载《新疆文学》，1963年第3期。

11.《〈突厥语大词典〉介绍》（与耿世民合作），载《新疆文学》，1963年第4期。

12.《一支维吾尔族的农民文艺宣传队》,载《中央民族学院学报》,1975年第4期。

13.《民族乐器奏新曲》(与袁炳昌合作),载《新疆日报》,1975年8月。

14.《喜读维吾尔族长篇小说〈克孜勒山下〉》(与哈米提、张云秀合作),载《人民日报》,1976年。

15.《学习维哈文字改革经验,进一步做好民族语文工作》,载《中央民族学院学报》,1976年第4期。

16.《维吾尔哈萨克新文字推行工作取得巨大成就》,载《光明日报》,1976年8月13日。

17.《党的民族语文政策的新胜利》,载《光明日报》,1976年8月13日。

18.《略谈维吾尔文字的发展》,载《中央民族学院学报》,1976年第3、4期合刊。

19.《中国少数民族语言文字概况和党的民族语文政策》,载《中央民族学院学报》,1976年第3、4期合刊。

20.《缅怀周总理对民族语文工作的关怀》(与戴庆夏合作),载《中央民族学院学报》,1977年第1期。

21.《亲切接见暖人心,继续革命添力量》,载《光明日报》,1977年7月15日。

22.《丰富多彩的哈萨克文学》,载《中央民族学院学报》,1977年第3期。

23.《欢迎用汉语拼音字母音译转写少数民族地名》,载《光明日报》,1977年11月4日。

24.《〈阿凡提故事〉浅析》,载《中央民族学院学报》,1978年第1期。

25.《〈高昌馆课〉介绍》(与黄润华合写),载《新疆大学学报》,1978年第2期。

26.《绝不容许往瓦里汗诺夫脸上贴金》，载《新疆文艺》，1978年第5期。

27.《关于契丹小字释读的若干问题》，载《中央民族学院学报》，1978年第3期。

28.《伊斯兰教三大节日》，"中央人民广播电台"广播稿，1978年12月20日。

29.《丰富多彩的新疆少数民族文学》，载《新疆文艺》，1979年第1期。

30.《关于〈乌古斯传〉》，载《新疆文艺》，1979年第3期。

31.《〈西域尔雅〉中的维吾尔语词》，载《中央民族学院学报》，1979年第1、2期合刊。

32.《柯尔克孜族英雄史诗〈玛纳斯〉》，载《民族团结》，1979年第3期。

33.《维吾尔族的文字》，载《民族语文》，1979年第2期。

34.《开斋节与宰牲节》，载《民间文学》，1979年第10期。

35.《正确翻译"布勒布勒"一词》，载《新疆文艺》，1979年第11期。

36.《柯尔克孜语概况》，载《新疆大学学报》，1979年第4期。

37.《朱素普·玛玛依和〈玛纳斯〉》，载《中国建设》（阿拉伯文），1979年。

38.《柯族民间歌手朱素普·玛玛依》，载《民间文学》，1979年第11期。

39.《"卡伦"词源考》，载《民族语文》，1980年第3期。

40.《柯尔克孜文》，载《民族语文》，1981年第5期。

41.《柯尔克孜文学作品选》，载《中国少数民族作品选》[3]，上海文艺出版社，1981年。

42.《也谈回族文学的范围》，《宁夏日报》，1981年3月7日。

43《〈玛纳斯〉第一部故事梗概》，载《喀什噶尔文艺》，1981年第3期。

44.《黑龙江省富裕县的柯尔克孜族》，载《民间文学》，1981年第7期。

45.《莫高窟 —— 民族艺术的宝库》，载《民族团结》，1981年第10期。

46.《柯尔克孜语中的元音和谐律 —— 兼论元音和谐不是同化作用》，载《中央民族学院学报》，1981年第1期。

47.《国外〈玛纳斯〉研究概述》，载《少数民族文艺研究》［1］，文化艺术出版社，1982年。

48.《柯尔克孜民间文学概况》，载《新疆民间文学》，1982年第2期。

49.《维吾尔族的历史文化》，载《人民日报》，1982年9月27日。

50.《明代〈高昌馆来文〉及其历史价值》，载《新疆大学学报》，1982年第1期。

51.《柯尔克孜语概况》，载《民族语文》，1982年第2期。

52.《东北柯尔克孜语语音概述》，载《民族语文研究论文集》，四川民族出版社，1983年。

53.《明代汉文回鹘文分类词汇集 ——〈高昌馆杂文〉》（与黄润华合作），载《民族语文》，1983年第3期。

54.《黑龙江省富裕县的柯尔克孜及其语言特点》，载《中央民族学院学报》，1982年第2期。

55.《国外〈中亚杂志〉刊登阿富汗〈玛纳斯〉片段》，载《民间文学》，1982年第9期。

56.《柯族文学作品简介》，载《喀什噶尔文艺》，1983年第1期。

57.《柯族英雄史诗〈玛纳斯〉及其研究》，载《少数民族民间文学论文集》［1］，中国民间文艺出版社，1983年第1期。

58.《柯尔克孜文学》，载《中国少数民族文学》（上册），湖南人民出版社，1983年。

59.《关于柯尔克孜英雄史诗〈玛纳斯〉—— 兼介绍第二部〈赛麦台

依〉的内容》，载《民族文学》，1983年第9期。

60.《巴黎清真寺参观记》，载《中国穆斯林》，1983年第5期。

61.《壮侗语族语言文学资料集介绍》，在《民间文学》，1984年第8期。

62.《〈玛纳斯〉第四部〈凯耐尼木〉故事梗概》，载《民间文学》，1984年第5期。

63.《珍贵的文学遗产〈玛纳斯〉》，载《人民日报》，1984年2月21日。

64.《朱素普·玛玛依谈〈玛纳斯〉的抢救》，载《中央民族学院学报》，1984年第3期。

65.《柯族新年诺鲁孜节》，载《人民日报》，1984年2月21日。

66.《生活在西北边疆的柯尔克孜族》，载《人民日报》，1984年2月21日。

67.《一份早期的〈玛纳斯〉手稿》，载《民族语文》，1984年第4期。

68.《伊斯兰教在日本》，载《中国穆斯林》，1985年年第5期。

69.《中国少数民族文学在日本》，载《民族文学》，1985年第10期。

70.《马赫穆德.喀什噶尔麻扎参观记》，载《中国穆斯林》，1986年第5期。

71.《蓬勃发展的柯尔克孜语文工作》，载《语言与翻译》，1986年第2期。

72.《国内外〈玛纳斯〉奇简介》，载《民族文学研究》，1986年第3期。

73.《日本新出版的突厥语新书》，载《语言与翻译》，1986年第2期。

74.《关于〈玛纳斯〉产生的年代问题》，载《民间文学论坛》，1987年第1期。

75.《土耳其的依拉黑雅特学院》，载《中国穆斯林》，1987年第2期。

76.《柯尔克孜文学》，载《中国大百科全书》（中国文学卷），中国大百科全书出版社，1987年。

77.《玛纳斯》，载《中国大百科全书》（中国文学卷），中国大百科全书出版社，1987年。

78.《朱素普·玛玛依》，载《中国大百科全书》（中国文学卷），中国大百科全书出版社，1987年。

79.《柯尔克孜语》，载《中国大百科全书》（民族卷），中国大百科全书出版社，1987年。

80.《柯尔克孜文》，载《中国大百科全书》（民族卷），中国大百科全书出版社，1987年。

81.《回鹘文》（与黄润华合作），载《中国民族古文字》，天津古籍出版社，1987年。

82.《柯族史诗〈玛纳斯〉》，载《百科知识》，1987年第12期。

83.《黑龙江的柯尔克孜人》，载《克孜勒苏报》（柯文），1987年10月18日。

84.《土耳其举办阿凡体艺术节》，载《民族译林》，1988年第2期。

85.《柯尔克孜话语材料——〈玛纳斯〉》，载《民族语文》，1988年第4期。

86.《土耳其的柯尔克孜族》，载《克孜勒苏报》（柯文），1988年7月12日。

87.《在一个偏僻的柯尔克孜乡村中》，载《克孜勒苏报》（柯文），1988年9月6日。

88.《对突厥语文工作的建议》，载《语言与翻译》，1989年第2期。

89.《怀念苏联回民诗人雅斯尔·十娃子》，载《新疆回族文学》，1989年第3期。

90.《谈回民常用的一些词语》，载《语言与翻译》，1989年第3期。

91.《回族与汉语》，载《民族语文》，1989年第5期。

92.《今日苏联"老回回"》，载《新疆回族文学》，1989年第6期。

93.《我们所见到的柯尔克孜斯坦》，载《克孜勒苏报》（柯文），1989年11月24日。

94.《黑龙江省富裕县的柯尔克孜族及其语言特点》，载《语言与翻译》

（柯文），1989年第3、4期合刊]。

95.《论史诗〈玛纳斯〉产生的年代》，载《克孜勒苏报》（柯文连载），1989年3月10日；4月10日；6月6日；7月7日。

96.《苏联的回族及其文化》，载《中央民族学院学报》，1990年第1期。

97.《苏联回族清真寺参观记》，载《中国穆斯林》，1990年第1期。

98.《谈谈柯尔克孜族名的汉字音译》，载《语言与翻译》，1990年第1期。

99.《苏联回族文学概述》，载《宁夏大学学报》，1990年第1期。

100.《苏联柯尔克孜语方言研究概述》，载《语言与翻译》，1990年第2期。

101.《苏联柯尔克孜语方言研究概述》，载《语言与翻译》（柯文），1990年第1期。

102.《苏联回族的语言文字》，载《语言与翻译》，1990年第2期。

103.《伊犁 —— 伏龙芝》（访苏见闻之一），载《六盘山》，1990年第2期。

104.《发展中的柯尔克孜书面文学》，载《民族文学》，1991年第5期。

105.《史诗〈玛纳斯〉格律浅析》（与肉孜阿洪合作），载《中外民间诗律》，北京大学出版社，1991年。

106.《柯族史诗〈玛纳斯〉》，载《人民画报》（柯文），1991年第9期。

107.《柯尔克孜语方言研究综述》，载《甘肃民族研究》，1992年第1期。

108.《回族文学概述》，载《中央民族大学学报》，1992年第1期。

109.《印度尼西亚友好访问记》，载《新疆回族文学》，1992年第3期。

110.《印尼穆斯林到大厂参观访问》，载《中国穆斯林》，1992年第3期。

111.《中国民族学者代表团访问印尼》，载《民族画报》，1992年第9期。

112.《为宁夏与岛根之间架起友好的桥》，载《六盘山》，1992年第5期。

113.《发展中的柯尔克孜语文工作》，载《语言与翻译》，1992年第3期。

114.《黠戛斯文献语言的特点》，载《民族语文》，1992年第6期。

115.《中国各民族民歌选集》（编审），人民音乐出版社，1992年。

116.《〈玛纳斯〉中关于克塔依人的描述》，载《青海民族学院学报》，1993年第1期。

117.《伊斯兰教与回族的语言文字》，载《民族文化探秘》，天津古迹出版社，1993年。

118.《黠戛斯碑文选译》，载《民族语文论文集》（庆祝马学良先生80寿辰论文集），中央民族大学出版社，1993年。

119.《黠戛斯叶尼塞文献中使用的字母》，载《突厥语言与文化研究》，中央民族大学出版社，1993年。

120.《中亚的东干族及其语言文字》，载《跨境语言研究》，中央民族大学出版社，1993年。

121.《艾什玛特演唱的〈赛麦台依〉及其格律特点》，载《中央民族大学学报》，1994年第2期。

122.《研究古代柯尔克孜文字的一本新书》，载《语言与翻译》（柯文），1994年第2期。

123.《积极发展与中亚各国的经贸联系》，载《宁夏大学学报》，1994年第2期。

124.《〈黠戛斯之子〉碑文》，载《语言与翻译》（柯文），1994年第3期。

125.《珍贵的回回族文献〈回回馆译语〉》，载《中央民族大学学报》，1995年第2期。

126.《中国信仰伊斯兰教的民族》，载《文史知识》，1995年第5期。

127.《柯尔克孜族及其语言文字》，载《中国教育报》，1995年6月9日。

128.《谈谈柯尔克孜族名的汉字音译》，载《语言与翻译》（柯文），1995年第2期。

129.《中亚四国访问散记》，载《北京政协》，1996年第7期。

130.《有关黑龙江省富裕县柯尔克孜族的部分语言资料》，载《民族语文》，1996年第5期。

131.《中亚五国及其语言文字》，载《中央民族大学学报》，1996年第4、5期连载。

132.《吉尔吉斯斯坦见闻》，载《民族团结》，1996年第2期。

133.《柯尔克孜族及其语言文字》，载《语言与翻译》（哈文），1996年第1期。

134.《中国大陆的穆斯林及伊斯兰学研究近况》，载《台湾民族学研究会讯》，1997年第17期。

135.《柯尔克孜族称词义考略》，载《突厥语言与文化研究》（第二辑），中央民族大学出版社，1997年。

136.《吉尔吉斯语的陈述句、祈使句、感叹句、疑问句》，载《中央民族大学学报》，1997年第6期。

137.《民族语言学家 —— 马学良》，载《民族画报》，1997年第10期。

138.《我国诸突厥语及其教学研究情况简述》，载《青海民族学院学报》，1998年第3期。

139.《向柯尔克孜人民学习的45年》，载《中央民族大学研究生学报》，1998年第2期。

140.《试述柯尔克孜语中的助动词及其用法》，载《青海民族研究》，1998年第4期。

141.《生活在中亚的东干人》，载《中国穆斯林》，1999年第1期。

142.《回族人民的优秀儿子刘格平》，载《新疆回族文学》，1999年第

4期。

143.《深切怀念恩师马学良教授》，载《双语教学与研究》（第二辑），中央民族大学出版社，1999年。

144.《缅怀中国突厥语研究首任会长包老》，载《回忆包尔汉》，中国文史出版社，1999年。

145.《〈东干文化研究〉序》，载《东干文化研究》，中央民族大学出版社，1999年。

146.《柯尔克孜族动词及其构成》，载《民族教育研究》1999年增刊《动词研究专辑》。

147.《〈汉柯词典〉的出版是一个奇迹》，载《语言与翻译》（柯文），2000年第1期。

148.《生活在中亚的一支华人穆斯林——东干人》，载《魏维贤七十华诞论文集》，北京大学出版社，2000年。

149.《柯尔克孜族》，载《甘肃穆斯林》，2000年第2期。

150.《柯尔克孜英雄史诗〈玛纳斯〉》（第一部，柯、汉、日文对照，与西胁隆夫合译），《中国少数民族文学》刊行委员会，2000年。

151.《应加强对国外回族的研究》，载《中央民族大学学报》，2000年第5期。

152.《吉尔吉斯斯坦共和国的东干语及汉语教学研究》，载《语言与翻译》，2000年第4期。

153.《向世界介绍我国柯尔克孜族史诗"玛纳斯"》，载《黑龙江民族丛刊》，2000年第4期。

154.《伊斯兰教与回族饮食文化》，载《民族与宗教》，2000年第2期。

155.《回忆和金老师在一起的日子》，载《齐鲁名人》，2001年第1期。

156.《关于吉尔吉斯斯坦古城地名"奥什"》，载《中央民族大学学报》，2001年第3期。

157.《东干族诗人雅斯尔·什娃子》，载《回族文学》，2001年第3期。

158.《新中国民族工作的杰出领导人 —— 刘格平》，载《齐鲁名人》，2001年第4期。

159.《柯尔克孜语言文字》（与玛克莱克合写），载《新疆通志·语言文字志》（第76卷），新疆人民出版社，2000年。

160.《中央民族学院老院长 —— 刘格平同志》，载《民族教育研究》，2001年第3期。

161.《恩师马学良教授》，载《齐鲁名人》，2001年第6期。

162.《吉尔吉斯共和国楚河州概况》，载《中亚信息》，2002年第4期。

163.《香港著名的穆斯林学者杨汝万教授》，载《中国穆斯林》，2002年第3期。

164.《明代回回文献〈回回馆译语〉》（与胡军合编），中央民族大学东干学研究所，2002年。

165.《王均教授是我们学习的楷模》，载《语文建设通讯》，2002年第70期。

166.《藏学泰斗于道泉》，载《齐鲁名人》，2002年第4期。

167.《临夏行》，载《中国民族报》，2002年8月23日。

168.《新中国民族工作杰出的领导人刘格平》，载《宁夏党史》，2002年第1期。

169.《中国伊斯兰教民族文化》，载《中央民族大学学报》，2002年第5期。

170.《为藏族文学事业献身的汉族藏学家佟锦华教授》，载《民族教育研究》，2002年第3期。

171.《20世纪的吉尔吉斯妇女与科学》（碧碧娜·奥登巴耶娃撰写、胡振华译），载《妇女与社会发展》（第二届妇女发展国际研讨会文集），中央民族大学出版社，2002年。

172.《20世纪的吉尔吉斯斯坦妇女受教育状况的历史回顾》（碧碧娜·奥登巴耶娃撰写、胡振华译），载《妇女与社会发展》（第二届妇女发展国际研讨会文集），中央民族大学出版社，2002年。

173.《伊斯兰教与柯尔克孜文化》，载《西北民族研究》，2002年第4期。

174.《维吾尔族爱国主义诗人黎·穆塔里夫及其诗作》，载《中国民族语言文学研究论集》（3）（文学专集），民族出版社，2002年。

175.《关于来自美国穆斯林的一封感谢信》，载《中国穆斯林》，2003年第1期。

176.《刘格平——百年华诞》，载《民族画报社》，2003年。

177.《柯尔克孜教育家阿不都卡德尔先生》，载《民族教育研究》，2003年第2期。

178.《中国柯尔克孜族语言文字及其研究》，载《黑龙江民族丛刊》，2003年第1期。

179.《柯尔克孜族》，载《中国少数民族分布图集》，中国地图出版社，2002年。

180.《怀念良师益友阿不都卡德尔先生》（柯文），载《语言与翻译》，2003年第2期。

181.《向世界介绍柯尔克孜族及其民间文学精品》，载《柯尔克孜族民间文学精品选》（第一辑《玛纳斯》），中国文联出版社，2003年。

182.《铁米尔·吐尔地演唱的〈阿依曲莱克〉汉译本》，载《柯尔克孜族民间文学精品选》（第二辑《玛纳斯》），中国文联出版社，2003年。

183.《苦勒木尔扎》，载《柯尔克孜族民间文学精品选》（第三辑《玛纳斯》），中国文联出版社，2003年。

184.《阿依库孜汗》，载《柯尔克孜族民间文学精品选》（第三辑《玛纳斯》），中国文联出版社，2003年。

185.《"东干""东干语""东干人的双语""东干学"》，载《语言与翻译》，2004年第1期。

186.《向世界介绍柯尔克孜及其民间文学作品——祝贺〈柯尔克孜

及其民间文学精品选〉三卷本出版》，载《中央民族大学学报》，2004年第2期。

187.《应对中亚华人 —— 东干族予以更多关注》，载《欧亚社会发展动态》，2004年第25期。

188.《生活在中亚的一支少数民族华人 —— 东干族》，载《民族工作研究》，2004年第2期。

189.《〈东干语言研究〉序》，新疆大学出版社，2003年。

190.《土耳其著名汉学家欧钢教授》，载《民族教育研究》，2004年第4期。

191.《回回文献〈回回馆译语〉》，载《民族古籍》，2004年第1期。

192.《伊犁维吾尔民歌选译》，日本名古屋大学，2004年。

193.《喜看去年我国东干语研究新收获》，载《语文建设通讯》，2004年第78期。

194.《吉尔吉斯斯坦人民对中国人民的友好情谊》，载《开拓》，2004年第3期。

195.《中亚乌兹别克客人看望纳忠教授》，载《云南穆斯林》，2004年第3期。

196.《亲切的回忆、深切的怀念 —— 纪念赛福鼎·艾则孜同志逝世一周年》，载《开拓》，2004年第4期。

197.《〈中亚东干语言研究〉序》，载《语言与翻译》，2005年第1期。

198.《关于柯尔克孜族的〈四十个姑娘〉》，载《黑龙江民族丛刊》，2005年第4期。

199.《中亚与中亚研究》，载《中央民族大学学报》，2005年第5期。

200.《玉赛音哈吉和〈古兰经〉》（柯尔克孜译本），载《开拓》，2005年第2期。

201.《伊朗驻华大使馆在京举办工笔油画展》，载《开拓》，2005年第2期。

202.《塔吉克斯坦大使馆在京举办摄影作品展》，载《开拓》，2005年第1期。

203.《125年的乌兹别克斯坦摄影展在京举办》，载《开拓》，2005年第3期。

204.《暑期京郊见闻》，载《中央民族大学周报》，2005年9月1日。

205.《东干名人访华团参观我校》，载《中央民族大学周报》，2005年9月9日。

206.《新疆籍华侨华人访华团参观我校》，载《中央民族大学周报》，2005年9月30日。

207.《胡振华参加调研柯尔克孜族》，载《中央民族大学周报》，2005年6月16日。

208.《陪同外宾参观云南纳古回族镇札记》，载《中央民族大学周报》，2005年12月9日。

209.《参加黑龙江省柯尔克孜研究工作的一些情况和体会》（柯文），载《语言与研究》，2005年第4期。

210.《乌兹别克斯坦客人参观云南纳吉回族镇》，载《开拓》，2005年第4期。

211.《我国少数民族在改革开放中前进》，载《中央民族大学统战工作文集》，中央民族大学出版社，2005年。

212.《中亚与中亚研究》，《新华文摘》转载，2005年第23期。

213.《哈卡斯部落的划分与黑龙江柯尔克孜族姓氏的来源》，载《黑龙江丛刊》，2005年第6期。

214.《哈卡斯部落的划分与黑龙江柯尔克孜族姓氏的来源》（柯文），载《语言与翻译》，2006年第1期。

215.《喜读新书〈汉乌俄外交词典〉》，载《语文建设通讯》，2006年第83期。

216.《怀念爱国爱教的玉赛因·阿吉大毛拉》，载《中国穆斯林》，

2007年第1期。

217.《追思我的老师刘麟瑞教授》，载《中国穆斯林》，2007年第1期。

218.《读新书，忆故人 —— 追思东干学奠基人之一的通讯院士穆哈麦德·苏尚洛》，载《甘肃民族研究》，2007年第1期。

219.《关于多民族国家中的双语问题》，载《双语教学研究》（第二辑），民族出版社，2007年。

220.《热烈的祝贺、诚挚的期盼》（为《中国穆斯林》50华诞而作），载《中国穆斯林》，2007年第1期。

221.《柯尔克孜语》，载《中国的语言》，商务印书馆，2007年。

222.《中亚与中亚研究》，载《新疆研究文论选》（第二辑），民族出版社，2007年。

223.《古代中国与安息的友谊》，载《尼萨国际研讨会论文汇报》，2007年。

224.《与日本岛根县友好交流的回忆》，载《20年学术交流》，宁夏文化出版社，2007年。

225.《中亚与中亚研究》，载《新疆研究文论选》（第三辑），民族出版社，2007年。

226.《中亚伊斯兰文明与中国》，载《中国穆斯林》，2007年第5期。

227.《麻赫穆德·喀什噶里诞生1000周年国际研讨会在土耳其举行》，载《中国穆斯林》，2008年第2期。

228.《祝中国阿拉伯文学研究会成立20周年暨纪念刘麟瑞先生诞辰90周年大会12月23日在北京大学举行》，载《中国穆斯林》，2008年第1期。

229.《〈丁文楼翻译文集〉序》，香港蓝月出版社，2008年第3期。

230.《追思德高望重的安老 —— 纪念安世伟大阿訇归真十周年》，载《宁夏穆斯林》，2008年第3期。

231.《纪念为回族文学做出贡献的汉族同志 —— 李树江同志》，载《中国穆斯林》，2008年第4期。

232.《土库曼斯坦举行麻赫穆德·喀什噶里诞生1000周年国际研讨会》（维吾尔文），载《语言与翻译》，2008年第4期。

233.《中国回族与中亚穆斯林的渊源关系》，载《宁夏穆斯林》，2008年第4期。

234.《"塔吉克诗歌之父"鲁达基》，载《伊斯兰文化研究》，2009年第1期。

235.《春天的歌》（译诗），人民网，2009年4月8日。

236.《祝贺土耳其语汉语词典出版》，载《文汇报·读书周刊》，2009年4月17日。

237.《吉尔吉斯斯坦的部落情况及对国家政治生活的影响》，载《民族工作研究》（国家民委民族问题研究中心），2009年第2期。

238.《中亚五国的汉语教学》，载《新疆教育学院学报》，2009年第1期。

239.《中亚五国的汉语教学》，载《新疆教育学院学报》（维吾尔文），2009年第1期。

240.《纪念大伊玛目艾布·哈尼法诞辰1310周年》，载《伊斯兰文化研究》，2009年第3期。

241.《沉痛悼念优秀的回族学者吴建伟教授》，载《伊斯兰文化研究》，2009年第5期。

242.《缅怀中国少数民族双语教学研究会创始人马学良教授》，载《黑龙江民族丛刊》，2009年第6期。

243.《中国回族与中亚穆斯林的与渊源关系》，载《上海穆斯林》，2009年第4期。

244.《中国与土库曼斯坦人民的传统友谊源远流长》，载《中国穆斯林》，2010年第1期。

245.《十月革命前中亚游牧民族的部落》，载《欧亚社会发展动态》，2010年第6期。

246.《中原大地上的两颗明珠 —— 河南省的桑坡、水南关回族聚居村》，载《伊斯兰文化研究》，又被《内蒙古穆斯林》转载，2010年第1期。

247.《我与撒拉语》，中国撒拉族网，2010年11月。

248.《中国对凯末尔的研究》，载《突厥与哈萨克语文学研究》，中央民族大学出版社，2010年。

249.《中亚地区的汉语教学工作需要进一步加强》，载《欧亚社会发展研究》，2011年第9期。

250.《论柯尔克孜族的〈四十个姑娘〉》，载《阿尔泰神话研究回眸》，民族出版社，2011年。

251.《悼念良师益友刘隆同志》，载《伊斯兰文化研究》，2011年第27期。

252.《正确解释史诗中的民族名"克塔依"和地名"别依津"，以利中吉友好》，载《欧亚社会发展研究》，2011年第20期。

253.《〈吉林回族研究〉序》，吉林出版集团有限责任公司，2011年。

254.《〈世代相传的塔吉克民族实用装饰艺术〉读后感》，塔吉克斯坦共和国大使馆网，2011年8月26日。

255.《柯尔克孜语动词的构成及助动词的用法》，载《中国少数民族语言文字研究（二）》，民族出版社。

256.《中亚各国的语文工作及汉语教学简况》，载《中国突厥语言文化研究新论》，甘肃人民出版社，2012年。

257.古代乌尔根奇（Urgench）与中国。载《边疆发展中国论坛文集》（区域民族卷），中央民族大学出版社，2012。

258.《一次难忘的吉尔吉斯友好之行 —— 出席中亚东干历史、文化、风俗习惯国际学术研讨会纪实》，载《伊斯兰文化研究》，2011年第4期。

259.《塔吉克斯坦驻华大使等参观牛街礼拜寺》，载《伊斯兰文化研究》，2011年第4期。

260.《古老的牛街礼拜寺》，载《伊斯兰文化研究》，2011年第4期。

261.《〈世代相传的塔吉克民族实用装饰艺术〉一书首发式在京举行》，载《伊斯兰文化研究》，2011年第4期。

262.《如何正确认识"四个认同"教育》，载《黑龙江民族丛刊》，2012年第3期。

263.《我学习少数民族语言的经过和几点体会》，载《语言与翻译》，2012年第3期。

264.《充满友好激情的大使歌颂中塔友谊的新书 ——〈塔吉克斯坦与中国：文化的对话〉》，载《人民日报》，2012年4月23日。

265.《中外民族古籍对回族族源研究的启示》，载《中国少数民族古籍文献国际学术研讨会论文集》，民族出版社，2012年。

266.《中国回族与中亚各族穆斯林的渊源关系》，载《乌兹别克斯坦的汉学研究 —— 历史、当代及未来》，塔什干国立东方学学院，2012年。

267.《中亚东干语文学研究概述》，载《语言与翻译》，2012年第4期。

268.《追思恩师马学良教授》，载《民族工作研究》，2013年第4期。

269.《加强与中亚五国的民间交流为共建丝绸之路经济带打下基础》，载《民族工作研究》，2013年第6期。

270.《我所见证的中国与中亚五国文化交流合作纪实》，载《中国穆斯林》，2014年第4期。

271.《叶尼塞河上游的哈卡斯族及其部落的划分》，载《民族工作研究》，2015年第2期。

272.《回忆初来民院学习的日子》，载《民族工作研究》，2016年第3期。

273.《追思东干族文学奠基人雅斯尔·十娃子》，载《中国穆斯林》，2016年第4期。

274.《追思我国哈萨克语、古突厥语专业奠基人耿世民教授》，载《民族工作研究》，2017年第4期。

275.《回忆和沙坎·吾买尔老师一起的日子》，载《中国穆斯林》，

2017年第6期。

276.《哈萨克斯坦的东干人》，载《我们和你们》（中国中亚友协组稿），五洲传媒出版社，2017年。

278.《追忆朱素普·玛玛依来中央民族学院抢救〈玛纳斯〉的日子》，载《中国穆斯林》，2017年第6期。

279.《悼念老同学张公谨教授》，载《中央民族大学校报》，2017年5月12日。

280.《深化民间交流助力民心相通》，载《欧亚发展研究》（国务院发展研究中心欧亚社会发展研究所2018年刊），发展出版社，2018年。

281.《追忆我国柯尔克孜文字方案的诞生》，载《民族工作研究》，2018年第3期。

282.《柯尔克孜（吉尔吉斯）族史诗〈玛纳斯〉及早期研究简况》，载《一带一路研究》（第一辑）《中亚历史与现状高层论坛文集》，兰州大学出版社，2018年。

283.《中国撒拉族与土库曼斯坦撒劳尔部落》，载《中国和土库曼斯坦的故事》（中国中亚友协组稿），五洲传媒出版社，2018年。

284.《源远流长的中吉传统友谊》，载《丝路新观察报》，2018年9月12日。

285.《吉尔吉斯著名诗人笔下的中央民族大学》，载《丝路新观察报》，2018年月日。

286.《当年赴法讲学交流始末》，载《金秋》，2018年第13期。

287.《我与马学良先生五十年的师生情谊》，载《中央民族大学校报》，2018年10月12日。

288.《追思司马义·艾买提同志》，载《中央民族大学校报》，2018年10月26日。

289.《纪念铁木尔·达瓦买提同志》，载《双语研究》（创刊号），中国少数民族双语教学研究会，2018年第1期。

290.《钦吉斯·艾特玛托夫永远活在我们心间》，载《丝路新观察报》，2018年10月17日。

291.《纪念东干学奠基人穆哈买德·雅斯佐维奇·苏尚洛》，载《丝路新观察报》，2018年10月24日。

292.《回忆建国初期我们的民族语言调查》，载《中央民族大学校报》，2018年11月9日。

293.《首次应邀赴日进行学术交流的回忆》，载《中央民族大学校报》，2018年12月7日。

294.《研究民族语言要重视历史民俗和社会情况调查》（上），载《丝路新观察报》，2019年1月9日。

295.《研究民族语言要重视历史民俗和社会情况调查》（下），载《丝路新观察报》，2019年1月16日。

296.《从俄文"КИТАЙ"一词说起》，载《丝路新观察报》，2019年3月6日。

297.《关于柯尔克孜族名来源的神话故事"四十个姑娘"》（上），载《丝路新观察报》，2019年3月20日。

298.《关于柯尔克孜族名来源的神话故事"四十个姑娘"》（下），载《丝路新观察报》，2019年3月27日。

299.《规模宏伟的柯尔克孜族英雄史诗〈玛纳斯〉——中吉两国人民共同的宝贵财富》，载《丝路新观察报》，2019年6月19日。

300.《我的良师益友阿布德卡德尔》，载《丝路新观察报》，2019年7月10日。

301.《回忆一次难忘的吉尔吉斯斯坦友好之行》，载《丝路新观察报》，2019年8月14日。

论文、文章（国外发表部分）

1.《维吾尔语、哈萨克语、柯尔克孜语词汇》（与日本西胁隆夫合作），载《中国语言学》，1982年总229期。

2.《黑龙江省富裕县的柯尔克孜及其语言特点》（日本西胁隆夫教授译为日文），载《岛根大学法文学部纪要文学科篇》，1983年第12期。

3.《柯尔克孜英雄史诗〈玛纳斯〉及其研究》（日本西胁隆夫教授译为日文），载《岛根大学法文学部纪要文学科篇》，1984年第12期。

4.《新疆少数民族文学》（日本西胁隆夫教授译为日文），载《中国少数民族文学》（2），1985年。

5.《苏莱卡乌奇坎》（柯尔克孜民间故事，日本乾寻译为日文），载《中国少数民族文学》（2），1985年。

6.《摇篮曲》（柯尔克孜族民歌，日本乾寻译为日文），载《中国少数民族文学》（2），1985年。

7.《库尔木尔扎》（柯尔克孜族叙事诗，日本乾寻译为日文），载《中国少数民族文学》（2），1985年。

8.《中国诸突厥语研究概况》（日本西胁隆夫教授译为日文），载《岛根大学法文学部纪要》（9—1），1986年。

9.《中华人民共和国的柯尔克孜语言文学研究》（日本护雅夫译为日文），载《东方学》，1988年第75辑。

10.《富裕地区的柯尔克孜人——试述极东部的一种突厥语》（英文），载《内陆亚细亚论文集》（8），美国印第安纳大学，1988年。

11.《一份早期〈玛纳斯〉手稿》（吉尔吉斯文，苏联转载），载《吉尔吉斯斯坦文化报》，1988年。

12.《黑龙江省柯尔克孜族》（吉尔吉斯文，苏联转载），载《吉尔吉斯斯坦文化报》，1988年。

13.《论〈玛纳斯〉》（吉尔吉斯文，作者在苏联讲学时的学术报告），载《吉尔吉斯斯坦文化报》，1989年。

14.《近年来的中国回族学研究》（东干语，作者在苏联讲学时的学术报告），载《十月的旗》，1989年。

15.《中国的回族及其常用语的语言特点》（法文），载《中亚与其邻近地区的相互影响》，1990年。

16.《我亲眼见到的吉尔吉斯斯坦》（俄文），载《列宁主义青年报》，1990年12月13日。

17.《中国的〈玛纳斯〉及其研究概况》（土耳其文），载《第四届突厥民间文化国际学术讨论会论文集》（2），1992年。

18.《中国的宗教现状及宗教政策》，载《京都同志社大学基督教研究中心月刊》，1993年总第193期。

19.《伊斯兰教与回族食文化》，载《93东北亚食文化》，日本松江环日本海国际交流会议编，1994年。

20.《新疆〈玛纳斯〉概述》（法文，与REMY DOR合作），载《突厥学》，1984年总第17期。

21.《英雄史诗〈玛纳斯〉研究（1）》（日文，与西胁隆夫合作），载《岛根大学法文学部文科纪要》（15—1），1991年。

22.《英雄史诗〈玛纳斯〉研究（2）》（日文，与西胁隆夫合作），载《岛根大学法文学部文科纪要》（17—1），1992年。

23.《英雄史诗〈玛纳斯〉研究（3）》（日文，与西胁隆夫合作），载《岛根大学法文学部文科纪要》（21），1994年。

24.《论中国诸突厥语中的汉语借词》（日文），载《岛大言语文化》，1997年第4期。

25.《中国少数民族的乐器和舞蹈》（日文，与穆淑惠合编），载《东北亚文化研究》，1999年。

26. Восминания О Моем Друге И Учителе, *Ясыр Шиваза Основополоник Дунганской Литературы*, БИШКЕК ИЛИМ, 2001.（《追忆我的良师益友》，载吉尔吉斯国家科学院东干学研究分部主编：《雅斯尔·十娃子——东干文学奠基人》，比什凯克科学出版社，2001年。）

27. Китай И Великой Шёлковый Путь, *Диалог Цивилизаций*,

БИШКЕК ИЛИМ，2003.（《中国与伟大的丝绸之路》，载吉尔吉斯国家科学院与吉尔吉斯国立民族大学合编：《文明对话》，比什凯克科学出版社，2003年。）

28. Байыркы Кыргыз Мамлекеттуулуу Жөнундө, *Диалог Цивилизаций，БИШКЕК ИЛИМ*，2003.（《论古代的吉尔吉斯国家》，载吉尔吉斯国家科学院与吉尔吉斯国立民族大学合编：《文明对话》，比什凯克科学出版社，2003年。）

29. Китай И Великой Шёлковый Путь, *Диалог Учёныхнашёлковой Пути*，БИШКЕК ИЛИМ，2003.（《中国与伟大的丝绸之路》，载吉尔吉斯国家科学院东干学研究分部编：《丝绸之路上的学者对话》，比什凯克科学出版社，2003年。）

30. Кытайча Тарыхый Шептердеги Байыркы Кыргыздардын Этноними Жөнундө, *Проблемы Политогенеза Кыргызской Государственности*，БИШКЕК АРХИ，2003.（《论汉文史料中的古代吉尔吉斯族族名》，载吉尔吉斯国家科学院与吉俄斯拉夫大学合编：《吉尔吉斯国家政治属性问题》，比什凯克档案出版社，2003年。）

31.《中国与丝绸之路》（俄文），载《言论报》，2003年5月14日。

32.《关于在吉尔吉斯斯坦东干学校中教授汉语》（俄文），载《回族》，2004年第4期。

33.《中国对阿塔土尔克的研究》（土耳其文），载《第五届阿塔土尔克国际研讨会论文集》，土耳其阿塔土尔克研究中心，2004年。

34.《十一世纪的中国伊斯兰文化》（土库曼文），载《麻赫穆特·拃麻赫沙里与东方文学关系文集》，土库曼斯坦民族文化"遗产"中心，2007年。

35.《中亚与中国伊斯兰文明》（乌兹别克文），载《乌兹别克斯坦在伊斯兰文明发展中的贡献》（论文集），塔什干，2007年。

36.《中国出版的关于阿塔土尔克的书籍》（土耳其文），载《第38届亚洲学北非学国际研讨会论文提要汇报》，安卡拉，2007年。

37.《阿塔土尔克在中国学校中的地位》（土耳其文），载《第六届阿塔土尔克国际研讨会论文提要汇编》，安卡拉，2007年。

38.《论富裕柯尔克孜族的一首民歌》（俄文），载《为纪念哈卡斯突厥学家N·F·卡塔诺夫诞辰150周年举行的国际学术研讨会论文集》，哈卡斯共和国语言文学历史研究所，2012年。

民间故事及诗歌（包括歌词）译作

1.《我们的家乡》（柯族民歌），载《新疆日报》（汉文），1975年3月。

2.《阿勒同啊，阿勒同!》（柯族民歌），载《新疆日报》（汉文），1957年5月。

3.《皇帝与傻子》（柯族民间故事），载《民间文学》，1957年。

4.《在美好的岁月里》《在毛主席的旗帜下》（汉文、维文），载《新疆画报》，1957年。

5.《棉桃开放》（维族诗歌，库尔班·伊敏作），载《延河》，1959年。

6.《歌唱敬爱的党》（维族歌曲、乌斯满江作曲），载《群众歌声》，1960年第6期。

7.《民族团结之歌》《比玫瑰花更美丽》（维族歌曲、乌斯满江作曲），载《上海歌声》，1960年第4期。

8.《姑丽逊》（柯族民歌）、《摇篮歌》（柯族民歌）、《阿伊库孜汗》（柯族叙事诗），载《天山》，1961年第1期。

9.《萨玛泰》（柯族史诗第二部，即《赛麦台依》，参加部分汉译工作），载《天山》，1961年第1期。

10.《我亲眼看到的》（柯族散文），载《天山》，1961年第1期。

11.《玛纳斯》第一部（下、下册，内部铅印本，参加部分汉译工作），1962年印。

12.《柯尔克孜族谚语选择》，载《民间文学》，1962年第2期。

13.《库尔木尔扎》（柯族叙事诗），载《天山》，1962年。

14.《工农兵上大学》《我在天安门前》（维族诗歌），载《天山文艺》，1973年第1期。

15.《柯族民歌》（二首，吐尔干作），载《天山文艺》，1973年第2期。

16.《敬祝毛主席万寿无疆》《毛主席恩情永不忘》（柯族民歌），载《新疆日报》，1973年12月26日。

17.《毛主席哺育我们成长》（柯族民歌），载《新疆日报》，1974年1月12日。

18.《乘风破浪永向前》（柯族诗歌），载《少数民族诗歌选》，1975年。

19.《保卫边疆》（柯族诗歌），载《人民日报》，1975年10月。

20.《两把铁犁》（柯族寓言故事），载《北京儿童》，1977年第17期。

21.《保卫边疆》《拖拉机开进了戈壁滩》《欢乐的歌声飞遍了天山南北》（柯族诗歌），载《新疆文艺》，1975年第5期。

22.《毛泽东思想是明灯》（维族诗歌），载《北京日报》，1977年4月16日。

23.《穷马三》（苏联回族故事，译文），载《新疆回族文学》，1990年第1期。

24.《银川，我爷的城》（苏联回族诗人雅斯尔·十娃子作，译文），载《新疆回族文学》，1990年第2期。

录像片

1.《玛纳斯歌手朱素普·玛玛依在中央民族学院》（编辑），1983年。

2.《"考姆孜"琴手玛木别特·托略木什演奏》（编辑），1983年。

3.《中国柯尔克孜族》（编辑、民俗学系列片），1984年。

4.《怀念柯族诗人阿满吐尔》（编辑），1984年。

5.《发展中的柯尔克孜语文工作》（编辑），1984年。

6.《成长中的柯尔克孜族干部》（编辑），1984年。

7.《柯族妇女》（编辑），1984年。

8.《维吾尔族名胜古迹》[1—5]（编辑），1984年。

（以上均为中央民族学院少数民族文艺研究所与中央民族学院电教中心合作，胡振华负责组织拍摄、撰写解说词和编辑成民族学录像片资料）

9.《黑龙江省富裕县柯尔克孜语》，1995年（黑龙江省民委组织拍摄的抢救富裕柯语录像片）。

（2019年11月30日整理）

后　记

　　为了祝贺建国70周年，感谢祖国各族人民，感谢党和政府，感谢学校师长对我多年的关心、培育及支持。我从改革开放后，主要是从中亚五个苏联加盟共和国宣布独立以来撰写发表的文章中选择了一些文章编辑成这部自选文集。本书中涉及中亚的文章较多，希望能给研究中亚及"一带一路"的同志们提供些参考资料。若有不当之处，敬请同志们指正！

　　博士研究生韩苗苗参加过本书部份校对工作，在此表示感谢。

胡振华　于

中央民族大学中国语言文学学部

少数民族语言文学学院

2019年冬